# Politique urbaine à Montréal

## *Un guide du citoyen*

Collection Voix 20

# Politique urbaine
# à Montréal

## *Un guide du citoyen*

*Sous la direction de Jean-Hugues Roy
et Brendan Weston*

Guernica

Montréal, 1990

Copyright © 1990 Les éditions Guernica inc.
Traduction © 1990 Les éditions Guernica inc. et Denis G. Gauvin.
Tous droits réservés.
Imprimé au Canada
Dépôt légal — 4$^e$ trimestre
Bibliothèque nationale du Québec
et National Library of Canada.
**Données de catalogage avant publication (Canada)**
Vedette principale au titre:
Politique urbaine à Montréal : un guide du citoyen
Traduction de: Montréal: a citizen's guide to city politics.
ISBN 0-89135-038-3
1. Montréal (Québec) — Administration.
I. Weston, Brendan, 1963— II. Roy, Jean-Hugues, 1966—.
JS1761.2.M6614 1990 352.0714'28 C90-090512-3

## Avant-propos

Cet ouvrage rassemble les textes d'auteurs[1] provenant d'une multitude de milieux. Ils et elles sont universitaires, journalistes, militants, artistes ou chercheurs ; leurs préoccupations et leur expertise de la question municipale sont tout aussi diverses. Il se peut ainsi que le résultat soit quelque peu inégal et que certains lecteurs se trouveront de prime abord désorientés lorsqu'ils liront d'une traite ce recueil. Mais nous croyons plutôt que cette diversité de points de vue donnera à cet ouvrage une texture particulière, semblable à celle d'un drame social où différentes personnalités marquent de leur rythme propre un débat de fond plus général.

Ce livre se veut tout d'abord un guide du citoyen, un ouvrage de référence sur la politique à Montréal. Il ne couvre pas, bien entendu, chacune des questions d'intérêt municipal, mais cherche plutôt à faire la lumière sur les dossiers clés qui ont marqué le premier mandat de l'administration du Rassemblement des citoyens de Montréal (RCM), porté au pouvoir par les Montréalais en novembre 1986. Nous espérons ainsi faire un tour d'horizon plus efficace des questions qui détermineront l'avenir de notre ville.

Ainsi, nous ne traiterons pas de certaines questions qui peuvent avoir leur importance à Montréal, notamment les scandales, les taxes et la criminalité. D'abord, les scandales ne nous intéressent guère car ils relèvent plutôt de l'action d'individus, leur portée sociale étant généralement peu significative. De toutes façons, le RCM a créé bien peu d'occasions de scandale au cours de ses quatre premières années au pouvoir. Ensuite, les politiques du RCM en matière de taxation ont été raisonnables : la taxe d'eau a été éliminée et les hausses du rôle d'évaluation ont été chaque année relativement modestes. De toute manière, toutes les municipalités devront, au cours des prochaines années, négocier intensivement avec le gouvernement provincial une nouvelle définition de leurs champs de taxation respectifs. Enfin, l'importante question de la criminalité urbaine est traitée à partir des deux faces de la médaille : on parle de sécurité publique dans le chapitre portant sur la violence faite aux femmes en ville et on traite de la violence policière dans notre texte portant sur les questions raciales et ethniques. Nous espérons ainsi jeter un éclairage nouveau sur quelques-unes des racines de la criminalité.

Une importante question est absente de cet ouvrage : la culture. Le RCM a créé à cet effet la Commission d'initiative et de développement culturels (CIDEC), un organisme souvent décrié dans le milieu pour sa lourdeur et pour le fait que, sur un budget de 6,1 millions de dollars, il n'en distribue que 1,6 million aux artistes montréalais. Un énoncé de politique de soutien à l'industrie culturelle ayant été déposé en juin 1990 et ayant été soumis à des audiences publiques à la fin de l'été, nous avons jugé qu'il était trop tôt pour pouvoir évaluer de façon éclairée l'administration Doré-Fainstat sur ce dossier.

Tous les collaborateurs auxquels nous avons fait appel possèdent une vision critique et bien informée de leurs domaines respectifs et chacun a accepté de participer à ce projet en raison de ses préoccupations propres. La plupart des chapitres ont été rédigés au cours des premiers mois de 1990 (ou même avant). Ainsi, à part Marcel Sévigny et Arnold Bennett, conseillers municipaux qui ont passé outre à leur affiliation au RCM pour produire des articles remarquablement honnêtes, tous nos collaborateurs ont été choisis dès l'automne 1989 de façon non partisane. Si certains d'entre eux se sont portés candidats aux élections municipales du 4 novembre 1990, le lecteur devra se rappeler que leurs textes ont été écrits bien avant qu'ils ne fassent le saut dans l'arène de la politique active.

Cet ouvrage n'est donc pas, politiquement parlant, partisan. Il n'est cependant pas non plus, d'un point de vue journalistique, objectif : il compare les promesses et les politiques progressistes du RCM avec ses réalisations et, de ce fait, est ouvertement peu compatissant envers tout ce qui perpétue les iniquités sociales et envers l'économisme étroit des partis municipaux à la droite du RCM. À partir de certains faits, les auteurs élaborent donc des opinions et des analyses qui leur sont propres, mais qui toutes se rejoignent dans un bilan critique du premier mandat du RCM à l'Hôtel de Ville de Montréal, le tout, dans une perspective verte, au sens social et au sens global du terme.

Nous aimerions remercier, tout d'abord, chacun des collaborateurs pour le temps et l'énergie qu'ils et elles ont mis à la rédaction de leurs articles ; ensuite, Michel-Adrien Sheppard pour la traduction des textes français vers l'anglais et la Denis G. Gauvin pour la traduction des textes anglais vers le français ; Ghislaine Pesant pour ses précieuses corrections ; et enfin, le *Montreal Mirror* et Solidarité Québec Amérique latine pour leur appui technique.

*Jean-Hugues Roy*
*et Brendan Weston*
*juin 1990*

### Notes

1. À noter que dans cet ouvrage, la forme masculine désigne aussi bien les femmes que les hommes.

# *Introduction*

JEAN-HUGUES ROY
BRENDAN WESTON

Novembre 1986. Quand le Rassemblement des citoyens de Montréal (RCM) a remporté haut la main les
dernières élections municipales, les Montréalais ne se
sont pas seulement demandé s'ils avaient choisi une
nouvelle administration, mais aussi s'ils n'avaient pas
intronisé le monarque d'une nouvelle dynastie. Pour
bien comprendre ce curieux sentiment, il faut remon-
ter plus de trente ans en arrière.

*Flashback* 1954 : Jean Drapeau est un avocat doué
qui a fait sa marque et qui a dérangé les pouvoirs en
place à l'époque, entre autres en tant que représentant des travailleurs lors de la célèbre grève de l'a-
miante à Asbestos, puis lors de la Commission d'enquête sur la moralité publique durant les années 1950.
En tant que maire, une première fois entre 1954 et
1957, puis de 1961 jusqu'en 1986, il a fait un grand
ménage dans une administration corrompue et ouvertement manipulée par le milieu des affaires montréalais. Avant lui, le pouvoir s'exerçait davantage dans
les clubs privés de l'ouest de la ville qu'au Conseil
municipal. Il faut dire que la mécanique qu'il a dé-
mantelée ne laissait que très peu d'initiative au maire.
Ce dernier n'était à l'époque rien de plus qu'un
« timbre de caoutchouc » (*rubberstamp*), quelqu'un
qui ne faisait *grosso modo* qu'approuver des décisions
prises sans son concours et qui était forcé de naviguer
parmi les différents courants et intérêts en place. Ainsi
manipulée par une pléthore d'influences, Montréal
était pratiquement ingouvernable.

Après son premier mandat et un échec aux élections de 1957, Drapeau, grâce à la machine du Parti civique, redevint « Monsieur le Maire » en 1961. Et pour de bon. De pion qu'il était au milieu du siècle, il allait faire du maire de Montréal le véritable timonier des destinées de la ville.

Drapeau s'assura donc très tôt d'un contrôle effectif du pouvoir en se plaçant à la tête du Comité exécutif et en y centralisant l'essentiel des décisions, le Conseil municipal n'ayant pour rôle que de les entériner. Enveloppé de mystère et autoritaire, le Comité exécutif, sous le Parti civique, était l'instrument d'une « démocratie éclairée » à la Drapeau. Despote distant, il gardait contact avec son « bon peuple » grâce à ses prestations télévisées, à Télé-Métropole plus particulièrement. Pour lui, chaque nouvelle élection n'était rien de plus qu'un référendum confirmant sa popularité personnelle auprès des Montréalais.

Jean Drapeau a donc le mérite d'avoir repris le pouvoir des mains de l'entreprise privée. Ce faisant, il l'a cependant fortement concentré dans les siennes. Seules quelques interventions du ministère des Affaires municipales ont forcé le Parti civique à faire preuve d'un peu plus de transparence durant son dernier mandat (1982-1986). Des *Cahiers d'information économique* étaient, par exemple, distribués dans tous les foyers montréalais afin que les citoyens sachent comment l'administration ventilait leurs taxes. La loi 105 imposa quelques changements au fonctionnement du Conseil municipal : Drapeau dût quitter son siège de président d'assemblée et fut contraint d'aménager une période de questions. En toute fin de parcours, l'administration Drapeau-Lamarre créa également la Commission d'initiative et de développement économiques de Montréal (CIDEM).

Mais le RCM fustigea ces réaménagements de dernière heure et promit bien davantage aux Montréalais. Le nouveau maire, Jean Doré, avocat, ex-attaché de presse de René Lévesque et ancien président de la Fédération des ACEF du Québec, était lui aussi porteur d'espoir et de promesses de grand ménage. Le RCM, du temps qu'il était à l'opposition, promettait la fin des démolitions et des grands projets urbains, le droit pour les citoyens de poser des questions lors des séances du Conseil et l'introduction d'une série de mesures socialement équitables proposées surtout par les racines du parti : les groupes communautaires. Cependant, alors que la chute du Parti civique était certaine, une foule d'opportunistes investit le RCM, ce qui força ses dirigeants, pour gagner les élections, à reculer sur un certain nombre de questions de nature progressiste.

Même le raz-de-marée de novembre 1986 n'a pas suffi pour que le RCM se rende compte qu'il devait davantage s'efforcer à endiguer la déception croissante de ses militants issus du milieu communautaire plutôt que de tenter de se prémunir de la menace de moins en moins patente du Parti civique. En effet, lors d'une réunion du parti à Notre-Dame-de-Grâce, Michael Fainstat, président du Comité exécutif, déclara qu'il redoutait encore que la « presse bourgeoise » ne cherche à diviser le RCM ! Voilà une paranoïa qui aurait été moins risible si elle s'était transformée en énergie permettant de répondre véritablement aux promesses faites par le RCM lors de la campagne électorale. Comme ses opposants à l'Hôtel de Ville, c'est-à-dire le Parti civique, puis ensuite le Parti municipal de Montréal, ont rarement critiqué en substance l'administration Doré-Fainstat, il était donc normal que le mécontentement s'exprime à l'intérieur même des rangs du RCM. Ainsi, à peine deux ans après la victoire de 1986, quatre conseillers, amers, quittent le parti pour former plus tard la Coalition démocratique de Montréal.

Les bévues les plus retentissantes (Overdale, l'affaire Matrox, l'hôtel Queen et les conseils de quartier) résonnent dans tous les discours des militants déçus du RCM. À chacun de ces dossiers correspondent pourtant des questions urbaines et des valeurs chères aux militants RCM de la première heure. À Overdale, on associe les droits des locataires ; l'affaire Matrox est liée au pacifisme, aux espaces verts et à une certaine justice sociale ; la démolition de l'hôtel Queen nous rappelle les promesses du RCM en matière de conservation du patrimoine urbain ; et les conseils de quartiers (inexistants) étaient toujours inscrits au chapitre premier de la version 1986 du programme RCM : la démocratie et la décentralisation... À ces bévues de taille, on peut ajouter d'autres déceptions, plus générales, sur des questions d'habitation, de recyclage des déchets domestiques, de transport public, d'aménagement urbain, de culture et d'équité raciale et entre les sexes.

Le rythme du RCM dans la conduite de nombreux dossiers peut être comparé à la stagnation des dernières années du régime Drapeau. Les électeurs, de même que les conseillers et les membres du parti, s'attendaient à une bien meilleure performance du RCM. Avant-gardiste alors qu'il était dans l'opposition, le RCM répond aujourd'hui à grand-peine aux requêtes légitimes de la population pour une réforme en profondeur du pouvoir municipal. En cette année électorale, le RCM et ses cinq concurrents chantent la pomme aux Montréalais. Mais le Montréal des années 1990 fait face à de trop nombreux défis pour se faire jouer le même disque à chaque élection municipale depuis les années 1950.

# LES FORMES DE LA VILLE

# La conservation du patrimoine urbain de Montréal dans les années 1990 : *Inquiétudes et défis*

PHYLLIS LAMBERT
Présidente du Centre canadien d'architecture

Durant les années 1950, 1960 et 1970, la Ville de Montréal jouait un rôle actif dans la destruction du patrimoine urbain du fait qu'elle s'affichait « ville ouverte aux promoteurs ».

De 1961 à 1975, 32 000 unités d'habitation ont été détruites dans le centre de Montréal.

De 1951 à 1971, 70 % des familles qui vivaient dans le secteur est du centre-ville étaient chassées de leur logis.

De nombreuses dispositions légales existent aux niveaux provincial surtout, mais également fédéral et municipal pour préserver le patrimoine urbain. Mais ce qui fait défaut, au niveau municipal en particulier, c'est un volonté politique de contrer les promoteurs quand un exemplaire du patrimoine bâti montréalais est en péril. Les exemples d'Overdale et de l'hôtel Queen en témoignent éloquemment.

Seule l'action de groupes de citoyens tels que *Sauvons Montréal* et *Héritage Montréal* a pu faire comprendre à l'administration municipale l'urgence d'intervenir pour sauvegarder un patrimoine urbain qui s'amenuisait sans cesse dans la métropole.

Le RCM a changé beaucoup plus les pratiques de l'administration Drapeau alors qu'il était à l'opposition qu'après son élection en novembre 1986. L'attitude de l'administration Doré dans les dossiers d'Overdale et de l'hôtel Queen en ont inquiété plusieurs dans le mouvement pour le patrimoine urbain.

Les réalisations des groupes de citoyens préoccupés par la conservation urbaine sont impressionnantes.

Depuis qu'ils existent très peu d'édifices de valeur ont été démolis et des quartiers complets ont été épargnés. Mais leur combat est loin d'être terminé.

C'est en 1973 qu'un premier organisme de conservation à l'échelle de la ville est mis sur pied par des citoyens. Sauvons Montréal était une fédération constituée de vingt-trois groupes qui avaient déjà amorcé la lutte pour protéger des secteurs très représentatifs des multiples visages architecturaux de la ville de Montréal. Ces groupes, préoccupés par des causes très diverses, visaient néanmoins un même but : empêcher qu'une véritable façon de vivre ne disparaisse avec la démolition de vieux immeubles caractéristiques du tissu urbain montréalais.

C'est que les politiques de l'administration municipale du début des années 1960 ont, au nom du modernisme, des autoroutes et de la salubrité publique, pavé la voie à la démolition de ce tissu urbain. On a surtout rasé des logements. Leurs occupants, des gens défavorisés, peu enclins à revendiquer leurs droits, ont été expulsés de plusieurs quartiers populaires. Et Montréal n'était pas unique : partout en Amérique du Nord, il était admis que l'on démolisse les centres urbains pour reconstruire les villes.

La conduite de la Ville de Montréal à l'époque était choquante, car elle jouait un rôle actif d'agent du développement sauvage en se dérobant à son rôle de protecteur du citoyen. Grâce à des interventions directes et à une politique de « ville ouverte aux promoteurs » , l'administration de l'ex-maire Jean Drapeau fut le principal instigateur des démolitions massives de rues et de quartiers entiers.

Trois exemples des dégâts commis en cette période sombre : tout d'abord, dans l'ouest de la ville, le quartier de Lincoln-Tupper, l'un des plus beaux du siècle dernier, des conciergeries de seize étages construites en béton ont remplacé de superbes maisons de pierre en rangée en très bon état. On note d'ailleurs que de 1960 à 1975 le tiers des 90 grands projets de construction réalisés dans le secteur en question et les trois quarts des logements construits sont destinés à des personnes seules.

Ensuite, dans le secteur Petite-Bourgogne, un quartier ouvrier s'étant développé autour du secteur industriel du canal de Lachine à la fin du siècle dernier, l'administration Drapeau autorisa la démolition de 80 % des charmantes maisons ornées de boiseries rococo à deux ou trois étages (dont subsistent de nos jours quelques exemples sur la rue Coursol), ce qui entraîna l'expulsion de la moitié de la population du quartier entre 1966 et 1973.

Enfin, troisième exemple, dans le secteur centre-sud de la ville, il fallut détruire 1200 foyers et procéder à l'expulsion d'autant de familles pour construire la Maison de Radio-Canada et le stationnement qui l'entoure. Au milieu des années 1960, les autorités n'hésitent pas à faire place nette et à chasser des familles dans le but de construire un seul édifice destiné à une société gouvernementale.

Ces exemples font qu'au début des années 1970 il était pénible de déambuler de par les rues de Montréal. Les trous béants, les interventions brutales n'ont épargné aucun secteur. Montréal avait réellement l'aspect d'une ville bombardée.

On doit ces années désastreuses à l'essor économique qu'a vécu Montréal durant une bonne partie des années 1960 et 1970. De tels booms sont néfastes pour les vieux immeubles urbains. La valeur des terrains augmente et le mode de calcul des loyers cesse d'être rentable pour les propriétaires, ce qui engendre une spéculation et une occupation plus dense du sol. La vague de démolitions a été génératrice d'instabilité et de bouleversements sociaux graves. De 1961 à 1975, 32 000 unités d'habitation ont été détruites dans le centre de la ville et de 1951 à 1971, 70 % des familles qui vivaient dans le secteur est du centre-ville étaient chassées de leur logis, tandis que 81 % des nouvelles unités étaient des garçonnières (studios) ou des logements conçus pour adultes vivant sans enfants.

Mais pourquoi donc fallait-il lutter pour conserver le patrimoine de Montréal ? Parce qu'il s'agit d'une ville au long et fascinant passé, jouissant d'une configuration urbaine solidement établie. Les Montréalais, en effet, connaissaient mal, en ce temps-là, l'histoire de leur ville et n'en tiraient pas fierté. De plus, aucune loi n'avait été promulguée pour protéger ses murs. Les groupes de conservation durent donc être les premiers à exercer les pressions dans ce sens pour utiliser tous les moyens légaux existant et pour élaborer de nouvelles lois.

Il faut savoir qu'au Canada la conservation urbaine est associée aux affaires culturelles et relève donc de la juridiction des provinces. Au niveau fédéral, une Commission des lieux et monuments historiques du Canada fut instituée dès 1919. Mais il fallut attendre 1953, année de l'adoption de la Loi sur les lieux et monuments historiques, pour qu'elle soit officiellement désignée organisme conseil. Quelques années plus tard, en 1970, le Service canadien des parcs mit sur pied un important programme de recherche : l'Inventaire des bâtiments historiques du Canada. Celui-ci s'avéra des plus utiles, car il permit la compilation de données historiques essentielles pour justifier le classement d'édifices dans les limites de la juridiction provinciale.

Les pouvoirs des provinces en matière de protection des monuments historiques sont d'ailleurs prépondérants. Au Québec, on créa dès 1922 la Commission des monuments historiques du Québec accompagnée de l'adoption d'une loi prévoyait le classement d'édifices d'intérêt national. Cependant on n'usa de ces moyens que par trois fois avant 1963. Cette année-là, une modification à la Loi autorisa la création d'arrondissements historiques, ce qui rendit possible la création de l'arrondissement du Vieux-Montréal. Entre 1964 et 1972, on classa 13 édifices à Montréal, la plupart étant situés dans la vieille ville, secteur déjà protégé par le statut d'arrondissement historique. Mais, de toute évidence, l'application de la loi était encore assez difficile.

L'adoption en 1972 de la Loi sur les biens culturels marque un tournant dans l'histoire de la conservation urbaine. Cette législation, beaucoup plus complète, définissait deux notions qui seraient beaucoup plus utiles aux défenseurs du patrimoine culturel : le pouvoir du gouvernement de classer un bien culturel sans avoir à obtenir le consentement du propriétaire ; et la possibilité de créer une aire de protection dans un rayon de 500 pieds (152 m) autour du monument historique en question. En vertu de ces deux dispositions, la protection de secteurs entiers de la ville devenait possible. De 1973 à 1979 inclusivement, 60 édifices furent désignés et classés monuments historiques. La majorité (46) se trouvait au centre-ville, là où les groupes de conservation militaient le plus activement et plus de la moitié (34) de ceux-ci bénéficiaient d'une aire de protection. Les activités de conservation ont atteint leur apogée en 1975 alors que 20 édifices étaient désignés et classé monuments historiques. En 1979, il y en avait six. Au cours des années 1980, le nombre des édifices protégés s'élevait en moyenne de deux par année.

La même activité fébrile s'est également manifestée au niveau municipal dans les années 1970. Avec la création de Sauvons Montréal en 1973, des citoyens bien organisés faisaient pression pour que l'administration municipale d'alors, axée sur le développement à tout prix, fasse tout en son pouvoir pour modifier des réglements de zonage et mette un frein au saccage ininterrompu de la ville. Après 1973, des modifications appréciables faites au zonage eurent pour résultat de protéger efficacement de vastes secteurs de Montréal. En 1974, on imposait une limite de hauteur de quarante pieds pour une aire de six îlots de maisons transformées en élégantes boutiques victoriennes situées immédiatement à l'ouest du centre des affaires (autour des rues Crescent), alors que le règlement général de zonage de la Ville permettait une hauteur par trois fois supérieure. En 1977, on créait une autre forme de protection par zonage « donnant des restrictions quant à la composition des façades. » Toujours à cette époque, d'autres modifications aux règlements de zonage allaient restreindre l'implantation au sol, la hauteur et la superficie de plancher permise pour les bâtiments résidentiels dans toute la ville.

Cependant, la Loi sur les cités et villes du Québec ne donnait pas aux municipalités le pouvoir d'interdire les démolitions. Quoi qu'il en soit, la Ville de Montréal commença en 1978 à exercer un contrôle sur les démolitions en vertu d'un règlement municipal lui permettant de refuser de délivrer un permis de démolition à quiconque voudrait raser tout logement jugé en bon état. Malheureusement, une Commission d'arbitrage établie en 1978 a presque toujours cédé aux requêtes de ceux qui défiaient le règlement.

### Le plan d'action des citoyens

Mais le phénomène le plus important à se développer durant ces années est le fait que petit à petit, ceux qui n'avaient pas encore été délogés aient pris conscience des implications des pratiques urbaines qui régnaient alors à Montréal et qu'ils aient réagi lorsqu'ils ont, à leur tour, senti la menace planer au-dessus de leurs têtes. Il y a vingt ans, investir dans la rénovation urbaine paraissait utopique. Aujourd'hui, c'est un créneau important de notre industrie de la construction : par exemple, alors qu'en 1968, les Canadiens consacraient 876 millions de dollars à des rénovations majeures, vingt ans plus tard, ce chiffre était multiplié par douze et passait à 10,8 milliards de dollars !

En 1975, en remplacement de l'organisation bénévole de Sauvons Montréal, on assistait à la formation d'un organisme permanent appelé Héritage Montréal. Seul organisme canadien de conservation urbaine à fonctionner uniquement grâce à des campagnes de financement s'adressant au secteur privé, Héritage Montréal s'est donné pour mission d'appuyer les groupes communautaires préoccupés de la sauvegarde du patrimoine, d'organiser des programmes éducatifs et de trouver les fonds nécessaires à la réalisation de ses projets.

L'action de Sauvons Montréal et d'Héritage Montréal a fait évoluer la façon de voir d'une administration municipale qui naguère prônait la démolition des vieux quartiers et le développement à outrance. En plus de recourir aux lois sur le zonage pour protéger le patrimoine bâti, la Ville a mis en veilleuse la construction de l'autoroute est-ouest.

Mais l'intervention la plus importante d'Héritage Montréal et la preuve indiscutable du dynamisme du mouvement de conservation urbaine à Montréal est la victoire des résidents du quartier *Milton-Parc*. On a dit du projet de *Milton-Parc* qu'il a été la plus grande confrontation opposant citoyens et promoteurs au

Canada. Ces derniers voulaient remplacer le quartier dans son ensemble par un complexe d'immeubles en hauteur, ce qui aurait entraîné l'explusion de 4000 résidents. Un tiers de ce quartier, situé entre le centre des affaires et le parc du Mont-Royal, a d'ailleurs été détruit en 1972. Mais la bataille qu'ont menée les groupes populaires du quartier a montré qu'on pouvait conserver des édifices en milieu urbain autrement qu'en en faisant des objets pour une collection de musée. La conservation urbaine pouvait être un moyen de créer un environnement de grande qualité, hétérogène, et accessible à tous.

Notons également qu'en 1981, en vertu d'une entente conclue entre Québec et Montréal, la Société immobilière du patrimoine architectural de Montréal (SIMPA) était créée dans le but de recycler les édifices qui présentent un intérêt architectural. Depuis sa fondation, cette société a entrepris la restauration de nombreux édifices.

L'espoir le plus vif est cependant venu à l'automne 1986 quand Jean Drapeau quittait la mairie qu'il occupait de façon quasi-autocratique depuis plus de trente ans. Son Parti civique fut défait aux élections par le RCM grâce, entre autres, à l'accent mis par ce dernier sur la conservation du patrimoine et sur les questions d'ordre social dans son programme. Et quelques mois après son arrivée au pouvoir, la nouvelle administration instituait, en vertu de la Loi sur les biens culturels de la province (qui permet aux municipalités de citer elles-mêmes des monuments historiques), le Comité consultatif sur la protection des biens culturels.

Tous les maux du patrimoine urbain montréalais n'étaient pas toutefois résolus pour autant, en dépit de l'élection du RCM. Si la nouvelle administration avait en campagne affiché un ferme parti pris pour la conservation du patrimoine, plusieurs projets mis en branle à Montréal dès 1987 semaient des doutes, sinon sur la sincérité des intentions du RCM, du moins sur la conviction avec laquelle ce parti pris s'est traduit par des actions concrètes.

Comme l'illustrera plus loin l'article de Lisa Jensen, le rôle de l'administration Doré dans le projet Galleria Dorchester (mieux connu sous le nom d'Overdale), mettait sérieusement en doute la profondeur des convictions du RCM. Pour construire 700 condominiums, on a rasé un voisinage où plus de 70 personnes à faible revenu vivaient dans des bâtiments d'intérêt architectural et historique certain. Certes, la Ville a annoncé en juin 1987 la signature d'une entente avec le promoteur prévoyant la construction de logements ailleurs poru relocaliser les locataires. Mais le sort de ces derniers se trouvait ainsi scellé sans leur consultation. Overdale se voulait un modèle de développement socialement acceptable qui alliait les intérêts privés et publics. Dans les faits il renouait avec la tradition outrancière d'aménagement sans consultation menée durant trente ans par Jean Drapeau. Le patrimoine social, autant que le bâti, se trouvait à nouveau en cause. Trois ans après la controverse Overdale, le projet est suspendu, les logements ont été démolis ou restent barricadés et le terrain a été transformé en un vaste stationnement.

En cherchant à concilier à la fois développement et aménagement, le RCM à été à la source de maintes bévues. Le cas de l'hôtel Queen (décrit plus loin par l'article de Dinu Bumbaru) en est un autre exemple, même si l'impact social y est absent. Dès 1986 Héritage Montréal demandait au ministère des Affaires culturelles de protéger cet édifice vieux de 93 ans, ayant joué un rôle de premier plan dans l'histoire du centre de Montréal, mais laissé à l'abandon durant plus d'une décennie. En juin 1988 pourtant, le Conseil municipal adoptait un plan d'ensemble qui intégrait la partie la plus ancienne de l'hôtel dans un projet de développement. Mais, en août, on fermait d'urgence les rues Peel et Saint-Jacques, l'hôtel Queen menaçant supposément de s'effondrer. Les experts et les bureaucrates de la Ville, encore marqués par une vision et des habitudes de destruction, en ordonnaient la démolition dès le mois d'octobre suivant. Cette décision souleva l'ire de la population et illustrait de façon flagrante le peu de cas que faisait l'administration RCM de la conservation du patrimoine architectural de Montréal.

De nombreux outils existent donc pour préserver l'intégralité du tissu urbain montréalais : des outils législatifs à tous les niveaux de gouvernement et des organismes de conservation du patrimoine sont là pour témoigner de l'intérêt des Montréalais pour la qualité du bâti urbain.

Toutefois, l'administration Doré saisit-elle vraiment la nature et la portée de l'enjeu ? Jusqu'où son engagement (ou son non-engagement) mènera Montréal ? La métropole est à nouveau au cœur d'un boom économique qui, malgré quelques indices d'une récession, n'a pas fini de transformer le visage du centre-ville et dont des signes inquiétants témoignent d'un certain retour aux opaques pratiques de l'ère Drapeau.

D'immenses tours de béton et de marbre, de véritables murs de verre métamorphosent en ce moment le centre de Montréal. Cette évolution stylistique affectera inéluctablement l'ensemble du tissu urbain, et ce, malgré l'action des organismes de conservation, malgré la sensibilité de la population et malgré les intentions d'une administration municipale qui fut portée au pouvoir en promettant une protection accrue pour le patrimoine architectural et une amélioration de la qualité de la vie urbaine. Voilà un déjà vu qui crée un climat malsain, voire alarmant.

# L'hôtel Queen :
## *Post mortem*

DINU BUMBARU
Directeur général de Héritage Montréal

Le dossier de l'hôtel Queen révèle les liens complexes qui existent encore entre la Ville de Montréal et les promoteurs, liens toujours féconds malgré la présence du RCM dans l'Administration.

Avec le déplacement graduel des activités vers le nord du centre-ville : des rues Saint-Jacques et Saint-Antoine aux rues Sainte-Catherine et Sherbrooke, l'hôtel Queen s'éloignait du centre. Il tomba en désuétude, comme les autres hôtels des alentours du square Dominion (Mont-Royal et Windsor), mais subit un sort bien plus tragique.

Après 86 ans d'existence, le Queen fut laissé à l'abandon durant une dizaine d'années, condamné à la démolition par négligence, pratique courante dans les grandes villes nord-américaines.

Il a même servi d'aire d'exercice pour les tuyaux d'arrosage sous pression des pompiers de Montréal.

Aucune étude n'a démontré noir sur blanc qu'il était impossible de sauver le Queen.

L'hôtel Queen, magnifique bâtiment du siècle dernier, n'est pas le premier édifice historique que perd Montréal. Ce n'est pas le premier immeuble abandonné par ses propriétaires que la Ville doit ensuite faire abattre pour des raisons supposées de sécurité. L'hôtel Queen n'était pas neuf, mais depuis l'arrivée du RCM en 1986, Montréal semblait plus civilisée et on aurait crû ne plus avoir à subir des pertes semblables.

En fait, le drame de l'hôtel Queen est double : à la tristesse de perdre une partie de notre ville s'ajoute le choc de s'apercevoir que les choses n'ont pas changé autant que nous l'aurions souhaité.

Il est facile d'accuser le RCM de trahison. Réaction normale, qui ne fait cependant guère avancer les choses. Croire que, du jour au lendemain, les bâtiments allaient être sauvés grâce à l'intervention d'une administration plus sensible à la valeur du patrimoine est un peu simpliste. Le RCM est — et semble l'être encore — sensible au patrimoine et à l'environnement urbain. Mais le RCM n'est pas Montréal.

La démolition de l'hôtel Queen nous amène à comprendre l'interaction entre les diverses forces qui animent Montréal : politiciens, investisseurs, citoyens, universitaires, fonctionnaires, groupes de pression. À la lumière de cette expérience, on peut comprendre les causes du choc de l'hôtel Queen, en espérant que cela puisse servir, à l'avenir, à en éviter d'autres.

## 1. *1892-1978 : au coeur de l'histoire de Montréal*

Pourquoi aurait-il fallu conserver l'hôtel Queen ? D'abord, parce que c'était un édifice extraordinaire dont la valeur architecturale était reconnue par les études de la Ville de Montréal. Construit entre 1892 et 1893 selon les plans de l'architecte Dunlop, le bâtiment occupait l'angle des rues Peel et Saint-Jacques. Il comptait à l'origine six étages et une centaine de chambres, mais on l'agrandira à plusieurs reprises jusqu'en 1926 où sera érigée, d'après les plans des architectes Saxe & Archibald, une annexe qui portera la capacité de l'hôtel à 400 chambres. Seule la façade de cette annexe sera épargnée par la démolition de 1988-1989.

À l'origine, l'hôtel Queen appartenait à un groupe financier dirigé par G. Carslake. Il changea par la suite plusieurs fois de mains pour aboutir entre celles de la famille Raymond (qui contrôlait aussi le Windsor) qui le posséda jusqu'en 1962, soit durant près de soixante ans. Il conserva sa vocation hôtellière jusqu'à sa fermeture en 1978. Il servit un temps pour loger des réfugiés, puis une grande vente aux enchères eut lieu en 1979 pour liquider le mobilier et les équipements de l'hôtel, ce qui explique pourquoi on retrouve un peu partout à Montréal des assiettes portant la marque du Queen.

La présence d'un hôtel dans ce secteur défraîchi de Montréal peut surprendre de nos jours. À l'époque, cependant, le Queen se trouvait au coeur d'un quartier bourdonnant d'activité. En face, rue Saint-Jacques, se trouvait l'ancienne gare Bonaventure de la Compagnie du Grand Tronc où descendaient la plupart des passagers en provenance des États-Unis. Le répertoire d'architecture traditionnelle de la CUM indique que le Grand Tronc organisait des excursions sur les rapides de Lachine pour les touristes logeant au Queen.

La gare Bonaventure fut victime de la réorganisation des entreprises ferroviaires qui allait mener à la création du Canadien National et à la construction de la gare Centrale, à quelques pâtés de maisons de là. Elle fut démolie en 1948, sa riche architecture victorienne avec ses grandes toitures et ses galeries couvertes remplacée par la sobre économie du bâtiment qui, jusqu'à tout récemment, logeait l'entrepôt de marchandises du CN.

Les bâtisseurs de l'hôtel Queen nous avaient légué un immeuble d'une grande qualité. Ses façades de grès rouge importé étaient finement sculptées. Elles comportaient des médaillons représentant la reine Victoria et le Prince de Galles, futur Édouard VII, des oriels en pierre décorés, des pilastres dont les chapiteaux étaient sculptés, des frises et des corniches. Il ne faut pas oublier l'intérieur de l'hôtel, qui possédait lui aussi ses qualités et son raffinement.

Le fait que le bâtiment ait été construit en plusieurs phases se traduisait par une variété de systèmes architecturaux. Certaines parties avaient une charpente en acier, d'autres en béton ou en systèmes mixtes. La partie la plus ancienne avait des planchers faits d'arches plates en terre cuite ; celle de 1926, en béton armé.

À cet intérêt architectural, il faut ajouter une participation à un ensemble urbain d'intérêt patrimonial : la rue Peel, qui relie presque le fleuve à la montagne. L'hôtel Queen était partie intégrante de cet ensemble et il aurait pu jouer un rôle crucial dans la concrétisation de ce lien, sans compter qu'il s'inscrivait dans le noble ensemble formé de la gare Windsor, de l'ancien hôtel Windsor, du square Dominion et de l'ancien hôtel Mont-Royal.

## 2. 1978-1988 : un clochard architectural

Malgré sa valeur, l'immeuble est tombé sous le pic des démolisseurs. Pour comprendre pourquoi on en est venu là, il faut examiner ce qui s'est passé entre la fermeture du Queen en 1978 et sa démolition en 1988.

Depuis le début des années 70, plusieurs projets ont été élaborés pour redonner un nouvelle vocation au Queen. On a conçu de le recycler en immeuble de bureaux, en auberge de jeunesse ou en résidence pour étudiants. Les idées ne manquaient pas. Pourtant, durant pratiquement dix ans, le Queen a été laissé vide, sans habitants et sans surveillance. Un clochard du patrimoine montréalais.

L'abandon d'un tel bâtiment dans un centre-ville comme celui de Montréal démontre un manque de force de la part de la Ville. Il ne faut pas se leurrer, on abandonne parfois un immeuble pour que les éléments naturels (pluie, gel) ou humains (incendies malencontreux) forcent sa démolition. C'est ce qu'on appelle de la « démolition par négligence », une façon de contourner et de bafouer les lois.

Dans le cas du Queen, on peut sincèrement croire que la Ville de Montréal n'aurait jamais accordé de permis de démolition si l'hôtel n'était pas menacé de s'écrouler. Tous les intervenants s'entendaient sur la valeur du bâtiment et sur son importance dans le paysage architectural du centre-ville. Depuis 1980, la Ville a pourtant agi pour empêcher la dégradation de l'hôtel Queen. Mais cela n'a pas empêché l'effondrement d'ailes complètes, non pas à cause du gel, mais plutôt grâce à un début de démolition illégale. En bout de ligne, il semble que ce soient les propriétaires (des investisseurs étrangers ayant repris le bâtiment en garantie de prêt) qui aient eu le dernier mot... au dépens de l'ensemble de Montréal.

En 1985, pour toutes ces raisons, Héritage Montréal a demandé au ministère des Affaires culturelles du Québec (MACQ) de classer l'hôtel Queen « monument historique ». Ceci aurait su éviter sa destruction. Le ministère a fait appel à deux experts, un architecte et un ingénieur, pour évaluer l'état de la maçonnerie et de la charpente, études qui se sont révélées fort utiles en 1988 pour comprendre sa dégradation. Malheureusement, la demande de protection est demeurée lettre morte.

La démolition par négligence est une plaie qui affecte nombre de centre villes nord-américains et européens. Mais il ne s'agit pas d'un cancer incurable. Plusieurs municipalités ont adopté et appliquent des mesures dissuasives pour l'enrayer. Montréal n'en est toutefois pas encore là.

Le 20 juin 1988 (avant la démolition), le Conseil municipal de Montréal adoptait un plan d'ensemble[1] pour le développement du site de l'hôtel Queen. La Ville permettait aux Placements Mirlaw une plus grande densité du bâti en échange de la préservation des façades les plus anciennes de l'immeuble et de leur incorporation au nouveau projet.

Cependant on avait oublié de procéder à une étude technique approfondie du bâtiment, détail qui allait entraîner sa perte. Le 4 août 1988 à 6 h 20, les pompiers étaient appelés sur place : on signalait l'effondrement d'une partie de l'immeuble. Un rapport d'inspection a été produit, mais on n'a pas pris soin de consulter l'étude d'ingénieur faite auparavant par le MACQ et qui comportait des photos précises montrant que ce qui paraissait être un effondrement n'était en réalité que le produit d'une démolition partielle illégale datant d'avant décembre 1985. Le 20 août suivant, les pompiers étaient à nouveau sur place et le 23, le « mauvais état » du Queen commande la fermeture des rues Peel et Saint-Jacques. C'était un premier pas d'une véritable psychose autour de l'ancien hôtel : « Quand on veut tuer un chien, on fait croire qu'il a la rage » , dit le proverbe. Peu à peu, l'opinion et l'Administration en virent à croire qu'il devenait urgent de démolir.

Sans vouloir chercher de conspiration machiavélique derrière ces événements, on ne doit pas sous-estimer le poids de chacun des gestes posés par la Ville et par les propriétaires en cet automne 1988 où une grande partie du Queen fut détruite.

### 3. Y a-t-il des coupables ou seulement une bande d'innocents ?

Le scénario que nous venons de décrire met en scène plusieurs décideurs. Il y a tout d'abord le maire

Jean Doré. Parce qu'il a publiquement endossé la démolition, c'est celui que tous pointent du doigt. Mais M. le maire n'est ni ingénieur, ni architecte, ni entrepreneur en construction, ni promoteur. Il doit décider en fonction de l'information qu'on lui soumet. Son rôle est donc d'exiger d'avoir sous les yeux l'information la plus complète pour pouvoir décider en toute connaissance de cause.

Il y a aussi les pompiers. À plusieurs reprises, ils ont effectué des séances d'entraînement en utilisant le Queen comme cible pour l'arrosage sous pression, ce qui endommage les ouvrages de maçonnerie.

On trouve également les professionnels au service de la Ville. En parallèle à plusieurs années de discussions avec les propriétaires de l'immeuble, ils sont allés chercher une expertise auprès d'une firme de consultants pour compléter leur propre évaluation. Cependant ils n'ont retenu que l'option la plus « sécuritaire » et la plus simple : celle du terrain vacant. Peut-être serait-il temps de développer une expertise professionnelle qui oeuvre en même temps pour la sécurité des Montréalais et pour la conservation de leur milieu urbain.

Il y a aussi le représentant de la CSST. Sa décision a été présentée par la municipalité comme étant la source de la démolition. Pour la Ville, c'est lui, avec le propriétaire, qu'il faut tenir pour responsable. Mais quelle compétence possède-t-il pour rendre un jugement aussi lourd de conséquences ? Ne lui a-t-on pas accordé une confiance excessive alors qu'il recommandait de prendre un canon pour tuer une mouche ?

Enfin, que dire des membres du Conseil municipal qui ont allègrement voté pour le projet spécial du 20 juin 1988, sans sans s'être assurés de sa faisabilité technique ?

## 4. L'après-Queen

On dit que l'hôtel Queen était en si piteux état qu'il menaçait de s'effondrer à tout instant. Pourtant sa démolition a exigé plus de trois mois ! Certes, les travaux étaient ralentis par le démantèlement à la pièce de certains de ses éléments sculptés entreposés on ne sait où (probablement sur un terrain vague de la Ville). Mais rien ne permet de conclure avec certitude qu'il était impossible de sauver le Queen.

Tous les médias ont aidé à rendre compte de l'erreur qui allait être commise. Toutes les démarches ont été entreprises par Héritage Montréal, Sauvons Montréal ou par des citoyens. Autant les partisans de la conservation que le milieu des affaires étaient préoccupés, sinon inquiets, du sort qu'on réservait à un immeuble dont tous reconnaissaient la valeur. Pis encore, on assistait à l'humiliation de la Ville dont le Conseil était bafoué.

Cet épisode tragique pour Montréal nous amène a repenser la mise en valeur de notre patrimoine d'une façon globale, et surtout efficace. À l'heure où le RCM veut nous donner un centre-ville fort en rapiéçant le tissu urbain, on se rend compte à quel point il importe de réfléchir plus globalement sur les façons de remettre en valeur un édifice tel que le Queen avant de se retrouver avec un triste terrain vacant.

### Notes

1.  Un plan d'ensemble est un règlement spécial adopté par le Conseil municipal et qui autorise la réalisation d'un projet résultant d'une négociation entre le promoteur et la Ville.

# Le schéma d'aménagement du centre-ville :
## *Pour un Montréal habitable*

Joseph Baker
Professeur d'architecture à l'Université Laval et
membre de l'Institut Royal d'architecture du Canada

L'absence d'un plan d'ensemble pour Montréal a été l'une des critiques les plus rentables formulés par le RCM à l'endroit du Parti civique jusqu'en 1986.

L'administration du RCM a effectué une consultation en deux phases pour l'élaboration d'un schéma d'aménagement du de l'arrondissement Ville-Marie (centre-ville). Les consultations relatives aux schémas des huit autres arrondissements montréalais ont coïncidé avec la deuxième phase du schéma d'aménagement du centre-ville.

Au cours du processus, l'administration a limité le zonage de l'ensemble du centre-ville à des immeubles d'une hauteur maximale de six étages. Cependant, elle a nombre de fois dérogé à la règle en y allant cas par cas.

La version finale du schéma recommandait une augmentation majeure du nombre d'édifices à bureaux et d'immeubles résidentiels. Il limitait aussi la hauteur des édifices du centre des affaires à environ quarante-huit étages et à un nombre moins élevé dans les autres secteurs.

Une critique importante a été exprimée au sujet du schéma : il ne tient pas compte des hauts et des bas du secteur de la construction qui font qu'on se retrouve avec des terrains vacants et des trous béants, résultat de démolitions et de projets non menés à terme.

Le modèle européen, qui comprend des immeubles variés, mais de hauteur modérée, donne lieu à un environnement urbain cohérent, aux proportions humaines et qui, par-dessus tout, est habitable.

Beaucoup de temps, de réflexion et d'énergie ont été investis dans la préparation du « plan d'ensemble » du centre-ville de Montréal, paru en janvier 1990. On peut facilement s'en apercevoir, même en examinant rapidement les chapitres qui couvrent les multiples aspects de l'environnement urbain et qui, par conséquent, influent sur la vie des personnes qui habitent et travaillent dans le centre de la ville. La publication du schéma a été précédée d'audiences publiques, où divers groupes et particuliers ont présenté des documents diversifiés, tous analysés et résumés par une commission d'autorité reconnue. Sur quelque cent pages, le schéma présente une évaluation des principales activités de la ville — commerce, logement, industrie, institutions et tourisme — et expose les objectifs de planification quant aux espaces publics, à la situation de la ville par rapport au fleuve Saint-Laurent et au Mont-Royal, aux bâtiments historiques, aux transports publics, aux installations piétonnières et même au stationnement des bicyclettes. Il signale les problèmes à résoudre pour chaque secteur et donne un aperçu des solutions envisageables.

Le tout semble parfaitement raisonnable, attrayant, adapté à chacun... ou presque. Qu'est-ce qui cloche donc à l'examen des plans, des photos, des esquisses et des tableaux ? Pour certains, ce pourrait être le ton emphatique avec lequel est présenté toute proposition qu'on croit ingénieuse ; pour d'autres, ce serait l'inaccessibilité du jargon technique ou l'attention insuffisante que le schéma accorde aux citoyens moins privilégiés. Cependant, ceux qui sont toujours conscients des principes originels du Rassemblement des citoyens de Montréal ont commencé à se poser des questions en prenant connaissance de l'orientation résolument économique du schéma. En effet, dès le premier chapitre, on promet la « création d'un million de mètres carrés de locaux à bureaux au cours des dix prochaines années ».

On ne parle pas ici de bureaux ordinaires, mais des bureaux les plus sélects : sièges sociaux d'entreprises, bureaux de firmes spécialisées en finance et en technologie de pointe et bureaux gouvernementaux. Tout en concédant qu'une croissance de ce genre excéderait de 20 % le taux moyen de progression observé au cours des trente dernières années, les auteurs notent, le plus sérieusement du monde, que leur objectif ne devrait pas être considéré comme définitif et qu'il y a encore place à une expansion beaucoup plus rapide ! À une époque où plusieurs projets d'envergure dotés d'un solide soutien financier s'évanouissent en fumée, une telle ambition semble non seulement inconsistante au niveau politique, mais tout à fait irréfléchie.

Après vingt ans d'opposition à l'architecture en hauteur on se serait attendu à ce le RCM adopte une approche différente face à la construction urbaine. C'est en grande partie sur cette pierre angulaire qu'a été fondé le Rassemblement des citoyens de Montréal. Au nom de la croissance économique, le centre-ville de Montréal a été envahi, ravagé et livré aux grues et aux béliers mécaniques. Ces innombrables agressions lui ont laissé les stigmates qu'on peut observer aujourd'hui.

C'est face à la dévastation causée par la construction des autoroutes, la recherche d'espace et la propension accrue aux méga-projets que défenseurs des locataires et des droits des moins bien nantis, défenseurs de l'environnement, syndicalistes et nationalistes d'allégeances variées se sont unis, affûtant leurs arguments politiques variés sur la même pierre. Leur opposition à des forces puissantes qui semblaient fermement déterminées à restructurer et à refaire la ville à leur image les a rapprochés.

Au cours des premières années où il formait l'opposition, le RCM a adhéré fermement aux principes de ces groupes. Aucun projet d'une ambition demesurée n'échappait à sa critique, aucun acte destructeur, aucune perte de logements n'échappaient à son jugement sévère. Une fois au pouvoir, l'administration du RCM a excusé son inaction par l'héritage encombrant que lui avaient laissé ses prédécesseurs. Mais chaque nouvelle concession lui a fait perdre quelques appuis. La place de premier choix que le schéma d'aménagement accorde à la construction de tours de bureaux est peu réconfortante. L'aspect futur de la ville continuera à être déterminé par un cercle fermé de promoteurs et ne sera évalué qu'en fonction des critères les plus sommaires : proportions de surfaces aménagées en bureaux et pouvoirs discrétionnaires du Comité exécutif.

Il y a à l'heure actuelle quelque 120 acres — et peut-être plus — de terrains vacants dans le centre-ville ; certains appartiennent à la Ville, mais la plupart sont détenus par des intérêts privés. Ces terrains sont devenus ce qu'ils sont en raison de la négligence et du manque d'entretien qui les ont irrémédiablement détériorés. Les immeubles sont devenus du bois mort, seuls les terrains sur lesquels ils étaient construits ont gardé de la valeur : on a trouvé plus avantageux de les démolir et de ne payer des taxes que sur les terrains. L'argent versé en taxes pouvait même être récupéré si on consacrait le terrain à une entreprise des plus marginales, celle des terrains de stationnement. Résultat : une dévastation généralisée causée par les trous et les espaces vides entre les immeubles, par les coins couverts de mauvaises herbes ou d'asphalte, gelés non seulement dans les périodes de froid hivernal, mais aussi dans un cadre temporel qui s'étend maintenant sur plusieurs décennies.

Bien sûr, le schéma d'aménagement tient compte de la plaie que sont les terrains vacants. On y parle sérieusement de les mettre à bon usage en les aménageant de façon plus appropriée et en en transformant un certain nombre en espaces verts.

Curieusement, la construction d'un grand nombre de bâtiments en hauteur au coeur du centre-ville et la promotion d'un aménagement général plus modeste des terrains vacants ne sont pas des idées incompatibles. Elles sont en fait intimement liées. Pendant qu'on recherche les méga-projets et qu'on les encourage dans les secteurs à densité immobilière élevée, on retarde l'aménagement de la myriade de petits terrains dispersés dans le quartier central, au profit d'un marché bien défini. Deux tours de cinquante étages absorbent la demande d'espaces qui, à des hauteurs et une densité moins importantes, auraient pu remplir et permettre de repriser des acres de tissu urbain endommagé.

L'expansion potentielle peut être envisagée comme un gigantesque magma contenu sous la surface du centre-ville. Par une politique de zonage permissive, on peut lui permettre de percer la surface et de jaillir à des hauteurs illimitées. Mais on peut aussi restreindre son ascension : si on la repousse, la colonne de magma doit rentrer sous la surface et émerger par d'autres cavités. En adoptant un tel modèle, il serait possible d'en arriver, en moins d'une génération, à un centre-ville relativement plus complet et plus cohérent.

Afin d'atténuer le caractère quasi-inéluctable de la construction en hauteur et à forte densité, le schéma propose de la contenir ou de la concentrer à l'intérieur des limites déjà existantes du quartier central des affaires. On établira alors des proportions maximales de surfaces aménagées en bureaux, la seule restriction étant que la hauteur des immeubles ne devra pas dépasser celle du Mont-Royal ; comme si la ville était menacée par un fléau, une infection tenant de l'épidémie, et qu'il fallait mettre les immeubles menaçants en quarantaine, comme autant de pestiférés. Les tours s'entasseront dans le secteur qui leur est réservé, les ombres s'allongeront, les turbulences augmenteront, l'encombrement sera plus important et l'accès, plus restreint. Personne ne tirera avantage de la situation, sauf les heureux propriétaires des parcelles de terrain vacant bien situées, à l'origine couvertes de maisons de pierres grises, de grandes merceries ou de théâtres de vaudeville, tout à coup transformées, en vertu des règlements de zonage, en propriétés d'une valeur inestimable. Cela dépasse même les rêves les plus fous des alchimistes, car dans un centre-ville, c'est l'air, et non pas le vil métal, qui est transformé en or !

Les immeubles en hauteur transforment la ville en une empilade de constructions qui auraient pu être réparties plus uniformément. Ils perturbent l'organisation du coeur de la ville et entravent son processus de croissance et de diversification. La ville se trouve ainsi privée de certains joueurs, d'occasions, de caractéristiques et d'une identité propre. Les erreurs architecturales les plus monumentales et souvent les indécences les plus grossières sont permises. Les projets mal conçus et de piètre qualité jouissent d'un étalage excessif et des concepteurs qui maîtrisent à peine les principes de composition d'une simple résidence ont maintenant comme canevas le ciel, la montagne et le fleuve pour créer une oeuvre à une échelle qui pose un défi même au plus grand des créateurs.

La ville horizontale ou traditionnelle sait grandir. Elle peut se diversifer et s'adapter aux erreurs aussi bien qu'aux réussites, qui sont absorbées dans son tissu et sont présentes, bien visibles, sujettes à l'admiration ou à l'indifférence. Elle peut être d'une densité élevée, mais d'une hauteur modeste. Elle est tissée de cours et de jardins, entrelacée de porches et de portiques, ornementée de terrasses, ainsi que de toits aux formes fantaisistes et esthétiques. Elle bouge avec rythme et cadence, au gré de variations infinies aux subtiles appogiatures. La ville horizontale, avec sa toile de rues, ses multiples parcelles de terrain possédées par des propriétaires différents, ses bâtiments et ses terrains vacants est comme un texte qui demande à être lu et compris avant qu'on puisse ensuite le modifier habilement, patiemment, graduellement, jusqu'à ce que des éléments au départ disparates et incohérents ne forment qu'un tout articulé. Chaque intervention trouve sa logique et son orientation dans celles qui l'ont précédée et, à partir du même fil, sert à parfaire et à compléter. Sauf pour les travaux publics de la plus haute importante, ce procédé fait fi des projets grandioses, mais futiles. Le schéma d'ensemble, les acquisitions forcées, la modification et l'élimination des rues sont des mécanismes gratuits et inopportuns.

On doit donc accorder la priorité aux projets raisonnables qui cherchent à tenir compte des contraintes existantes, qui ne demandent pas de pouvoirs spéciaux, qui intègrent et ne détruisent pas, qu'on n'accompagne pas de fausses promesses, d'assertions illusoires à propos d'économies d'échelle, d'avantages fiscaux importants, de création d'emplois. C'est tout à fait réalisable.

Les techniques antérieures à la fin du dix-neuvième siècle ne permettaient pas la construction d'immeubles de plus d'une trentaine de mètres. Avec l'avènement de l'ascenseur et de l'armature d'acier, on a pu dépasser les huit ou neuf étages. Comme A. J. E. Morris l'a souligné dans *A History of Urban Form*, c'est l'invention tardive de l'appareil mécanique de M. Otis qui a permis aux villes européennes d'avoir l'apparence compacte qu'elles ont, par la densité relativement forte mais la hauteur modérée de leurs bâtiments. Les grands boulevards de Haussmann à Paris, les résidences bourgeoises et les commerces du Ring à Vienne illustrent bien ce caractère. Avec l'avènement de l'ascenseur, les villes nord-américaines sont passées directement des résidences à deux ou trois étages aux nouveaux gratte-ciel. L'absence d'un stade d'évolution intermédiaire a produit une architecture en créneaux, qui contraste de façon frappante avec l'architecture originale de ces villes.

En plus d'être attribuable à l'arrivée de l'ascenseur à haute vitesse, la hauteur des bâtiments dans les rues et les places des villes du monde entier a été motivée par des raisons autres que les conséquences économiques des progrès technologiques. Au tournant du siècle, Camillo Sitte, ardent défenseur de l'urbanisme culturaliste, a visité l'Europe d'un bout à l'autre et a mesuré et observé les espaces publics pour déterminer les dimensions courantes et les principes sous-jacents d'un tissu urbain confortable et esthétique. Un peu comme les anciens qui ont déterminé la configuration des temples et conçu les agoras et les forums, ou les hommes de la Renaissance qui ont imaginé les *corsos* et les *piazze*, Sitte a déterminé que le caractère agréable d'un espace urbain était intimement relié à l'angle duquel on percevait ce dernier. À l'intérieur d'un espace public, l'œil veut être contenu, mais pas retenu. Dans la « chambre extérieure » — car voilà bien en fait ce que sont les places et les *piazze* — les lignes des toits des bâtiments environnants font office de corniches, et le ciel, de plafond.

Pour ce qui est des rues, « corridors » de la ville, les édifices d'une hauteur inférieure à trente mètres permettent encore de voir les corniches des plafonds. Passé cette hauteur, le piéton oppressé commencera à se sentir « emmuré » par un « effet canyon ». Un phénomène visuel si simple s'imprègne dans la mémoire du citadin et n'est pas facilement effacé, malgré des appellations modernistes comme les célèbres « tour dans le parc » ou « cathédrale du commerce ». La vision romantique de Manhattan fait place à la pénombre de Gotham. On a presque détruit des villes entières, comme ce fut le cas à Cleveland, pour caser les voitures au centre-ville à 2,50 $ par jour. La vision initiale de liberté, de lumière et d'espace se transforme en cauchemar.

Comment le schéma d'aménagement du centre-ville de Montréal traite-t-il de la question ? Il est regrettable de constater que ce n'est pas avec la clarté dont on aurait pu s'attendre de la part du RCM. Ce dernier procède plutôt par un mélange de rationalisation théorique, de projets d'aménagement urbain provisoires et de larges doses de déterminisme économique. On y trace adroitement l'histoire de l'architecture de Montréal pour montrer que, à différents stades de son évolution, la taille des immeubles s'est accrue, « chaque étape marquant l'atteinte d'une nouvelle hauteur dans la tradition architecturale de Montréal », jusqu'à ce qu'on en arrive à des bâtiments de 200 m de haut. Ces derniers peuvent alors rivaliser avec le Mont-Royal, cette extraordinaire protubérance naturelle qui donne son nom à la ville. On nous assure dans le schéma que c'est la limite définitive et on trouve de toute évidence satisfaisant et justifié le fait que le cœur de la ville — seul endroit où l'on peut construire des immeubles de grande hauteur — soit séparé des flancs verdoyants de la montagne.

C'est comme si les personnes qui avaient écrit un tel discours vivaient dans une période pré-Renaissance où la perspective n'avait pas encore été découverte et où les objets situés à l'avant-plan et à l'arrière-plan étaient considérés comme équivalents. Du sud, la montagne disparaît presque derrière ces immeubles issus de la première génération de gratte-ciel. Que peut-elle bien faire contre les formidables immeubles qui sont en construction à ses abords, même si leur hauteur est inférieure de 20 cm à son sommet ?

Même s'il tient au moins compte des problèmes environnementaux créés par les immeubles en hauteur — ombrage excessif, turbulence, congestion — le schéma, plutôt que de chercher à résoudre la question fondamentale, n'offre que des palliatifs. Cathédrales et campaniles seront allègrement mariées à des modèles de rue plus traditionnels et à des immeubles de hauteur plus modeste, ce qui donnera naissance à un mutant, l'immeuble avec terrasses, ou basilaires. Le schéma d'aménagement constitue ainsi une tentative pour résoudre une situation perturbante et frustrante où des rues d'apparence harmonieuse sont menacées par des intrusions agressantes. On peut citer la Banque royale sur la rue Saint-Jacques et l'édifice Aldred sur la place d'Armes pour justifier l'approche adoptée et, en tant qu'exemples isolés, ils sont peut-être adéquats. Cependant, un modèle d'aménagement urbain de ce genre, s'il est généralisé, devient inquiétant. Il semble néanmoins presque génial lorsqu'on le compare aux piètres suggestions pour composer avec les méga-immeubles qui, considère-t-on, seront inévitablement isolés par, précise-t-on dans le plan, « une enceinte ou une clôture, par exemple, une haie, une rangée d'arbres ».

Il y a cependant un nœud. Tout au long du schéma d'aménagement de l'arrondissement Ville-Marie, on présume que l'expansion à grande échelle est non seulement inévitable, mais souhaitable, et qu'elle mérite par conséquent un traitement particulier. On devrait faciliter la fusion des terrains, éliminer les immeubles inutiles et forcer leurs résidants ainsi que les établissements commerciaux existants à s'installer ailleurs, dans l'intérêt d'une expansion plus « unifiée » et plus globale. Selon le schéma, puisque le mécanisme permet une certaine liberté d'action, il est par conséquent souple. Toujours selon le schéma, les pouvoirs discrétionnaires accompagnés de garanties judiciaires sont de plus en plus utilisés, dans le domaine de l'aménagement urbain, comme complément aux règlements de zonage. On a la désagréable impression que les manuels qui servent à guider nos urbanistes dégagent une forte odeur de moisi.

L'aménagement des rues de la ville qui nous est aujourd'hui familier n'a pas été imaginé dans l'esprit du méga-projet d'aménagement global. Sa nature et sa texture sont différentes, tout comme son but. La ville a été conçue pour offrir façades et accès facile. Un pâté de maisons occupé par un bâtiment d'accès limité constitue une contradiction de termes. L'édifice ainsi construit n'a pas besoin de façades, ses voies d'entrée sont intentionnellement limitées. Qu'est-ce qui anime alors la rue ? Qui ira et viendra, arrivera et repartira ? Ni les motifs architecturaux, ni les colonnes et les pilastres, ni les balcons et les boîtes à fleurs ne rendront agréables ces bâtiments gigantesques et démesurés, pas plus qu'ils ne les rendront acceptables. Les projets d'aménagement urbain provisoires qui semblent indiquer qu'une telle chose serait faisable seraient très touchants s'ils n'étaient pas si dangereux. Nous ne pouvons cependant pas régler par des décorations un problème de structure créé sur des bases erronées.

Peu importe combien louables et pertinentes les discussions publiques peuvent être pour l'amélioration de l'environnement urbain de Montréal, le public pourrait ne pas vouloir détourner son attention de ce qu'il considère comme des questions manifestes et sans réponse. Hauteur, trous et palissades occupent une place prédominante dans la vie quotidienne de nombreuses personnes et soulèvent des problèmes qui, dans le schéma d'aménagement présenté par l'administration Doré, sont en grande partie non résolus. Le RCM n'a pourtant pas été fondé pour permettre à Montréal de rivaliser avec les autres villes nord-américaines quant aux immeubles prestigieux et aux tours à bureaux. Il serait peut-être opportun et salutaire que les Montréalais le lui rappellent.

*Traduit par Denis G. Gauvin*

# UN TOIT POUR TOUS

# L'affaire « Overdale » :
## *La grande trahison*

Lisa Jensen
Ex-résidente de l'ilôt Overdale
(et ex-membre du RCM)

L'îlot Overdale était l'une des dernières communautés intra-urbaines de Montréal, et plusieurs pensaient que l'administration du Doré-Fainstat l'aurait épargnée.

Mais l'administration du RCM a décidé de déloger les locataires pour bâtir de luxueux condominiums et de les reloger dans les appartements construits par les promoteurs du projet.

Les résidents se sont regroupés afin de combattre la relocalisation et, lorsqu'ils ont proposé que leur immeuble soit intégré au nouveau complexe, ils ont bénéficié d'appuis publics importants.

Le Conseil municipal n'a pas tenu compte des recommandations d'une de ses propres commissions ; il a approuvé le projet et séparé les locataires en deux groupes distincts.

Les audiences de la Régie du logement et du conseil d'arbitrage ont fini par démotiver les locataires et n'ont produit aucun résultat leur étant favorable.

Les protestations des locataires ont graduellement augmenté jusqu'à la désobéissance civile, ce qui a donné lieu à une expulsion par la police.

Le pire dans toute cette histoire reste que le projet de condominiums ne s'est jamais concrétisé et qu'en 1990, à la place des résidences qu'occupaient en 1987 près de 200 personnes, on trouve un terrain de stationnement !

L'ilôt Overdale était une enclave tranquille et retirée, située en plein cœur du centre-ville de Montréal, soit dans le quadrilatère délimité par le boulevard René-Lévesque au nord, les rues MacKay à l'ouest,

Overdale au sud et Lucien-L'Allier à l'est. Les maisons, presque toutes ornées de pierres grises le long des rues MacKay, Kinkora et Overdale (le manoir historique Lafontaine, les appartements Kinkora, les immeubles Mackay, les maisons de chambres de Miss May et de Kinkora), formaient un ensemble architectural et un milieu animé.

Parmi les 107 logements qu'il comptait, on comptait quelques chambres, mais la plupart étaient des appartements. Tous les édifices étaient occupés, à l'exception d'un seul.

Les habitants du quartier venaient de milieux divers. Il y avait des personnes âgées, des jeunes travailleurs, des étudiants, des artistes et quelques familles monoparentales. Bon nombre étaient anglophones, et la majorité était pauvre. Même si les loyers étaient peu élevés, la plupart des locataires devaient en général consacrer plus du quart de leur revenu au paiement de leur loyer.

Les gens se parlaient. Pendant l'été, ils se retrouvaient dans la rue. Le Carré Dolly, sur Overdale, était souvent le lieu de rencontres impromptues. Le quartier était marqué par une certaine stabilité. Beaucoup y résidaient en effet depuis plusieurs années. Bon nombre des personnes âgées occupaient le même appartement depuis vingt ou même trente ans. Plusieurs autres résidents, dans la vingtaine ou la trentaine, vivaient là depuis même dix ans. Certains n'en étaient pas à leur première expulsion.

Lorsque le RCM a été élu, en novembre 1986, en prônant la consultation publique, la protection de la vie de quartier, des logements abordables, les coopératives d'habitation et le droit de demeurer dans son quartier ; ses partisans ne s'attendaient pas à ce qu'il négocie en secret avec des promoteurs-constructeurs.

Pourtant, six mois après l'élection, les résultats de négociations de ce genre se faisaient jour. En effet, le 2 juin 1987, John Gardiner, membre du Comité exécutif chargé de la planification et du logement, annonçait au cours d'une conférence de presse tenue avec les promoteurs Robert Landau et Douglas Cohen, que les habitants d'Overdale seraient relogés dans un autre quartier et que leurs maisons seraient rasées afin de faire place à un projet de condominiums d'une valeur de 100 millions de dollars.

Nous, les habitants de l'îlot Overdale, avons réagi immédiatement. Au cours des jours suivants, nous avons tenu notre propre conférence de presse devant le 1395 Overdale, à l'ombre des peupliers, immeuble où, devions-nous apprendre plus tard, a habité Louis-Hippolyte Lafontaine, premier Premier ministre du Canada après 1867. Nous avons alors dénoncé la décision du RCM de démolir notre quartier et de nous déplacer sans même nous avoir consulté ni présenté de demandes officielles de démolition. La presse a répondu en grand nombre à notre appel et pour le spectacle, le promoteur Cohen est venu lui aussi. Ce soir-là, au journal télévisé, on pouvait le voir, le visage écarlate, hurlant que nous privions nos voisins de la chance de déménager dans des logements flambant neufs.

La lutte qui a suivi a duré trois ans. Trois années au cours desquelles le RCM a fréquemment été accusé (souvent même par ses propres membres) d'avoir manqué de façon flagrante à ses promesses électorales et de n'avoir pas respecté le programme du parti. L'affaire Overdale devait être la première manifestation populaire contre le RCM.

## 1. Les résidents se mobilisent

Longtemps avant l'annonce de la relocalisation, la communauté, solidaire, avait commencé à s'organiser de façon officieuse. Le premier mouvement s'est organisé en novembre 1986, époque où le propriétaire-spéculateur des deux tiers des immeubles résidentiels de l'îlot a demandé un permis de démolition. Les habitants du quartier ont alors fait du porte à porte afin de recueillir des signatures pour une pétition contestant la démolition. Ils ont également communiqué avec Arnold Bennett, conseiller municipal et défenseur des locataires, et une chaîne de télévision locale a présenté un reportage à ce sujet. En décembre 1986, le Comité exécutif du RCM refusait la démolition.

En janvier 1987, l'autre tiers des immeubles est passé aux mains d'une compagnie à numéro appartenant à MM. Landau et Cohen. Un employé de la société est alors passé de porte en porte, annonçant aux gens qu'ils devraient quitter leur logement à la fin de leur bail, car la Ville exigeait des rénovations majeures. Il leur ont offert de partir au moment qui leur conviendrait et leur proposait un dédommagement de 500 $. La Ville avait en fait demandé que des rénovations mineures soient apportées aux immeubles, comme l'installation d'extincteurs et de panneaux de sortie, ainsi que l'amélioration des sorties de secours situées à l'avant. Inutile d'évincer les locataires pour faire ça.

Encore une fois, nous avons communiqué avec Arnold Bennett, qui à son tour a fait savoir aux chaînes de télévision locales qu'il avait un sujet « brûlant ».

En mars 1987, les deux tiers des immeubles pour lesquels la démolition avait été refusée trois mois auparavant étaient achetés par une autre compagnie à numéro, et on a donnait ordre aux concierges de ne pas relouer les appartements vides. Nous savions que quelque chose était imminent. Un employé de la clinique de santé locale, soucieux du sort des personnes âgées qui s'y rendaient, nous a appelés afin de nous offrir un local, au CLSC du centre-ville, où nous pourrions nous rencontrer.

Au cours de notre première rencontre, à la fin de mai, peu avant l'annonce du 2 juin, M. Bennett nous a fait part des projets de relogement et de construction qui devaient être annoncés sous peu. Nous lui avons alors demandé pourquoi nous ne pouvions demeurer dans notre maison. M. Bennett a alors répondu que si une démolition ne pouvait nous forcer à partir, des rénovation, elles, le pouvaient. Même si en théorie les locataires devaient avoir le droit de réintégrer leur logement après la rénovation, on annonçait des hausses de loyer telles que ceux-ci devenaient inabordables pour la majorité des résidents. M. Bennett nous a alors fortement recommandé d'accepter la relocalisation et de négocier avec la Ville, car il ne croyait pas que nous avions une chance de pouvoir rester. Selon lui, le prix des nouveaux logements serait le même, et nous aurions notre mot à dire sur leur aménagement. Même s'il nous a d'abord lancé sur une fausse piste, M. Bennett s'est racheté en nous fournissant des informations précieuses. Il ne s'est rendu compte de la forte opposition à la relocalisation que lorsque les audiences publiques ont débuté, quatre mois plus tard.

Les promoteurs avaient en tête de construire des tours de 39 étages sur le boulevard René-Lévesque, entourées d'édifices plus petits. Leur projet comportait également un jardin privé et un lac artificiel. Les rues Overdale et Mackay garderaient leur caractère résidentiel. Les résidents de l'îlot seraient relogés dans des appartements « à loyer modique ». Au total, 24 appartements et 48 chambres seraient construits près du site. À ce moment-là, on avait déjà commencé à remettre un dédommagement aux résidents ou, s'ils se montraient peu coopératifs, à les harceler. La majeure partie des 88 logements occupés étaient des appartements.

La Ville a qualifié ce projet de précédent « historique ». Les hommes politiques étaient fiers d'avoir négocié une entente avec un promoteur afin que de nouveaux logements remplacent, en partie, ceux qui devaient être démolis, et que le projet de condominiums (750, au total) amène de nouveaux habitants au cœur du centre-ville. En réalité, la relocalisation n'a pas constitué un précédent historique. Ce phénomène s'est produit fréquemment dans les villes nord-américaines où il a fait partie de la vague de la « rénovation urbaine » ou des projets de « démolition des quartiers insalubres » des années 1950 et 1960. Les autorités fédérales et provinciales ont cessé de financer ces projets vers la fin des années 1960, lorsqu'elles ont constaté leurs effets désastreux. La relocalisation forcée détruit en effet les communautés et est néfaste pour le réseau d'entraide dans ces dernières. Il entraîne également des conséquences funestes pour la santé physique et psychologique des personnes âgées. Il prive les gens d'un choix qui est essentiel à la prise en charge de leur vie. Seuls quelques résidents d'Overdale ont choisi d'emménager dans les logements offerts par les promoteurs (affublés plus tard du sobriquet « Underdale »), preuve de l'échec d'une politique de ce genre.

La Ville a également échoué dans son projet de repeuplement du centre-ville. Elle n'a demandé aux promoteurs aucune garantie quant à la construction d'immeubles. Elle n'a, en fait, collaboré qu'à la destruction du quartier et de ses 107 chambres et appartements, domicile de gens à faibles revenus. Il ne reste qu'un stationnement et quelques tristes édifices maintenant inoccupés, éventrés, non chauffés et en état de délabrement.

## 2. Négociation ou intimidation ?

Trois semaines avant la date où le Conseil municipal devait approuver le projet, nous tentions de le faire améliorer. La Ville a consenti à inverser les nombres afin qu'il y ait 48 appartements et 24 chambres, mais c'était toujours insuffisant pour loger tout le monde. John Gardiner a alors mentionné que, d'après ce qu'il avait vu à Milton-Parc, 72 logements seraient plus que suffisants pour les 88 familles, car ces dernières ne déménageraient pas toutes dans les nouveaux logements. Moins de 70 logements ont cependant été construits, et seuls une poignée d'entre eux ont été subventionnés.

La plupart des résidents souhaitaient demeurer dans leur logis, mais l'idée d'une possible confrontation avec la Ville et les promoteurs en effrayait un bon nombre. De plus, les propos de Bennett ont eu un effet considérable sur eux. Un comité de négociation a été formé en vue de représenter les quatre options possibles : demeurer dans nos logements, être relogés à « Underdale », être relogés ailleurs et recevoir une compensation financière, faire partie du nouveau projet. Le quatrième choix a évolué avec le temps. Bennett croyait que les cinq à huit personnes qui étaient réellement prêtes à se battre pourraient obtenir des appartements dans le nouveau complexe de condominiums. Michael Fish a repris cette idée et il a ainsi imaginé qu'il pouvait être possible d'intégrer la communauté existante, avec ses édifices et ses résidents, dans le nouveau projet.

La majeure partie des trois semaines de négociations ont été occupées par les promoteurs, qui affirmaient que le comité de négociation n'était pas représentatif. Ils prétendaient que le comité n'avait aucun pouvoir sur les résidents. Même si le comité a réussi à améliorer l'option « Underdale » , tous n'étaient pas prêts à y déménager. Nous avons remis aux promoteurs des listes sur lesquelles figuraient le nom des locataires et les éléments qu'ils désiraient retrouver dans leur nouveau logement. S'ils devaient être expulsés de leur maison, ils désiraient avoir des logements similaires (foyers d'ornement, baignoires sur pieds et plancher de bois franc). Un des locataires désirait un patio sur le toit.

À la dernière rencontre avant la réunion du Conseil, la Ville a révélé le prix des loyers d' « Underdale » . Les résidents devaient encaisser des augmentations de 60 % à 200 % avec, toutefois, une période de « rajustement » qui s'échelonnerait sur plusieurs années. Ainsi, « habitation à loyer modique » signifiait simplement qu'ils étaient moins onéreux pour le promoteur à construire. « Underdale » n'était donc qu'un projet d'expulsion déguisé. Nous sommes sortis en furie de la pièce. Le projet n'a pas été adopté avant plusieurs mois encore, mais la menace était toujours présente. Au cours de réunions subséquentes, la Ville n'a voulu discuter de la durée de validité du fonds de « transition » (nous avons opté pour cinq ans, soit la période qui s'écoulerait avant que les loyers des nouveaux édifices soient soumis à la loi sur la Régie du logement).

Presque rien n'a été accompli au cours des nos innombrables réunions avec le personnel de John Gardiner, entre juin 1987 et le printemps de 1988. Nos demandes et propositions, pourtant raisonnables, ont été ignorées, et nous avons dû apprendre à être méfiants, à hésiter à partager nos informations. Nous sentions que la Ville nous rencontrait seulement pour obtenir des renseignements qu'elle utiliserait ensuite contre nous. La Ville savait, par exemple, que les loyers d' « Underdale » étaient trop élevés parce que nous lui avions fourni des listes des revenus des résidents. Gardiner s'est par la suite servi de cette information dans une lettre où il nous disait de vivre à deux dans un même logement si nous ne pouvions payer les loyers d' « Underdale ». Les promoteurs se sont servi des listes pendant les conférences de presse en nous traitant de locataires cupides qui demandaient des patios sur le toit et des antennes paraboliques. Il y a eu des insinuations constantes selon lesquelles nos domiciles étaient des taudis.

Pendant les conférences de presse, nous nous sommes aperçus que les journalistes adoptaient une position qui se situait toujours à mi-chemin entre nos propos et ceux des promoteurs. Même si nous tentions de fournir des informations objectives, on dénaturait nos propos. L'un de nos voisins, qui connaissait bien les médias, nous a alors suggéré de réduire l'exposé des faits au minimum et de recourir davantage à la rhétorique. Nous nous sommes rendus compte, et c'est déplorable, que notre message passait beaucoup mieux ainsi.

À plusieurs reprises, nous avons formé des comités de négociation à l'occasion des rencontres. On leur confiait alors des tâches précises comme, par exemple, de faire signer des pétitions aux absents. Le rôle de porte-parole a été tenu par différentes personnes, c'est-à-dire toutes celles qui se portaient volontaires, et les membres du comité travaillaient ensemble, sans structure rigide. Une personne prenait des notes pendant les réunions et elle conservait des listes de nos partisans et de nos locataires. Jamais n'avons nous eu de structure hiérarchique et dans la mesure du possible, nous prenions les décisions en parvenant à un consensus.

Cela ne signifie pas que nous avons toujours travaillé en harmonie. Les constantes luttes juridiques nous prenaient beaucoup de notre énergie et nous étions aussi en contact fréquent les uns avec les autres par l'entremise des réunions, du porte à porte, des bulletins intermittents et des manifestations. De juin à octobre 1987, nous avons organisé des piquets de grève lors de chacune des réunions du Conseil municipal et nous nous sommes faits entendre pendant les périodes de questions. Nous avons également établi un piquet de grève pendant le congrès du RCM, en novembre 1987, et nous étions alors 70 à y participer.

Un appui important est venu de la part de certains militants, de quelques conseillers sympathisants et de groupes communautaires. En juillet 1987, nous avons rencontré les membres du Front d'action populaire en réaménagement urbain (FRAPRU), groupe de pression provincial en matière de droits du logement ainsi que la Fédération des coopératives d'habitation de l'île de Montréal (FECHIM), avec qui nous avons tenu plus tard une conférence de presse. Nous avons également obtenu l'appui de certaines organisations, dont Héritage Montréal et Sauvons Montréal.

Lucia Kowaluk, travailleuse sociale qui a aidé à organiser et à gagner la lutte visant à sauver le quartier Milton-Parc, nous a donné de précieux conseils d'ordre stratégique, ainsi que le nom et le numéro de téléphone de personnes-ressource. Elle connaissait aussi Gardiner personnellement, depuis l'époque où il avait travaillé à un projet de coopérative d'habitation dans Milton-Parc. L'architecte Michael Fish, défenseur et amateur de vieux édifices, nous a renseignés quant à l'histoire des édifices du quartier ainsi que de celle des relocalisations. Il nous a convaincus que le projet pouvait facilement être mené à bien sans qu'aucun d'entre nous n'ait à quitter son foyer. Nous avons également rencontré de nombreuses personnes, dans la rue, qui sont venues jeter un coup d'œil à notre quartier.

M. Fish a inspecté et mesuré tous les édifices afin de déterminer quelles réparations s'imposaient. Son rapport a permis de révéler que nos maisons étaient bien conservées et qu'il valait la peine de les réparer ; il a également calculé avec exactitude les coûts liés à chacun des éléments de la rénovation. Il nous a révélé que les immeubles résidentiels occupaient moins de 15 % du terrain du pâté de maisons. Le reste, qui était libre, à l'exception d'une ancienne glacière abandonnée depuis longtemps et d'un garage, pouvait être aménagé. Encore plus important, nos immeubles se trouvaient dans des rues tranquilles et résidentielles où la Ville ne permettrait que des édifices peu élevés. Cela signifiait que nos maisons n'occupaient que 4 % de l'espace qui pouvait être aménagé. Selon l'étude, la Ville pouvait facilement se remettre de la « perte » que lui coûterait la protection des édifices en permettant aux promoteurs de construire des tours légèrement plus importantes.

### 3. *Des audiences publiques bidon*

Les pressions exercées par les résidents d'Overdale, ainsi que l'appui général dont nous avons bénéficié, ont finalement forcé la Ville à tenir des audiences publiques. La commission permanente de l'habitation et de l'aménagement urbain, présidée par André Lavallée (ancien ardent défenseur des locataires) a tenu trois de ces audiences. Notre conseiller municipal, Nick Auf der Maur, vice-président de la commission, nous a clairement fait savoir qu'il s'opposait à nous. Il a rédigé un rapport minoritaire dans lequel il a mentionné que l'idée même de l'intégration était stupide ; et il a plus tard écrit un article virulent, dans le défunt *Montreal Daily News*, dans lequel il prétendait que notre groupe n'était pas représentatif. Les promoteurs ont ensuite acheté une publicité d'une page dans *The Gazette* et ont refait paraître l'article à titre de publicité, ce qui montre bien combien il était biaisé. Auf der Maur était par contre une exception parmi les observateurs. Les conseillers du RCM, Bennett et Pierre Goyer, également membres de la commission, ont permis que cette dernière rompe avec le Comité exécutif.

Au cours de son exposé, le promoteur Robert Landau a montré des diapositives des moins flatteurs points de vue de notre quartier, dont des clichés d'un appartement occupé qui avaient été prises sans le consentement du locataire. Landau a invité ceux qui désiraient demeurer à Overdale à s'acheter un condominium comme tout autre citoyen en ajoutant qu'ils devraient pour ce faire sortir de chez eux et aller gagner « honnêtement » leur vie. M. Gardiner et les responsables de son service de planification ont également prononcé de brèves allocutions, faisant remarquer que le jardin privé du projet augmenterait le nombre d'espaces verts dans le centre-ville.

Les résidents ont ensuite présenté des diapositives illustrant toute la beauté du quartier et la cohésion de sa population. Les diapositives du site d'« Underdale » montraient à quel point ce dernier semblait désolé. Une personne âgée, Mabel Clarke, a déclaré que comme il était situé au bas d'une colline abrupte où l'accès au transport en commun était limité, le site était complètement inadéquat pour les aînés. La seule locataire qui s'est opposée à demeurer à Overdale a été Bea Johnson, concierge de l'une des maisons de chambres, qui a déclaré qu'elle détestait sa maison et qu'elle préférait emménager dans le nouvel immeuble (un an après être déménagée à « Underdale » , cependant, Mme Johnson a déclaré à la presse que les habitants de la nouvelle maison de chambres déménageaient constamment et qu'elle désirait retourner dans son ancienne maison). L'étude de faisabilité effectuée par M. Fish a été présentée, tout comme des exposés de la part de personnes et de groupes de sympathisants, notamment l'architecte Phyllis Lambert. Le rapport de la commission a appuyé l'étude de faisabilité et recommandé que les locataires soient intégrés au nouveau projet des promoteurs et que leurs maisons deviennent une coopérative. Il a également recommandé que la solution soit négociée entre les locataires, les promoteurs et la Ville.

Nous avons été ravis du rapport ; nous pensions alors avoir gagné. Il s'agissait cependant d'un impair stratégique. Avec ce rapport favorable en notre possession, nous aurions dû immédiatement forcer la main de la Ville. Nous ne pouvions cependant nous douter que c'était exactement ce que les promoteurs ont fait. Ils ont menacé de se retirer si leur projet original n'était pas rapidement approuvé. Ainsi, deux semaines après la publication du rapport, le projet original était adopté par le Conseil ; seulement quelques légères modifications concernant « Underdale » y étaient apportées. Nous étions anéantis, et certains d'entre nous ont alors capitulé.

Après l'adoption du projet, le Comité exécutif a permis la démolition d'environ la moitié des édifices, mais il l'a refusée pour l'autre moitié. Les immeubles sauvés étaient le manoir Lafontaine et ses dépendances, ainsi que ceux de la rue Mackay qui présentaient de très belles façades. Les maisons de chambres de Miss May et les appartements Kinkora ont été démolis. La décision a immédiatement scindé le groupe en deux, car chacun devait suivre une voie juridique différente.

En ce qui concerne les édifices menacés de démolition, nous avons interjeté appel auprès du conseil d'arbitrage. L'appel a été entendu de janvier à avril 1988. Les locataires qui vivaient dans les autres édifices ont reçu un avis d'expulsion stipulant que les baux ne seraient pas renouvelés, car l'édifice serait utilisé à des fins résidentielles ou commerciales. Pour les habitants du quartier, le dédale juridique s'est révélé décourageant, démoralisant. Bon nombre sont devenus renfermés. En février 1988, au cours d'une entrevue (pour son documentaire vidéo sur Overdale) avec Robert Craig, résident du quartier, Hazel Craig a expliqué qu'elle avait vécu dans son appartement pendant près de 48 ans et qu'elle ne désirait pas partir. Elle vivait seule dans son édifice vide et subissait un stress énorme. Quelques jours plus tard, elle mourait seule dans son appartement.

### 4. *Contestation devant la Régie du logement*

À la Régie du logement, nous avons pu retrouver un optimisme prudent. L'avis d'expulsion était vague, et nous pensions que nous avions de bonnes chances de le contester. Le zonage était décrit, dans le projet, comme résidentiel, et la Ville s'était vantée de vouloir préserver le caractère résidentiel des rues Overdale et Mackay. Dans un zonage résidentiel, l'expulsion est difficile, car la Régie ne permet pas que plusieurs appartements soient convertis en un seul ; de plus, les locataires ont le droit de retourner dans leur appartement après les rénovations. Nous avons vérifié auprès du bureau de M Gardiner, et son attaché politique, M. James McGregor, nous a assuré que le zonage était bel et bien résidentiel.

Pendant une des audiences, cependant, le promoteur est arrivé avec des permis qui l'autorisaient à convertir des édifices à des fins commerciales. Avec ces permis de rénovation, il pouvait démolir la totalité de l'intérieur et une partie de l'extérieur des immeubles. Nos édifices sur la rue Mackay deviendraient ainsi des bureaux de vente des condominiums, ainsi que des bureaux d'architectes. Le manoir Lafontaine et les maisons attenantes deviendraient un club privé pour les futurs occupants des condominiums, et on y retrouverait des salles de jeu et de billard, une cafétéria ainsi qu'une discothèque.

Nous voulions demander une injonction et contester les permis sous prétexte qu'ils allaient à l'encontre du zonage et qu'ils étaient en réalité des permis de démolition déguisés. Les injonctions ne sont toutefois pas faciles à obtenir. Les juges sont très réticents à entraver les droits de propriété privée, et les demandes exigent beaucoup de travail de la part d'un avocat. Une cause perdue en Cour supérieure peut coûter des milliers de dollars.

Le 12 mars 1988, les ouvriers ont installé du matériel de démolition au 1069, rue Mackay. Même si l'édifice était fermé depuis plusieurs années (le dernier propriétaire avait refusé de réparer la chaudière), il se trouvait entre deux immeubles occupés et il permettrait aux ouvriers de travailler sur les autres édifices qui étaient censés être sauvés. Lorsque les ouvriers ont commencé leur travail au 1069, rien ne pouvait les empêcher d'aller dans les appartements vides des édifices occupés. Après des recherches frénétiques, nous avons finalement trouvé un avocat qui a accepté de demander une injonction. Cette fin de semaine-là, nous avons tenu une réunion des amis d'Overdale. Lorsqu'ils ont vu vingt partisans de notre cause se présenter, à moins de 24 heures d'avis, bon nombre de nos voisins ont senti leur optimisme reprendre vie. Nous avons décidé de tenter de faire arrêter le travail jusqu'à ce que les documents nécessaires soient remplis et l'injonction, déposée.

Le 15 mars, les documents juridiques étaient presque prêts. Nous nous sommes levés à 6 h 00 et avons surveillé la rue. Plusieurs personnes ont appelé les gens pour les réveiller et ont servi du café et des muffins. Vers 10 h 00, les équipes de démolition sont arrivées Les gens ont alors immédiatement téléphoné aux médias et à quelques conseillers municipaux. Au milieu des « Hé !, Hé !, Jean Doré, Overdale va rester ! » , les six premières de 32 arrestations se produisaient. Ces dernières ont provoqué des remous au sein de l'administration municipale. Le maire Doré a qualifié les travaux de démolition de « provocation » . Les promoteurs se trouvaient comme par hasard en Floride et n'étaient pas ainsi en mesure de commenter les déclarations de M. Doré.

Quelques heures après les arrestations, l'injonction a été déposée en Cour et nous l'avons obtenue. Cependant, lorsque notre cause a été entendue en juin, nous avons perdu. La Cour a en effet décidé que les permis, même s'ils entraînaient une démolition substantielle, avaient été émis à des fins de rénovation et qu'ils n'étaient pas soumis au plus long processus d'obtention de permis de démolition. Elle a également établi qu'il n'était pas clair que le zonage était résidentiel, même si le deuxième paragraphe du projet approuvé stipulait que le projet l'était bel et bien (lorsque nous avons dû payer les frais judiciaires, qui s'élevaient à quelque 4 000 $, seulement trois d'entre nous vivions toujours à Overdale, et les appartements vides autour de nous étaient peu à peu démolis Nous avons fini par déménager en février 1989 et avons utilisé l'argent de la compensation financière pour payer notre dette).

## 5. *Démolition et arbitrage*

L'arbitrage n'était pas très prometteur. Le conseil avait la réputation de permettre les démolitions et, en vertu du règlement municipal 5241, n'avait pas à tenir compte des facteurs sociaux. Nous avons cependant pu le convaincre que les intentions des promoteurs étaient douteuses. En mai, le conseil a décidé de permettre la démolition sous réserve du respect de conditions rigoureuses qui permettraient de garantir qu'il n'y aurait pas de démolition si les propriétaires se livraient à de la spéculation (la qualité de leurs premiers plans architecturaux ainsi que leur manque d'intérêt relativement à la proposition d'intégration des locataires donnait à penser qu'ils faisaient de la spéculation). Les conditions étaient les suivantes : les promoteurs devaient déposer les plans d'excavation détaillés, ils reconstruiraient les maisons se trouvant sur Overdale et Mackay dans les deux ans suivant la démolition et ils déposeraient 300 000 $ en garantie, qu'ils perdraient s'ils ne rebâtissaient pas. Nous pensions que cette décision nous permettrait de faire pression auprès de la Ville et des promoteurs afin qu'ils nous intègrent dans leur plan. La conception de plans détaillés coûte beaucoup d'argent et prend plusieurs mois, et les 300 000 $ protégeaient nos maisons de la démolition jusqu'à ce qu'elles soient prêtes à être reconstruites.

Du moins c'est ce que nous croyions. En vertu de la loi, le conseil d'arbitrage, bien que nommé par le Comité exécutif, est censé être un organisme indépendant. Cependant, deux éléments nous ont rapidement fait comprendre qu'il se trouvait sous influence politique. D'abord, Gardiner a congédié l'un des commissaires vers la fin des audiences. Ensuite, sans audience, on a permis que le dépôt obligatoire des plans détaillés de construction, qui avait été exigé par le directeur des permis, soit retardé afin de permettre l'excavation.

Avant que les démolitions ne commencent, nous avons obtenu un exemplaire de la lettre de garantie de la banque et avons découvert qu'elle était loin d'être parfaite. En effet, la garantie n'était plus de 300 000 $, mais bien de 200 000 $ et découlait de la décision originale du Comité exécutif qui avait été renversée par le conseil d'arbitrage. Cet échappatoire signifiait que si des édifices étaient démolis et que les promoteurs ne reconstruisaient pas, la Ville n'aurait aucun moyen de réclamer le dépôt. Nous avons signalé cette erreur à l'attention du bureau de M. Gardiner, mais rien n'a été fait pour annuler le permis.

La conception de plans détaillés, même s'ils ne concernent qu'une excavation, est coûteuse Nous pensions que cette condition n'avaient pas été remplie non plus. Le service des permis a refusé les demandes de plusieurs locataires qui tenaient à voir les plans d'excavation. Nous avons signalé les agissements du service des permis à la Commission de l'accès à l'information, mais les choses ont traîné jusqu'à ce que la question devienne purement théorique.

Le 4 octobre 1988, deux édifices ont été démolis. Nous avons bloqué le matériel de démolition, et six personnes ont été arrêtées.

### 6. *Nous regagnons du terrain : l'option coop*

Le mouvement visant à sauver le quartier a regagné du terrain après les arrestations survenues le 15 mars 1988. Les résidents du quartier se sont alors aperçus que nous avions un appui de l'extérieur ainsi qu'un certain pouvoir. Nous avons tenu de nombreuses réunions afin de discuter de la stratégie à suivre. Une coopérative d'habitation a été formée avec 24 membres fondateurs, et nous avons fait deux offres aux promoteurs afin d'acheter les édifices. Nous avons également soumis l'étude de faisabilité relative à la coopérative aux autorités fédérales et provinciales pour obtenir un financement pour le projet.

Des résidents et des amis d'Overdale ont formé un comité de négociation en vue de rencontrer le maire Doré et d'obtenir son appui quant à la coopérative. Parmi les amis qui nous ont aidé, il y a eu l'architecte et fondatrice du Centre canadien d'architecture, Phyllis Lambert, l'architecte Michel Fish, Claude Jourdain de FECHIM, Jean-Pierre Wilsey du Front d'action populaire en réaménagement urbain, ainsi qu'un résident de Milton-Parc, l'éditeur Dimitri Roussopoulos. Nous avons rencontré le maire, en avril, et il a consenti à appuyer notre projet de coopérative en envoyant une lettre au président de la Société canadienne d'hypothèque et de logement. Ce fut la seule réunion avec l'administration où nous avons gagné quelque chose ou senti que nous avions un certain pouvoir.

Entre juin 1987 et 1988, le nombre de locataires a chuté de 90 à 30 Quelques-uns ont consenti à être relogés, mais la plupart ont déménagé ailleurs afin d'échapper au stress et au harcèlement intenses (mises en demeure, présence intimidante de l'agent des promoteurs et visites fréquentes des inspecteurs de la Ville). Même si la construction s'est terminée en mai 1988, à « Underdale » , presque personne n'y a emménagé. Le 13 juin, cependant, la Ville a exigé que la plupart des édifices soient évacués dans les dix jours. Après des années d'inspection et des mois d'examen minutieux, les inspecteurs ont déclaré que les sorties de secours étaient inadéquates, que les appartements vacants posaient un risque d'incendie et qu'ils pouvaient aussi être occupés illégalement par des sans-abri.

Nous étions convaincus que la décision était purement politique. Nos architectes ont conçu des plans pour l'installation d'escaliers de secours, et nous avons demandé des permis afin d'effectuer les travaux nous-mêmes. On nous les avait pratiquement émis lorsque le directeur du service des permis a tout bloqué. Nous ne sommes pas parvenus à renverser la décision même si nous avons tenu des réunions avec les services d'inspection. Au cours des réunions du Conseil municipal, nous avons demandé au maire et à Gardiner de renverser la décision, et nous les avons averti que nous étions prêts à barricader nos maisons.

Même si l'évacuation était déclarée temporaire, nous n'avions absolument aucune garantie que les réparations seraient effectuées. Une fois les édifices vides, ils pourraient le demeurer et seraient particulièrement vulnérables à une démolition illégale ou aux incendies criminels. Toutes nos tentatives pour faire cesser les évacuations ont échoué, mais nous avons décidé de défier l'ordonnance juridique. Nous avons alors appelé les personnes qui nous appuyaient afin d'avoir des matériaux (une partie du contreplaqué qui nous a été donné provenait du doyen du département d'architecture de l'Université Laval). Nous avons conçu des barricades qui causeraient peu de dommage aux édifices lorsqu'elles seraient démantelées. Nous avons ainsi barricadé seulement les appartements Kinkora, en partie parce que nous manquions d'énergie et de matériaux pour faire de même devant tous les édifices, mais également parce qu'il serait plus difficile d'y pénétrer et que la plupart des résidents les plus acharnés y vivaient.

Le 23 juin 1988, l'atmosphère était à la fête. Une centaine de nos partisans se trouvait dans la rue ensoleillée, et l'édifice barricadé avait été décoré de banderoles. Les travailleurs municipaux sont demeurés à l'écart jusque dans l'après-midi et, lorsqu'ils ont essayé de charger les biens des habitants de la rue Mackay dans leur camion, les gens ont bloqué les marches. La Ville a appelé la police, et six personnes ont été arrêtées. Les appartements Mackay ont été vidés. La Ville a alors décidé de retarder l'évacuation des appartements Kinkora jusqu'au lundi suivant, même si les barricades avaient été détruites par le service des incendies.

Cette fin de semaine-là, les barricades ont été élevées de nouveau, et environ 150 partisans se trouvaient toujours dans la rue le lundi lorsque l'escouade anti-émeute est arrivée au coin de la rue, sur Overdale, pendant que l'escouade tactique était cachée un peu plus loin. Ils se sont mêlés à la foule avec leurs bâtons et ont suscité la panique. L'endroit a été circonscrit, et l'escouade tactique est arrivée. Encore une fois, les barricades ont été détruites, et les résidents, arrêtés. Pendant ces deux journées, treize habitants et amis d'Overdale ont été arrêtés.

Même si l'autre moitié de la rue demeurait toujours occupée, le quartier est devenu une ville fantôme pendant la nuit. Les rues ne semblaient plus sûres. Cet automne-là, il y a eu deux agressions et un meurtre. Tout près de là, sur la rue Argyle, une conflagration dans les derniers appartements à prix abordable a jeté 25 personnes sur le pavé.

En novembre 1988, le premier procès a eu lieu. Au total, quatre personnes ont été accusées d'avoir entravé le travail des policiers et ils ont subi un procès devant jury. Une personne a été acquittée, mais trois autres ont été trouvées coupables et condamnées à une peine de deux ans avec sursis. On leur a de plus ordonné de ne plus pas participer à une manifestation à moins de 8 kilomètres d'Overdale. Cette dernière condition a plus tard été éliminée par la Cour d'appel.

En janvier 1989, les six personnes qui avaient empêché la démolition, le 4 octobre 1988, ont subi leur procès. Elles ont été accusées de méfait et leurs avocats leur ont appris que leur défense était pratiquement impossible. Après avoir négocié avec la Couronne, les avocats ont réussi à faire abandonner les accusations pour deux personnes, mais quatre autres ont plaidé coupable. Parmi ces dernières, trois ont été libérées avec condition et l'une a dû payer une amende de 200 $. En janvier 1990, moment où s'est tenu le dernier procès, 16 personnes ont été accusées d'avoir nui au travail d'un responsable municipal. Après avoir invoqué des motifs politiques, ces personnes ont également plaidé coupable et bénéficié d'une libération sous condition, mais l'une d'entre elle a dû payer une amende de 300 $.

### 7. *Les leçons d'Overdale*

Overdale est devenu une légende à Montréal, marquée de symboles aussi riches que variés. Cependant, on ne s'entend toujours pas sur leur signification exacte. Même si l'îlot est maintenant devenu un stationnement, la coopérative demeure, les locataires communiquent toujours entre eux et il semble qu'ils agiraient de la même façon si surgissait un nouvel « Overdale ». Récemment s'est tenue une manifestation d'appui au cours du procès ainsi qu'une conférence de presse à l'endroit où la dernière démolition s'est produite il y a un an. Lorsqu'il a accordé ses prix Orange et Citron pour, respectivement, les meilleures et pires réalisations architecturales de 1989, Sauvons Montréal a fortement critiqué les promoteurs et l'administration du RCM en ce qui concerne Overdale, en raison du traumatisme social qui en a résulté et de la perte de façades et d'intérieurs qui faisaient partie intégrante du patrimoine architectural montréalais. On parle toujours de réclamer le site pour notre coopérative. En cela, Overdale est unique.

Cependant, de bien des façons, Overdale n'a pas été une exception. Partout dans la ville, des locataires sont chassés de leur logis en raison de démolitions, de rénovations, de conversions en condominiums, de hausses de loyer et d'intimidation, même si les lois en matière d'habitation sont en constante évolution. Pendant que nous nous battions pour conserver Overdale, nous pouvions voir des édifices tout autour de nous, au centre-ville, qui se vidaient et étaient placardés sans que personne n'y fasse rien. Avec Overdale, la différence, c'est que nous avons fait quelque chose.

Notre lutte a été le fruit d'un travail collectif. Chacun y a participé à sa manière. Certains ont fait plus, comme écrire et présenter des communiqués de presse, participer aux comités de négociation ou risquer d'être arrêtés. D'autres ont accompli des tâches très importantes, mais moins visibles, comme de peindre des graffiti sur les barricades de contre-plaqué, de photographier l'emplacement, de faire du porte à porte afin de parler aux gens ou de distribuer des bulletins, ou encore d'appeler nos partisans à chacune des manifestations. Certains ont assisté à toutes les réunions et n'ont jamais dit un mot. D'autres, comme Hazel, se sont défendus et ont refusé de déménager. C'était la lutte d'une communauté toute entière, pas seulement de quelques personnes.

En tant que groupe, nous avons tiré de dures leçons de cette expérience. À plusieurs reprises, nous étions en position de force, mais nous n'en avons pas profité. Nous avons appris que c'est seulement de cette façon que les gens comme nous peuvent négocier avec les responsables. Dans le cas des audiences publiques, après nous être préparés pour ces trois heures de spectacle, nous étions très fatigués et n'avions plus l'énergie nécessaire pour maintenir des moyens de pression ou penser à une stratégie. De plus, pour maintenir une certaine pression aux moments clés, il faut avoir l'accord du groupe, et cela manquait parfois. Pour disposer d'une stratégie habile, il faut avoir des idées, l'énergie pour la mener à bien et le consensus des membres du groupe.

Nous avons surtout appris qu'une bonne dose de scepticisme est essentielle lorsqu'on veut composer avec l'administration du RCM et que ce dernier est occupé par des gens qui disent avoir vos intérêts à cœur. Les anciens habitants du quartier, et la plupart des observateurs, seront d'accord avec nous pour dire que l'administration du RCM n'a pas négocié de bonne foi. Si le mot « corruption » semble trop fort pour l'administration Doré, quel autre mot peut décrire la réalité, c'est-à-dire le fait de conclure une entente secrète avec des spéculateurs puissants tout en ayant l'air d'embrasser les idéaux que défendent les locataires opprimés ?

Notre communauté a été détruite pour un stationnement, et ceux qui ont essayé de faire valoir leurs droits ont été arrêtés. Cette destruction a entraîné la dispersion des habitants du quartier et la mort d'une femme âgée. L'administration du RCM maintient qu'Overdale s'est révélé un échec seulement au plan des relations publiques : on voit bien que peu de choses ont changé, et que seule, peut-être, une nouvelle génération politique pourra vraiment faire changer les choses à Montréal.

*Traduit par Denis G. Gauvin*

# L'immobilier se porte bien à Montréal :
## *Pauvres locataires*

DENYSE LACELLE
Du Front d'action populaire en
réaménagement urbain (FRAPRU)

124 615 ménages montréalais (deux locataires sur cinq) consacrent plus de 30 % de leur revenu à leur loyer. Pour environ 63 000 ménages (un locataire sur cinq), c'est plus de la moitié de leur revenu que leur loyer accapare chaque mois.

Depuis 1979, près de 6 500 chambres ont disparu à Montréal.

14 000 ménages sont en attente d'un logement à prix modique à Montréal et 8 000 autres attendent une coopérative.

En dépit de tout cela, le marché immobilier se porte à merveille à Montréal : 5 194 nouvelles mises en chantier en 1988, réductions de taxes sur plusieurs grands immeubles de bureaux. Selon *Héritage Montréal* et *Sauvons Montréal,* il est plus facile pour un promoteur d'obtenir une dérogation aux règlements municipaux avec le RCM que sous l'administration Drapeau !

Néanmoins le RCM maintient le moratoire sur la conversion des immeubles locatifs en condominiums sur le territoire de la Ville de Montréal.

Avec son projet Habiter Montréal, le RCM promet 50 000 logements sociaux, sans toutefois prendre de moyens concrets pour les réaliser.

## 1. *L'immobilier est en pleine forme à Montréal*

Un bref coup d'œil au domaine de l'immobilier à Montréal suffit pour nous convaincre de son état de santé : les grands projets poussent comme des champignons au cœur du centre-ville. D'ici une dizaine d'années, un certain nombre de projets d'importance seront complétés. On pense au projet de 75 millions de dollars de la société Weloga Development, au coin des rues du Fort et Sainte-Catherine ; au Faubourg Sainte-Catherine du groupe Reemark ; au projet de 125 millions de dollars de la société Marathon, le 1250 boulevard René-Lévesque, près de la rue Stanley... Le *Montreal Daily News* aujourd'hui disparu dressait la liste d'une trentaine de projets du même genre[1], dont quelques-uns au détriment d'immeubles d'habitation dont on chasse la population et que l'on démolit, comme c'est le cas des rues Overdale et Anderson, par exemple.

Des projets de ce type sont d'ailleurs vivement encouragés par toutes sortes de moyens. Héritage Montréal et Sauvons Montréal révélaient en 1988 qu'il était plus facile avec le RCM que sous l'administration Drapeau-Lamarre d'obtenir des dérogations aux règlements. Deux futures tours de bureaux, celles de Marathon et de Lavalin bloqueront la vue sur le mont Royal si leur construction va de l'avant, leur hauteur étant contraire aux règlements[2].

Par ailleurs, la Ville applique un régime fiscal tel que, d'une part, les taxes foncières sur les immeubles résidentiels sont étouffantes et que, d'autre part, elles baissent pour les grands ensembles. Les réductions de taxes sont de l'ordre de 9,1 % pour la Place Ville-Marie, 17,9 % pour l'immeuble de la Prudentielle, 20 % pour celui de l'OACI, 21 % pour celui du Trust Général et 26 % pour celui du Permanent[3] !

Le prix des maisons monte en flèche, en particulier dans certains quartiers périphériques au centre-ville, ce qui n'empêche pas le marché de très bien se comporter. Selon la SHDU : « L'année 88 a été bonne pour la construction résidentielle à Montréal, avec 5 194 mises en chantier[4]. »

En ce qui a trait aux immeubles résidentiels existants, le marché se porte également très bien : « Les investisseurs vendent ces immeubles de 7 à 11 fois les revenus des loyers et personne ne semble se croire obligé de vendre à rabais[5]. »

On apprenait même, dans *La Presse* du 3 juillet 1989[6], que dans tout le Canada, Montréal est le meilleur endroit pour les placements immobiliers, « parce qu'elle offre le meilleur potentiel de plus-value. »

C'est également ce qu'affirme l'Office d'expansion économique[7].

## 2. *Une politique d'habitation qui s'est fait attendre*

Le Rassemblement des citoyens et citoyennes de Montréal (RCM) s'est fait élire en novembre 1986 parce qu'il avait un programme intéressant à plus d'un titre, entre autres, au chapitre de l'habitation.

> Art. 8.2 : Le RCM croit que la Ville peut et doit apporter une contribution déterminante à l'exercice effectif du droit au logement sur son territoire. Cette contribution doit avoir comme fondement la démocratisation de la gestion du logement et de l'aménagement urbain. En ce sens, le RCM vise à remettre à la population les pouvoirs de décision quant à l'aménagement de son milieu de vie.

C'est dans cette veine qu'on retrouve divers engagements relativement à la promotion du logement social, de contrôle sur le marché privé, de mesures anti-spéculatives, d'interdiction des démolitions[8]. Il aura fallu plus de trois ans au RCM pour s'atteler à la tâche de concrétiser ces engagements en politique d'habitation... tout en prenant bien soin de « l'épurer » au passage !

Pendant ces trois années, tout a fonctionné comme avant dans le monde de l'habitation, ou presque. S'il est vrai que cette période a permis au RCM de se démarquer quelque peu des pratiques de l'administration antérieure (en confiant par exemple au secteur coopératif l'achèvement de l'Opération 20 000 logements), il est aussi vrai qu'elle a aussi permis aux promoteurs de jouer les mêmes cartes qu'auparavant. Dans certains cas, les promoteurs ont profité d'une aide inespérée de la part de l'administration municipale.

Que l'on pense aux condominiums du canal Lachine, construits en dérogation d'un règlement adopté par l'administration RCM... et avec la bénédiction de l'administration RCM ! Ou que l'on pense à la triste et célèbre saga d'Overdale. Le RCM a chassé les locataires, les a emprisonnés, a démoli leurs logements et leur milieu de vie. Tout ça pour permettre à un promoteur de promettre des condominiums pour en fin de compte se trouver avec un terrain de stationnement asphalté.

Somme toute, la principale pomme de discorde entre la Ville et les promoteurs, c'est le maintien par la Ville de l'interdiction (temporaire) de convertir les logements locatifs en condominiums sur son territoire. En effet, la loi de 1987, adoptée par le gouvernement du Québec, interdit les conversions, mais permet aux municipalités de lever, en tout ou en partie, cette interdiction. Inutile de dire que les pressions des promoteurs et de la Chambre de commerce étaient et sont toujours énormes pour la faire sauter ! Inutile de dire non plus qu'ils rencontrent une opposition farouche des groupes de locataires, dont des milliers ont déjà été victimes des manques de l'ancien moratoire.

### 3. Habiter Montréal

Un an avant les élections de 1990, la Ville a entrepris de rassembler ses diverses interventions dans le cadre d'une politique d'habitation. Elle a donc lancé un travail considérable de consultation, fondé sur l'énoncé de politique : *Habiter Montréal.*

*Habiter Montréal*, de par l'éventail large des objectifs qu'il propose, reflète bien à quel point l'habitation et l'aménagement constituent à Montréal des enjeux majeurs, au sujet desquels des groupes aux intérêts totalement divergents s'affrontent avec véhémence. Les consultations qui ont suivi l'énoncé de politique en ont témoigné éloquemment.

*Habiter Montréal* dresse, dans la première partie, un portrait assez réaliste de la situation des ménages montréalais : 124 615 ménages locataires (39 % de l'ensemble des locataires) ont un taux d'effort supérieur à 30 % (c'est-à-dire qu'ils doivent consacrer plus de 30 % de leurs revenus au paiement de leur loyer). De ceux-ci, plus de 63 000 ont un taux d'effort dépassant 50 %, ce qui ne saurait surprendre quand on sait que le loyer moyen est passé de 275 $ en 1981 à 430 $ en 1986.

Le parc de logements bon marché diminue et se dégrade. Les maisons de chambres aussi se volatisent : environ 6 000 chambres ont disparues entre 1979 et 1987 ; 200, entre 1987 et 1988. Pris dans cette dure réalité, 14 000 ménages sont en attente d'un logement à prix modique et 8 000 autres attendent un logement en coopérative. Et, victimes entre toutes, quelque 15 000 personnes sont sans abri à Montréal.

On est en droit de s'attendre, après un tel constat, que l'on mette de l'avant des mesures énergiques pour la protection des locataires. Qu'en est-il ?

Le processus de consultation aura permis de montrer au grand jour les oppositions entre promoteurs et résidents de Montréal. Alors que les groupes de locataires réclament à grands cris une intervention importante de la Ville pour augmenter les logements sociaux et contrôler le marché privé, les promoteurs, défendent l'image de la ville, de leur ville : « Il ne doit pas y avoir que des pauvres au centre-ville », déclare le vice-président de la Chambre de commerce, en s'opposant à la réalisation de logements à prix modique au centre-ville. Ils revendiquent avec vigueur un programme d'accession à la propriété, un programme sans limites, sans contraintes, dont la fonction première serait non pas de loger les ménages montréalais, mais bien de stimuler la dynamique du marché. (Comme si elle en avait grand besoin !)

Dans un contexte aussi polarisé, la Ville peut difficilement temporiser : il est clair qu'elle ne pourra satisfaire tout le monde, elle doit se décider sans plus tarder. Comme ses consultations ne sont que consultatives, comme elle s'est gardé le pouvoir de décision, c'est à elle de l'assumer !

Le rapport de la Commission Lavallée, présenté au Conseil municipal en septembre 1989, a néanmoins réussi le tour de force de donner raison aux uns et aux autres. On y dit, par exemple, que le supplément au loyer n'est pas un bon programme, qu'il ne faudrait pas l'utiliser, qu'il devrait être aboli... mais qu'on l'utilisera quand même ! On y dit que la levée du moratoire sur la conversion de logements en condominiums serait dommageable pour les locataires, et donc qu'il faut la maintenir... et du même souffle, on affirme qu'il faut continuer à étudier les modalités de sa levée future ! Avec un fatras de recommandations diverses, et souvent contradictoires, on renvoie la balle au Comité exécutif : César va trancher.

On trouve dans la prise de position du Comité exécutif trois mandats principaux proposés pour l'administration :

— Soutenir l'accession à la propriété privée pour les familles de classe moyenne, par le biais d'un crédit d'impôt sur cinq ans ;

— Initier une table de concertation dont le mandat serait de favoriser la réalisation de 50 000 unités de logement social ;

— Exercer des pressions sur les paliers supérieurs de gouvernement pour l'obtention de programmes complémentaires d'accession à la propriété et de programmes de rénovation, pour assurer un meilleur contrôle des loyers, pour l'expansion des logements sociaux.

Fruit de divers compromis, ces trois mandats soulèvent certaines questions. Dans un premier temps, où fixera-t-on les priorités sur le plan de l'effort financier ? Vers la classe moyenne, par celui du programme d'accession à la propriété, ou vers les mal-logés, par celui du logement social ? Par conséquent, la question fondamentale est la suivante : au-delà de son discours, auquel on ne peut reprocher grand-chose, quelle est la réelle volonté de la Ville de passer à l'action avec vigueur en faveur des mal-logés ?

Si la Ville continue de ménager la chèvre et le chou, on n'ira nulle part. D'autant plus que la chèvre s'engraisse à vue d'œil et que du chou, il ne restera bientôt que le trognon !

Une des principales demandes des groupes de locataires, au cours du processus de consultation et par la suite, a porté sur la réalisation de 50 000 de logements sociaux.

Le Comité exécutif a repris cet objectif ambitieux. Cependant, le doute reste entier quant à sa volonté réelle de les réaliser. Le moyen magique de la Ville pour y arriver : la création d'une table de concertation, moyen en soi ni bon ni mauvais. Cette table, c'est bien ce qu'on voulait... à condition qu'elle soit efficace ! Cette table entreprendra-t-elle un travail de pression sur les paliers supérieurs de gouvernement qui aura l'ampleur qu'on a connue avec l'agence spatiale ? Pour qu'il en soit ainsi, la Ville doit exercer un leadership réel.

En attendant, on ne peut que déplorer les tristes exemples comme celui de Saint-Henri, où l'inertie de la Ville, représentée par la Société d'habitation de Montréal (SHDM), risque de compromettre un projet de 18 logements en coopérative à la communauté. Situation semblable dans le quartier Côte-des-Neiges où des logements à prix modique ont été attribués par la Société d'habitation du Québec (SHQ) et que la Ville ne réussit toujours pas à ériger. Pendant ce temps, les démolitions se poursuivent allègrement : 23 autorisations de démolir étaient à l'ordre du jour des divers Comités-conseil d'arrondissement, pour le mois de septembre seulement !

Si la Ville nuit à la construction de logements sociaux, si elle est incapable d'assurer la livraison de logements accordés, on se demande sérieusement comment elle peut prétendre en livrer 50 000 ! En somme, la Ville affiche de belles intentions. Par les moyens qu'elle utilise, cependant, on voit bien qu'elle entend cantonner son intervention à un secteur qu'elle semble vouloir confiner à la marginalité. Elle n'entend aucunement attaquer de front le secteur privé, qu'elle aurait pourtant les moyens de réglementer et de contrôler.

## 4. Des solutions de recharge pour Montréal : 50 000 logements sociaux ?

S'il est vrai que l'administration RCM veut réaliser 50 000 logements sociaux, elle doit s'y prendre de façon énergique. Un objectif de cette taille doit être découpé par quartier, en fonction des besoins de la population. Des comités de demandeurs de logements sociaux doivent voir le jour partout et être entendus par la Ville. Des terrains et des zones doivent être identifiés comme prioritaires, pensons notamment à Faubourg Québec ou à la carrière Miron. Tous les moyens doivent être pris pour permettre la consrtuction du plus grand nombre possible de logements sociaux.

Pour ce faire, la Ville peut et doit mettre la main sur tous les terrains vacants, sur tous les immeubles, résidentiels ou pas, qui deviennent vacants ou qui sont laissés à l'abandon. Elle doit se doter d'un droit de préemption qui lui permette d'acheter tout immeuble en vente, la première. Bref, elle doit utiliser de façon énergique tous les moyens que la législation met à sa disposition.

Par ailleurs, il est bien évident que la Ville ne peut à elle seule, supporter la réalisation des logements sociaux de façon massive. Or, les programmes provinciaux et fédéraux rétrécissent à vue d'œil. Montréal doit faire pression auprès des paliers supérieurs de gouvernement. Elle l'a fait avec brio dans le cas de l'agence spatiale. Elle mène actuellement une campagne active sur la question du TGV dans le corridor Québec-Windsor. Elle peut en faire autant pour des programmes sociaux !

Chose certaine, elle a le choix d'offrir son aide à un secteur privé, dynamique et fort, qui n'en a aucunement besoin... ou à la population locataire de Montréal qui vit dans une misère croissante. La Ville de Montréal ne pourra être efficace sans un parti-pris radical pour les locataires, un parti-pris qui passe par un réel pouvoir accordé aux résidents.

## Notes

1. *Montreal Daily News*, 7 septembre 1988, p. 24.
2. *Super hebdo*, 2 octobre 1988.
3. *Les Affaires*, 5 mars 1988.
4. SHDU, *Habitation*. Bilan 1988, plan d'action 1989. Mai 1989.
5. *La Presse*,15 novembre 1989.
6. *La Presse*, 3 juillet 1989, p. A-10.
7. *Habitabec*, 16 juin 1989.
8. *Programme du RCM*, Édition 1986, p. 50 à 62.
9. Luc Lacharité, vice-président de la Chambre de commerce, cité dans *Les Affaires*, septembre 1989.

# L'ENVIRONNEMENT URBAIN

# Gestion des déchets :
## *Le RCM a peur de se salir les mains*

Journaliste indépendant travaillant à Montréal et
spécialiste des questions environnementales

Le programme de 1986 du RCM était axé sur la
conservation de l'énergie, mais traitait également de la
récupération et du recyclage des déchets.

En 1988, la question du recyclage est ressortie encore plus clairement, comme toutes les questions environnementales en général.

L'administration du RCM a favorisé les projets pilotes de recyclage de petite envergure ainsi que les
« cloches vertes » au détriment de la collecte sélective
sur le trottoir. Les programmes de compostage organique sont très prometteurs, mais ils demeurent à l'état de
projet.

La Ville continue à jeter les cendres produites par
l'incinérateur avec les déchets ordinaires, même si on a
de bonnes raisons de croire que ces cendres sont
toxiques.

Le RCM vise le recyclage de seulement 15 % des
ordures ménagères, bien qu'une étude menée en 1989
par l'UQAM a révélé que 69 % des ordures produites par
les Montréalais sont recyclables.

Montréal est bien loin derrière Toronto, et même de
sa propre banlieue, en ce qui concerne la gestion des
déchets. Une partie du blâme doit cependent être porté
par le gouvernement provincial pour les piètres progrès
réalisés au titre des questions environnementales.

Au cours de la campagne électorale provinciale de
l'automne 1989, les questions environnementales ont,
pour la première fois, fait partie des préoccupations
majeures des électeurs québécois. On se souviendra
qu'à l'époque, le Premier ministre, M. Robert Bouras-

sa, qui devait être réélu, a alors tenu une conférence de presse de concert avec le maire de Montréal, M. Jean Doré, afin d'annoncer un nouveau projet « vert ». Le Vélodrome, construit pour les Olympiques de 1976, devait être remis à neuf au coût de 40 millions de dollars et rebaptisé « Biodôme ». On y retrouvera des écosystèmes des climats tropicaux, arctiques et tempérés. Les Montréalais et les touristes pourront visiter ce musée écologique dont le coût d'entrée sera similaire à celui d'un billet de cinéma.

Avec le Biodôme, le RCM a voulu montrer de façon éclatante qu'il était préoccupé par l'environnement. Il n'a toutefois tenu aucune consultation publique à ce sujet, et le Biodôme a été vertement critiqué par les cyclistes, les architectes et les conseillers de l'opposition, dont l'un l'a d'ailleurs qualifié d'« éléphant vert », digne rejeton de l'éléphant blanc que fut l'aventure olympique de l'ex-maire Jean Drapeau.

Il serait vraiment injuste de faire le bilan environnemental de l'administration du RCM avec ce seul projet, mais il n'en demeure pas moins qu'il représente un engagement important des fonds publics, payé astucieusement par l'entremise d'une prolongation de la taxe « temporaire » sur la cigarette. Il s'agit également d'une vision pour le moins étrange, pour ne pas dire farfelue, pour le RCM d'illustrer ses préoccupations environnementales.

En 1986, le chapitre environnement du programme du RCM semblait impressionnant. Son principe le plus important était un engagement à réduire le gaspillage de l'énergie et la pollution, de même qu'à exercer des pressions sur les autres paliers de gouvernements pour qu'ils fassent de même. Des programmes de conservation de l'énergie devaient en outre permettre d'isoler des maisons et les logements subventionnés, de promouvoir le recours à d'autres formes d'énergie pour le chauffage ainsi que d'étudier la possibilité de mise au point de systèmes de chauffage peu coûteux axés sur la conservation de l'énergie. Au cours de son mandat de quatre ans, cependant, le RCM a largement laissé le côté la conservation de l'énergie. Il s'est plutôt tourné vers la récupération et le recyclage des déchets solides, à l'exception de ceux qui sont considérés comme dangereux.

Le fait que le recyclage des déchets soit ainsi devenu la principale préoccupation du RCM une fois qu'il a pris le pouvoir n'est pas en lui-même une lacune de l'administration. Le recyclage des déchets municipaux représentait peut-être la question environnementale la plus importante à ce moment-là, du moins parmi celles qui relevaient directement sa compétence. Malheureusement, dans son premier mandat, il appert que le RCM n'a pas su relever le défi.

### 1. *L'indigestion des déchets*

Selon le programme du RCM, l'administration devait s'engager à récupérer « tous les déchets solides, que ce soit à des fins de recyclage ou de production d'énergie à partir des déchets combustibles » (allusion à la production de vapeur à partir de l'incinération des ordures ménagères, méthode que de nombreux environnementalistes considèrent comme contraires à la récupération des ressources). L'administration devait également mettre sur pied des projets-pilotes de recyclage, accroître le nombre de sites de collecte des matières recyclables et, en bout de ligne, recueillir ces dernières en même temps que les autres déchets. Le RCM devait également s'assurer que la Ville de Montréal recommanderait l'achat de papier recyclé et qu'elle établirait un programme de récupération interne du papier.

En avril 1987, un comité spécial chargé de la récupération des déchets et du recyclage s'est penché sur les problèmes posés par la gestion des déchets à Montréal et a suggéré des solutions appropriées. En raison de la fermeture des trois sites d'enfouissement de l'île d'ici 1994, il fallait de toute urgence trouver des moyens de réduire la quantité de déchets qui devaient être enfouis. La Commission permanente du développement communautaire, responsable du dossier du recyclage, a par la suite tenu des consultations publiques auprès des entreprises de recyclage, des groupes communautaires et des citoyens soucieux de la question : tous ont exigé une action immédiate.

En janvier, le Comité exécutif de la Ville a approuvé la recommandation de la Commission visant à étudier les projets-pilotes de recyclage dans trois quartiers de la ville. Des experts-conseils en gestion des déchets ont examiné les endroits où les premiers projets seraient instaurés, les matières qui seraient récupérées, la façon dont on le ferait et les moyens de promouvoir la participation du public à ces projets. En septembre 1988, le Comité exécutif a entériné le rapport des consultants et a demandé à la section de génie de l'environnement des travaux publics et aux groupes de communications de la ville de mettre la dernière main à la planification des projets-pilotes.

Les premiers véhicules spéciaux ont commencé à ramasser le papier, le carton, le verre, le métal et le plastique dans 18 000 foyers de certaines secteurs de Notre-Dame-de-Grâce (dans l'ouest de la Ville), de Pointe-aux-Trembles (dans l'est) et de Saint-Sulpice (au nord) environ deux ans après le début du processus. Quelque 6 000 foyers dans chaque secteur sont touchés par ce projet, ce qui représente un bien timide premier pas. Ecosense, groupe de Notre-Dame-de-Grâce travaillant également à la conservation, a mis au point un programme de recyclage à la fin des années 70 qui touchait le même nombre de foyers. À Ville Lasalle, au sud-ouest de l'île, on a mis sur pied un programme de recyclage qui, dès décembre 1986, comprenait 30 000 foyers.

Les conseillers du RCM ont fait remarquer que la lenteur du processus décisionnel était voulue : ainsi, les projets-pilotes pourraient prendre un bon départ. Cependant, la cadence ne s'est pas accélérée même si, selon le RCM, le problème de l'élimination des déchets et de la nécessité de conserver les ressources était urgent. La participation des citoyens a été très forte, en dépit du fait que seulement 0,5 % de toutes les ordures ménagères à Montréal étaient récupérées par le projet.

En mars 1990, l'administration du RCM a annoncé que la cueillette sur le trottoir toucherait dorénavant 35 000 foyers et que le projet-pilote engloberait trois nouveaux quartiers. À la fin de la deuxième année du projet, la proportion de déchets recyclés devait atteindre 1,5 % du volume des ordures produites par les Montréalais.

Mais l'administration du RCM a plutôt choisi de faire passer de 18 à 50 ou 60 le nombre de « cloches vertes » (gros conteneurs de couleur verte installés au coin des rues et dans lesquels les citoyens peuvent eux-mêmes aller déposer leur papier, leur verre et leur plastique à recycler) dans les quartiers montréalais. Chacun des neuf arrondissements de la ville comprendrait au moins quatre sites. Le RCM justifie cette politique en faisant remarquer qu'il faut commencer par sensibiliser les résidents des quartiers où la cueillette sur le trottoir ne s'est pas encore entreprise. La Ville pourra ensuite prévoir la cueillette dans tous les quartiers d'ici 1994.

Même si la sensibilisation constitue une première étape logique lorsqu'on veut encourager les gens à penser au recyclage des ordures ménagères, des études montrent que seuls 5 à 10 % de la population recyclent volontairement leurs ordures ménagères, alors que dans le cas de la cueillette sur le trottoir, le taux de participation atteint entre 60 % et 70 %. En ce qui concerne l'objectif à long terme de la Ville pour réduire la quantité d'ordures ménagères, l'installation de sites de cueillette n'a pratiquement pas permis de réduire les 900 000 tonnes de déchets résidentiels, commerciaux et industriels produits à Montréal chaque année. Voilà une bien piètre performance de la part d'un parti « environnementaliste ».

## 2. *Une accumulation de déchets et de frustrations*

Les 26 municipalités de banlieue sont membres de la Régie inter-municipale des déchets depuis 1985. Mais la Régie n'a entrepris son programme de recyclage qu'en 1990. Il ne s'agit cependant pas d'un projet-pilote de faible envergure. Au cours de la première année, ce projet englobera cinq municipalités du West Island ainsi que Ville Mont-Royal ; de sorte que dès 1993, les 850 000 résidents de la banlieue ouest seront touchés.

Le programme de gestion des déchets de la Régie comprend l'installation d'un incinérateur producteur d'énergie, d'un centre de recyclage ainsi que d'un site de compostage (lorsqu'il a été annoncé, en novembre 1989, les environnementalistes ont cependant exprimé de sérieuses réserves quant à l'incinération et aux dangers que posent l'émission de fumée toxique et l'enfouissement des cendres).

La banlieue de Montréal s'est mise beaucoup plus rapidement au recyclage que la Ville elle-même. C'est que les exigences auxquelles elle doit faire face sont différentes. Avec la fermeture de la carrière Miron, en 1993, les municipalités de banlieue devront utiliser un site d'enfouissement plus coûteux et beaucoup plus éloigné alors que la ville de Montréal, qui incinère les déchets avant de les enfouir, les circonstances sont moins pressantes, et elle peut se permettre d'agir avec circonspection. La Ville a expliqué que son approche lente et prudente est imputable à l'absence de centre de tri et que le surplus de matières recyclables sur le marché, si le million de Montréalais se mettait tout à coup à la récupération, provoquerait un engorgement. Le Comité exécutif de la Ville a décidé d'établir un centre de tri temporaire sur le site de la carrière Miron. Celui-ci a ouvert vers la fin de l'été 1990. Selon les opposants au projet, les soumissionnaires auraient été plus intéressés à investir dans un projet à plus long terme, probablement plus économique, et ils ont mis en doute les intentions de la Ville quant à l'expansion du centre. Si le secteur privé se charge de la cueillette et du tri, un centre permanent plus important favoriserait le rendement du capital investi et la création d'un plus grand nombre d'emplois.

Montréal a également tardé à trouver des marchés pour certains des produits recyclables, particulièrement le papier journal, part importante des déchets recueillis. Certains états américains ont adopté une loi en vertu de laquelle les éditeurs de journaux sont contraints d'utiliser un certain pourcentage de papier recyclé. On n'a pas donné suite à une résolution qui aurait permis à la Ville de demander à la province d'adopter une loi en ce sens. Au lieu de cela, en avril 1990, la Ville a décidé de demander au gouvernement du Québec qu'il exige que les fournisseurs de papier journal ajoutent un certain pourcentage de papier recyclé à toute leur production. On pourrait même dire qu'en pressant Québec de créer une usine de désencrage pour le papier journal, la Ville a fait preuve d'une certaine complaisance politique.

Lorsqu'elle a commencé à travailler au dossier du recyclage, en 1987, l'administration du RCM était certainement au fait du problème d'accessibilité des marchés. Elle n'a cependant commandé une étude de marché qu'à l'automne 1989. L'administration du RCM voulait que PROCIM, organisme municipal de revitalisation industrielle, encourage les industries de recyclage à s'établir à Montréal. Cependant, aucun résultat concret n'a été annoncé.

À l'Hôtel de Ville, l'effort du RCM en ce qui concerne le recyclage du papier a été plus marqué. Dès le début de son mandat, le RCM a instauré une méthode de récupération interne en installant des paniers prévus à cette fin dans chaque bureau, et une politique d'achat d'enveloppes et de papier fabriqués à partir de fibres recyclées a été mise de l'avant en février 1990. Comme la Ville compte 13 000 employés, l'administration a déclaré qu'elle jouerait ainsi un rôle important pour le marché du recyclage du papier et qu'elle serait un modèle pour d'autres institutions. Voilà une mesure louable. Cependant, par comparaison à la campagne entreprise à Toronto en vue d'encourager les grandes entreprises à utiliser et à acheter du papier recyclé, l'initiative montréalaise est insignifiante. Pour ce programme, Montréal semble se fier au bouche à oreille en espérant que les autres villes, institutions publiques et entreprises suivront son exemple.

Le RCM a réussi dans un seul domaine, soit l'établissement de nouveaux tarifs pour l'enfouissement des déchets. En effet, pendant plusieurs années, les tarifs au site de la carrière Miron ont été ridiculement bas, soit 12 $ la tonne. Puisqu'il en coûtait environ

35 $ la tonne pour recycler les déchets, les municipalités ne voyaient pas l'intérêt de se mettre à la récupération. Le tarif était si économique que de nombreuses entreprises de transport de déchets de la Nouvelle-Angleterre, qui devaient payer de 10 à 20 fois plus dans leur région, venaient enfouir leurs déchets à Montréal ! Au début de 1990, Montréal a finalement convaincu Québec de la laisser établir ses propres tarifs. De 19 $ la tonne, la première année, les frais atteindront 31 $, en 1991 (les municipalités de la banlieue contestent cependant cette hausse).

La Ville a employé peu de ses cols bleus pour son projet-pilote, ce qui est contraire au programme du Parti, selon lequel elle doit recourir le moins possible aux entrepreneurs privés. En mars 1990, le Comité exécutif a promis d'étudier la faisabilité d'un projet-pilote auquel participeraient les travailleurs municipaux. Malgré la protestation des cols bleus, l'administration du RCM a déclaré qu'elle pourrait recourir à des travailleurs municipaux seulement lorsque les centres de tri seraient ouverts et qu'elle disposerait des véhicules et du matériel nécessaires, soit en 1991. Le mieux qu'on puisse dire à propos de cette approche prudente, c'est que le RCM laisse loin derrière l'ancienne administration du Parti civique, pour qui le recyclage était une idée de « hippie » !

### 3. L'incinérateur Des Carrières : brûlant d'actualité

Contrairement à la plupart des villes nord américaines qui enfouissent leurs déchets, Montréal recourt principalement à l'incinération. En 1969, le maire Jean Drapeau répétait à qui voulait l'entendre que le tout nouvel incinérateur Des Carrières ne polluerait pas et qu'il était sûrement l'incinérateur de ce genre le plus moderne au monde. Malheureusement, on s'est aperçu très tôt du contraire. Des citoyens ont en effet commencé à retrouver de larges particules de suie dans leur cour et sur les vêtements qui séchaient sur leurs cordes à linge. L'incinérateur fut vite pointé du doigt : en effet, dès 1975, son dispositif anti-pollution était passablement corrodé.

L'administration Drapeau a finalement adouci sa position après trois ans de pressions constantes de la part des habitants du quartier de la Petite Patrie (où est situé l'incinérateur), des conseillers locaux du RCM et du groupe environnemental SVP (Société pour vaincre la pollution). La Communauté urbaine de Montréal a établi des normes concernant les émissions de substances polluantes dans l'air, mais l'incinérateur semble y avoir échappé. En effet, la Ville a demandé et obtenu une période de grâce de cinq ans avant d'avoir à se soumettre aux nouvelles normes plus strictes, privilège qu'aucun autre pollueur n'a obtenu. Les pollueurs privés ont en effet dû négocier un programme de conformité auprès de l'organisme de réglementation de la CUM.

En 1983, quelques heures avant l'échéance, la Ville a modernisé l'incinérateur Des Carrières au coût de 10 millions de dollars afin qu'il soit conforme aux normes. On y a installé de nouveaux électrofiltres, qui magnétisent les petites particules de cendres en suspension, ainsi qu'un dispositif appelé multicyclone, qui retire les plus grosses particules. Afin de satisfaire aux normes relatives à l'acide chlorhydrique (HCl), la Ville a décidé de traiter les cheminées avec de la chaux en poudre, ce qui absorbe les gaz acides.

En 1982 et en 1983, Environnement Canada a soumis l'incinérateur de Montréal à un test important visant à vérifier l'émission de dioxines et de furanes. Formées pendant la période de refroidissement, à la suite de l'incinération de certains composés à une température inférieure à 1000 °C , ces substances organochlorées sont considérées comme les plus nocives au monde. On en a relevé des concentrations importantes en 1982, mais en 1983, elles étaient revenues à un niveau plus acceptable. Les résultats n'ont été publiés qu'en 1985, car ils semblaient incroyablement peu élevés en comparaison de ceux qu'on avait obtenus avec des incinérateurs munis de dispositifs anti-pollution similaires. La Ville, sous l'administration du Parti civique comme du RCM, a continué à utiliser ces chiffres comme preuve que les incinérateurs entraînent relativement peu de pollution.

Le ministère de l'Environnement du Québec ainsi que la CUM entretenaient cependant des doutes quant à la validité des tests du fédéral. La CUM, responsable de la qualité de l'air sur l'île de Montréal, a commencé à vérifier les émissions de cheminée, en octobre 1989, à la demande de SVP. Les résultats ont été annoncés en mars 1990. On a effectué deux mesures de l'acide chlorhydrique ; les résultats de l'une étaient légèrement inférieurs à la norme de la CUM, qui est de 500 parties par million (ppm), et ceux de l'autre, légèrement supérieurs. La CUM a également déclaré que les résultats concernant les métaux lourds et les particules étaient nettement sous la norme permise. On a demandé à Montréal de corriger le problème que posait le HCl dans les trois semaines en ajoutant plus de chaux dans les cheminées afin de diluer ce gaz acide et reprendre les tests, après ce délai, afin de voir si les concentrations répondaient aux normes.

Il n'est cependant pas très difficile de satisfaire aux normes permises lorsqu'on sait qu'elles ont été établies il y a onze ans et qu'elles sont très permissives si on les compare à celles d'autres villes ou régions. Le Conseil canadien des ministres des ressources naturelles et de l'environnement (CCMRE) recommande une norme de 50 ppm de HCl (quantité dix fois inférieure à celle qui est établie par la CUM). Les demandes de SVP visant à modifier le Règlement 90, afin que les normes relatives à l'émission soient plus strictes pour les incinérateurs de déchets municipaux, sont toutefois demeurées sans réponse. En effet, quelques jours après la fuite d'un rapport secret sur les émissions, la Ville a nié que l'incinérateur pouvait menacer la santé des Montréalais. Elle a également nié avec vigueur avoir tardé à effectuer d'autres tests concernant les dioxines et les furanes en raison du coût d'installation des nouveaux dispositifs anti-pollution.

Même si elle se retranchait derrière les résultats des tests de 1983, la Ville a déclaré qu'elle ne s'opposait pas à ce qu'on réalise de nouveaux tests ; elle était même prête à en acquitter une partie des coûts. La CUM a par la suite annoncé qu'elle procéderait à d'autres tests sur les dioxines et les furanes pendant l'été 1990, lorsqu'elle aurait obtenu le matériel d'échantillonage nécessaire d'Environnement Canada. Même si, encore une fois, elle insistait sur les résultats obtenus en 1983, la Ville ne s'est pas opposé à ce qu'on vérifie si la pollution demeurait aussi faible qu'auparavant.

Cependant, même si la Ville a consenti à ce qu'on vérifie les émissions de cheminée, elle est étrangement peu disposée à ce que les résidus de cendres (ou boues) provenant de l'incinération soient analysés. Richard Denison, toxicologue américain réputé qui a longuement étudié cette question, a découvert que la qualité des cendres en suspension varie considérablement lorsque les émissions de cheminée sont adéquatement vérifiées. En 1988, dans le cadre d'une étude portant sur 46 incinérateurs américains, on a noté que la concentration et la capacité de lessivation (capacité à être absorbé dans l'eau souterraine) de plusieurs métaux toxiques présents dans les cendres en suspension augmentent considérablement lorsqu'on procède à cette vérification.

La Ville de Montréal ignore ainsi au moins une loi fondamentale de la thermodynamique, c'est-à-dire que rien ne se perd, rien ne se crée ; tout ne peut être que transformé. Les métaux lourds qui sont placés dans l'incinérateur doivent ressortir quelque part, soit dans les émissions de cheminée, soit dans les résidus. Les métaux qui se fixent aux plus petites particules de cendres volantes sont rejetés avec les plus gros morceaux de matières non brûlées et forment la couche de fond du site d'enfouissement de Rivière-des-Prairies, à l'extrémité nord-est de l'île.

En ce qui concerne la toxicité des cendres, les trois ordres de gouvernement se sont renvoyés la balle. La CUM dit qu'elle n'est responsable que des eaux de ruissellement du site d'enfouissement et que les cendres sont la responsabilité du gouvernement du Québec. Selon ce dernier, cependant, c'est la municipalité qui doit s'en charger. Un rapport interne de la Ville portant sur les cendres, déposé en décembre 1988, renfermait plusieurs recommandations dont la Ville n'a pas encore tenu compte. La plus importante avançait que Montréal devrait fréquemment procéder à la vérification des cendres et du percolat du site de Rivière-des-Prairies, et que les cendres les plus toxiques soient retirées de la couche de fond et envoyées dans une usine de traitement des déchets dangereux. Lorsqu'on a demandé au président du Comité exécutif de la Ville, M. Michael Fainstat, qui siège à la commission sur l'environnement de la CUM, ce qu'il pensait du rapport ou des demandes de vérification provenant des groupes environnementaux, il a déclaré qu'il n'était pas au courant.

Ce jeu de « patate chaude » pourrait être motivé par des questions financières. Au Japon et dans plusieurs pays d'Europe, les cendres des incinérateurs sont déposées dans des sites d'enfouissement à revêtement de ciment, et le percolat est traité dans une usine spécialisée. Les cendres volantes représentent 10 % des résidus produits par un incinérateur municipal. À Montréal, des 85 000 tonnes de résidus produites chaque année s'échappent donc 8 500 tonnes de cendres volantes provenant de l'incinération. Le traitement de toutes ces cendres (comme c'est le cas au Japon) entraînerait des dépenses exorbitantes. En effet, à 230 $ la tonne, tarif actuel du traitement des déchets dangereux, le coût de ce traitement atteindrait presque 20 millions de dollars !

Même s'il était possible de construire l'incinérateur parfait au plan écologique, de nombreux environnementalistes doutent qu'il s'agisse là de la solution idéale. Ils se demandent en effet si la société a raison de brûler ses ressources au lieu de les conserver en les réutilisant ou en les recyclant. Le docteur Paul Connett, l'un des principaux opposants à l'incinération, considère que cette méthode détruit les ressources non renouvelables de la planète. Selon lui, les sommes consacrées à l'amélioration du matériel antipollution et au traitement des cendres devraient plutôt servir à la mise au point des programmes de recyclage : « Lorsque je vois une ville qui recourt à l'incinération, je me dis que cette ville n'est pas assez ingénieuse, au plan politique ou technique, pour récupérer les ressources mises au rancart. L'incinération ne fait que dissimuler notre besoin de tout jeter, et nos enfants et petits-enfants en paieront le prix. »

L'incinérateur Des Carrières devrait pouvoir fonctionner jusqu'en 2002, ou, sous réserve d'améliorations, jusqu'en 2007. Montréal possède également des intérêts dans l'incinérateur jusqu'en 2003, car c'est à ce moment que plusieurs contrats visant à approvisionner des industries et entreprises locales en énergie thermique se termineront. La Ville se trouverait, par conséquent, confrontée à un dilemme important si de nouvelles normes la forçaient à traiter les cendres produites par l'incinérateur comme des déchets dangereux. SVP a aussi demandé qu'on vérifie les émissions provenant des boues d'incinération au centre de traitement des eaux usées construit par le CUM au coût d'un milliard de dollars. Rien n'a cependant été fait à ce sujet.

### 4. *Compostage organique*

Le RCM a entrepris quelques démarches hésitantes pour régler les autres problèmes d'élimination des déchets. Selon une étude sur la composition des déchets de la Ville, menée en 1989 par une équipe de recherche de l'Université du Québec à Montréal, un tiers de ces déchets sont des matières organiques (déchets alimentaires ou végétaux). En septembre 1989, la Ville a annoncé ses premières mesures visant à réduire cette proportion importante des déchets. Un projet-pilote de compostage a permis de recueillir des feuilles mortes (près de 20 % des déchets ramassés en automne) dans cinq parcs importants de Montréal et on les a transportées dans un site de compostage à la carrière Miron. Le compost servira à enrichir les sols de divers jardins communautaires et parcs de la ville au moment où les feuilles se seront décomposées, soit d'ici septembre 1990.

Dans la seconde phase de ce projet, la Ville installera 400 broyeurs-mélangeurs dans quatre quartiers. Pendant trois mois, on tentera ainsi de déterminer quelle quantité de déchets peut être recyclée par des méthodes de compostage. En 1989, la ville de Toronto a distribué 17 000 boîtes à ordures destinées au compostage aux propriétaires de maison dans le cadre de son *Waste Reduction and Recycling Plan* qui comporte 35 éléments.

## 5. *Déchets dangereux*

Chaque année, le ménage canadien moyen produit entre 20 et 40 litres de déchets dangereux. La majorité des gens s'en débarrassent encore aujourd'hui d'une façon désinvolte et donc nuisible pour l'environnement. Une fois jetées avec les ordures ménagères, ces substances contaminent le sol ou l'eau de surface près des sites d'enfouissement ou elles sont tout simplement rejetées dans l'environnement par les cheminées des incinérateurs. De la même façon, si l'on rejette ces matières toxiques dans les égouts, elles contaminent les rivières, les lacs et, parfois, l'eau potable. L'usine de traitement des eaux usées de Rivière-des-Prairies, comme d'autres en son genre, ne peut détruire la plupart des produits chimiques dangereux.

De concert avec la CUM, la Ville a commencé à s'occuper de ce grave problème. En juin 1989, une première journée de cueillette des déchets domestiques dangereux a eu lieu dans toute l'île de Montréal, expérience reprise l'année suivante (il est à noter toutefois que Montréal a d'abord hésité, car elle désirait auparavant procéder à un projet-pilote de faible envergure). Au total, 3 000 Montréalais ont rapporté 43 tonnes de matières toxiques, et près de 9 000 citoyens des municipalités de la CUM en ont quant à eux apporté 120 tonnes. Le taux de participation régional a été de 1,3 %, soit un peu plus que le 1 % auquel on s'attendait.

Ici encore, l'initiative est louable, mais les moyens employés pour traiter du problème sont largement insuffisants par rapport à la gravité du problème en question. La Ville et la CUM semblent avoir opté pour les sites de collecte, alors que, dans d'autres villes nord-américaines, il y a des journées spécifiques pendant lesquelles les travailleurs municipaux font la cueillette de ces déchets à domicile. L'année dernière, Toronto a même créé une ligne dépannage pour l'élimination des déchets domestiques dangereux. Les citoyens n'ont qu'à appeler pour faire ramasser les déchets toxiques, mais dix sites de collecte ont aussi été installés dans la région métropolitaine afin que les déchets puissent y être déposés le samedi.

La Ville de Montréal étudie présentement des solutions de ce genre, mais elle affirme qu'elles ne verront pas le jour avant 1991. Cependant, l'impatience du public sert souvent de moteur à la prise de décisions. En effet, on a resserré la sécurité à la Carrière Miron à la suite d'un scandale : des tonnes de substances chimiques toxiques provenant d'un entrepôt de la Ville avaient été irrémédiablement jetées dans la carrière Miron ! L'enfouissement de déchets provenant des États-Unis avait aussi créé beaucoup d'émoi.

L'inaction de Montréal est en partie imputable à la différence importante entre les engagements pris par l'Ontario et par le Québec. L'Ontario encourage et finance la cueillette municipale des déchets toxiques, alors que le Québec, qui est responsable de l'élimination des déchets, a jusqu'à maintenant refusé de financer cette cueillette. Montréal et la CUM ne sont par conséquent pas complètement responsables du peu qui a été fait relativement à ce problème grave, même si elles devraient tout de même s'efforcer d'éduquer les citoyens et d'exercer davantage de pressions sur Québec.

## 6. Une lueur d'espoir au fond de la poubelle ?

Depuis 1988, Montréal travaille à un plan d'ensemble pour un système intégré de gestion des déchets. Ce plan toucherait à la fois le recyclage, le compostage et la cueillette des déchets toxiques en un système souple qui présenterait les solutions appropriées pour les 20 prochaines années.

Cependant, deux de ses objectifs pourraient très bien se révéler contradictoires. En effet, on privilégierait ainsi des solutions aux conséquences minimes sur l'environnement et à un coût raisonnable pour les Montréalais. Or, l'expérience montre que les solutions environnementales, qu'il s'agisse de nettoyage ou de nouveaux programmes comme le recyclage, ne sont pas toujours les moins onéreuses à court terme. Cependant, un retard dans la mise en œuvre de ces solutions serait, à long terme, beaucoup plus coûteux.

Le plan d'ensemble vise la réduction du volume des déchets à éliminer et il devrait entraîner une gestion plus écologique des déchets ainsi qu'une utilisation plus rationnelle de nos ressources non renouvelables. Il doit être exhaustif et comprendre une recherche sur tous les facteurs (sociaux, économiques, juridiques et environnementaux) qui peuvent influer sur la gestion des déchets. Cependant, les seize tables rondes qui ont eu lieu entre l'automne 1989 et l'hiver 1990 à ce sujet n'étaient pas ouvertes au public...

Lorsque le RCM a été élu, en 1986, les Montréalais s'attendaient à ce qu'il fasse porter l'accent sur les questions environnementales, particulièrement après l'été de 1988, moment où le public a commencé à insister d'avantage auprès des hommes politiques et des gens d'affaires importants pour une conscience environnementale accrue. Le RCM a tenté de répondre à ses attentes, du moins par des promesses, mais jusqu'à maintenant, ses réalisations ont été plutôt minces. Certains éléments semblent prometteurs, tel le nouveau programme d'inspection des véhicules moteur, qui avait auparavant été refusé par Québec, et qui pourrait réduire de 25 % la pollution affectant la couche d'ozone. On a également adopté une loi prévoyant des amendes plus importantes pour les pollueurs industriels, mais on ne connaît toujours pas les effets de ces mesures.

Montréal adopte une approche prudente et presque désabusée face à la gestion des déchets. En parlant avec enthousiasme de l'incinération des déchets au cours du siècle prochain, l'administration du RCM trahit son refus d'être confrontée à la contradiction entre l'incinération et le recyclage. En ce qui concerne les ordures ménagères, le compostage ou les matières toxiques domestiques, la Ville pense aux projets-pilotes. M. Fainstat espère parvenir à recycler 15 % des ordures ménagères, alors que l'étude menée en 1989 par l'UQAM révélait, rappelons-le, que 69 % de ces déchets sont recyclables. De nombreuses villes nord-américaines, qui font beaucoup moins étalage de leur souci pour l'environnement, ont simplement essayé certaines solutions pour ensuite tenter d'éliminer les problèmes qui pouvaient surgir.

Les Montréalais attendent avec impatience de pouvoir participer à la première cueillette sélective des déchets dans leurs quartiers, mais peuvent se lasser de cette approche technocrate et gradualiste. La solution possible pourrait se révéler « environnementalement adéquate », mais le manque de consultation du grand public, illustré par l'épisode des tables rondes, nuit à sa participation, si nécessaire au succès de cette entreprise. Ce n'est qu'à la fin de ce long processus, dominé par un secteur industriel qui pense d'abord à ses propres intérêts, et par le gouvernement, dont le programme de protection de l'environnement est limité, qu'on demande l'opinion du public. Il semble que la nouvelle administration ne fait pas toujours confiance à l'intelligence du public pour ce qui touche cette question.

Si Montréal veut relever le défi environnemental de l'élimination des déchets, elle devra d'abord cesser d'accumuler des études et passer aux actes. Qu'elle se départisse de son approche trop prudente et étapiste, de ses consultations après coup et de sa relation par trop complaisante avec Québec. Les questions environnementales, notamment le recyclage, exigent des approches audacieuses et innovatrices. Jusqu'à maintenant, malheureusement, le RCM est loin d'avoir montré ces deux qualités.

*Traduit par Denis G. Gauvin*

# Les espaces verts à Montréal :
## *Verts de gris*

ROBERT LAMARCHE
Journaliste à la revue *Voir*,
spécialisé en aménagement et en environnement

La plupart des grandes métropoles (New York, Paris, Londres, Moscou, Tokyo... même Toronto) disposent d'une superficie en espaces verts au moins trois fois supérieure à celle de Montréal.

Après un premier mandat du RCM, l'essentiel du « Réseau vert » devant relier entre eux, par des pistes cyclables notamment, les grands parcs montréalais, ne demeure qu'une abstraction.

Budget consacré aux parcs : une quinzaine de millions de dollars pour quelque 650 parcs.

Quelques bons coups de l'Administration du RCM : square Berri, réaménagement des parcs Lafontaine et du mont Royal, parc-plage de l'île Notre-Dame...

Et plusieurs mauvais : parc Ahuntsic, parc Jarry, « carré » Saint-Louis, carrière Miron...

Le RCM avait promis de verdir Montréal. Ce n'est finalement que du vert pâle qu'il a utilisé.

Au moment de prendre le pouvoir en 1986, le RCM a hérité d'une ville malade, marquée par la grisaille. En fait, si le maire Drapeau avait pu, au cours de son interminable règne, rayer tous les espaces verts de la carte de Montréal pour semer, à loisir, ses projets d'envergure, on peut croire qu'il n'aurait pas hésité. Après avoir proposé le Bois-de-la-Réparation à Hyundai, qui préféra Bromont, la dernière cible de l'ex-maire a été le Mont-Royal. Il voulait ériger sur le sommet de la montagne une tour d'une vingtaine d'étages, dont les plans étaient en préparation, et installer sur ses versants une station de ski et un centre d'athlétisme.

Ainsi, pendant vingt-cinq ans, l'administration du Parti civique ne s'est pas contentée de laisser à l'abandon la plupart des parcs de la ville. De temps en temps, elle s'est permis d'en offrir à quelque promoteur, comme si Montréal n'était pas déjà suffisamment pauvre en espaces verts. Toronto, par exemple, en compte aujourd'hui trois fois plus.

Pour compléter ce triste tableau, il faut également souligner qu'en 1985, l'ex-maire a négligemment laissé filer les 50 millions de dollars promis par Québec, dans le cadre du projet Archipel, et destiné au réaménagement des rives du Saint-Laurent et de certains grands parcs de la ville. Il refusa toujours de conclure avec le gouvernement du PQ une entente à ce sujet. Apparemment, il préféra le *statu quo* à l'idée que Québec vienne jouer dans ses plates-bandes. Une fois élus, les Libéraux s'empressèrent de démanteler Archipel. Bref, s'il fallait aujourd'hui élever un monument à la mémoire de Jean Drapeau, il n'y aurait aucune raison pour que ce soit dans un parc. Tout au plus serait-il à sa place dans le tunnel de l'autoroute Ville-Marie, sous les nuages de monoxyde de carbone.

Après trois ans et demi de pouvoir RCM à l'hôtel de Ville, la question qui se pose est la suivante : le monument qui sera un jour érigé à la mémoire de Jean Doré finira-t-il comme celui de son prédécesseur, mais dans le tunnel du boulevard Métropolitain cette fois ?

## 1. Un « parti-pris » douteux

Jusqu'à présent du moins, l'administration du RCM n'a pas réussi à convaincre les Montréalais qu'elle avait repris en main le dossier des espaces verts. Loin derrière New York, Paris, Londres, Moscou ou Tokyo, où les parcs occupent plus de 15 % du territoire, Montréal, avec ses 5 % d'espaces verts, continue de faire piètre figure. Alors qu'on s'attendait à ce que des actions énergiques soient entreprises par la nouvelle administration afin de corriger cette situation déplorable, il semble au contraire que dans l'ensemble ce dossier ait piétiné, malgré de bonnes intentions et quelques bons coups ici et là.

Le RCM avait du pain sur la planche à son arrivée à l'Hôtel de Ville. Il était conscient qu'en matière d'espaces verts, Montréal avait un sérieux retard à rattraper. C'est pourquoi son programme électoral contenait plusieurs dispositions concernant la protection et la mise en valeur du cadre de vie naturel des Montréalais. On s'engageait à réaménager les parcs existants, mais aussi à en créer de nouveaux dans les secteurs les plus dépourvus et à donner suite au projet « Réseau vert », qui prévoit relier entre eux, par des pistes cyclables notamment, les grands espaces verts de la ville. Le défi était de taille, sans compter que le gouvernement du Québec venait de se retirer du dossier. La nouvelle administration devait donc faire cavalier seul dans ce domaine.

## 2. Le Mont-Royal

À la tête de Montréal, le RCM a entrepris son mandat par un geste fort attendu : menacé de toutes parts, le mont Royal était subitement classé « site du patrimoine ». On venait ainsi interdire tout nouveau développement sur la montagne, dont on disait vouloir conserver le caractère naturel, au profit de tous les Montréalais. Malheureusement, l'engagement de la nouvelle administration envers le « poumon du centre-ville » n'a, pendant trois ans, guère franchi le cap du symbole. Le mont Royal nécessite des travaux de restauration majeurs qui n'ont été annoncés que quelques mois avant l'annonce des élections. Il en va de même pour le « Réseau vert », dont on n'a à ce jour réalisé qu'un tronçon de quelques kilomètres le long de la rue Rachel, entre les parcs Jeanne-Mance et Lafontaine.

En mars 1989, les militants du parti, dans le bilan qu'ils faisaient de l'administration Doré, plaçaient l'environnement et les espaces verts parmi les dossiers négligés et devant faire l'objet, jusqu'aux prochaines élections, d'une préoccupation plus grande de la part de leurs représentants élus. Mais la nouvelle administration municipale tarde toujours à livrer la marchandise. Il semble difficile de passer à l'action dans ce domaine.

Bien sûr, sous l'impulsion du RCM, plusieurs parcs ont fait l'objet de consultations publiques au sujet de leur aménagement, et les travaux ont même commencé dans certains parcs. Il serait donc faux de prétendre que le maire Doré et son équipe n'ont rien fait qui vaille de ce côté depuis leur élection. Par ailleurs, ça prend de l'argent pour aménager des espaces verts et pour en acquérir de nouveaux. Avec un budget d'une quinzaine de millions de dollars par an pour l'entretien et la mise en valeur de 650 parcs, Montréal ne peut évidemment pas faire de miracles. Mais compte tenu du « préjugé favorable » que le RCM affichait pour la qualité de la vie à Montréal, on s'attendait tout de même à plus, à mieux, et plus rapidement, sur le plan de réalisations.

### 3. *Un travail à la pièce*

Rome ne s'est pas bâtie en un jour, et on pouvait difficilement espérer qu'il en soit autrement pour Montréal. Toutefois, afin de satisfaire les Montréalais qui l'ont portée au pouvoir, l'administration Doré aurait peut-être dû mettre les bouchées doubles dans le dossier des espaces verts, dès la première année de son mandat. Elle aurait ainsi évité d'avoir l'air de préparer ses élections en donnant ce printemps, soit à quelques mois des élections de novembre 1990, le feu vert à la réalisation de plusieurs projets importants. Mentionnons seulement l'aménagement d'un parc — le square Berri — là où se trouve actuellement le stationnement de la station de métro Berri-UQAM, le réaménagement tant attendu du parc Lafontaine, et l'ouverture d'un parc-plage sur l'île Notre-Dame, pouvant accueillir jusqu'à 5 000 baigneurs.

Par ailleurs, on peut sérieusement critiquer l'attitude de la Ville dans certains autres dossiers relatifs aux espaces verts. D'une part, malgré la vive opposition manifestée par une partie importante de la population, la Ville a décidé d'aller de l'avant avec son projet de développement résidentiel et commercial dans le parc Ahuntsic, à l'endroit où se trouve actuellement le stationnement de la station de métro Henri-Bourassa. Un parc est un parc, et plusieurs souhaitaient ardemment que celui-ci le redevienne d'un bout à l'autre, après avoir été trop longtemps amputé.

D'autre part, au moment d'annoncer la réalisation de certains projets, plans à l'appui, l'administration du RCM s'est parfois montrée peu loquace quant au coût et à l'échéancier des travaux envisagés, comme si elle avait peur de se compromettre, de s'engager plus fermement. Les citoyens sont donc restés sur leur faim. Apparemment, c'est à la pièce, année après année, que s'octroient les sommes affectées au réaménagement des espaces verts à Montréal. Ce qui laisse beaucoup de place à l'improvisation, alors que la population cherche plutôt à savoir avec précision quand elle pourra à nouveau profiter pleinement des lieux. Le réaménagement du parc Jarry, dans le quartier

Villeray, qui s'étire depuis maintenant trois ans, illustre bien cette situation. Les plans sont fantastiques, mais on ne sait pas quand les travaux se termineront, et quand enfin on plantera des arbres dans ce parc qui en est cruellement dépourvu.

Plusieurs personnes se sont également demandé ce qu'était devenu le RCM d'antan, quand elles ont appris que la Ville songeait à construire un stationnement sous le « carré » Saint-Louis. Ce projet a aussitôt provoqué une levée de boucliers et, finalement, n'a pas fait long feu. Mais pour y avoir seulement pensé, l'administration Doré a été lourdement blâmée, et nul doute qu'un nombre important de citoyens y ont vu une inquiétante pirouette, voire une trahison, de la part de cette équipe qui avait eu traditionnellement son appui.

On peut aussi s'étonner qu'une consultation publique portant sur l'avenir du site Miron ait déjà eu lieu, alors que la Ville, qui prévoit y aménager, à partir de 1994, un vaste parc, un quartier résidentiel et une zone industrielle, n'est toujours pas certaine qu'elle pourra donner suite à ce projet. Aucune étude ne prouve hors de tout doute que l'endroit est sécuritaire, compte tenu des millions de tonnes d'ordures qui y ont été enfouies. Les solutions pour l'élimination des déchets qui ne pourront plus être enfouis dans ce site lorsqu'il sera plein n'ont pas encore été trouvées. De l'avis de plusieurs, il aurait fallu solutionner ces deux problèmes avant de tenir une consultation publique sur le projet. C'est bien de s'y prendre à l'avance, mais il faut savoir protéger ses arrières. Une saine gestion des fonds publics commence sûrement ainsi...

### 4. *Québec et Ottawa grisés*

Dans le dossier des espaces verts à Montréal, le gouvernement du Québec est totalement absent. En

Ontario, par exemple, le gouvernement provincial contribue financièrement, chaque année, au coût d'acquisition de nouveaux espaces verts, notamment à Toronto. Mais ici, depuis l'élection des libéraux à Québec, en 1985, le ministère du Loisir, de la Chasse et de la Pêche, après avoir dû abandonner le projet Archipel, s'est consacré aux les réserves fauniques, très loin des centres urbains. Depuis plus de trois ans, la Ville de Montréal a apparemment multiplié les appels à l'aide dans ce dossier, mais Québec a toujours fait la sourde oreille. Nul doute qu'un coup de barre du gouvernement provincial hâterait le virage vert de Montréal.

Le gouvernement du Canada se traîne également les pieds dans ce dossier. En effet, le réaménagement du Vieux-Port de Montréal, où plusieurs grands parcs devraient voir le jour, est sous la responsabilité de la Société du Vieux-Port, création fédérale. Celle-ci a multiplié les études et les consultations publiques depuis une quinzaine d'années, mais sans jamais aboutir à des résultats concrets. Pendant ce temps, 100 millions de dollars promis en 1989 par Ottawa pour la réalisation de la première phase des travaux sur ce site, attendent bêtement, dans quelque tiroir, de servir la cause des espaces verts à Montréal.

## 5. À quand un Montréal plus vert ?

L'administration du RCM n'est donc pas particulièrement épaulée dans ses efforts pour redonner aux Montréalais un milieu de vie de qualité. Cependant la gestion des espaces verts en milieu urbain est d'abord et avant tout une responsabilité municipale. Pendant vingt-cinq ans, avec Jean Drapeau à l'Hôtel de Ville, ce fut le laisser-aller le plus complet de ce côté, comme dans bien d'autres domaines, d'ailleurs. N'en parlons plus, même si on en subit encore aujourd'hui les conséquences.

Or, si l'équipe du maire Doré a été élue avec une aussi forte majorité, en 1986, c'était justement pour trancher radicalement avec ce lourd passé. Les Montréalais s'attendaient notamment à ce que la mise en valeur et le développement des espaces verts, dans leur ville, devienne une priorité.

Malheureusement, il leur faudra repasser. Malgré quelques efforts honnêtes dans ce domaine, l'administration Doré n'a pas démontré qu'elle avait saisi le perche que la population lui tendait. Faudra-t-il attendre que le plan d'urbanisme de Montréal soit adopté, en 1992, pour assister à un véritable changement de cap à l'Hôtel de Ville à cet égard? Au lieu de s'en prendre continuellement aux voisins, en pestant vainement contre l'étalement-urbain-source-de-tous-les-maux-de-la-ville, nos élus devraient peut-être d'abord regarder ce qui se passe dans leur cour, afin de voir pourquoi Montréal se dépeuple sans cesse au profit de ses banlieues. Peut-être se décideront-ils enfin à investir massivement dans l'amélioration de la qualité de vie des Montréalais. Des arbres, ça porte des fruits, quoi!

# Santé publique :
## *Montréal est malade, mais il se soigne*

Tom Kosatsky

Médecin travaillant au service de l'environnement du département de santé communautaire de l'hôpital Maisonneuve-Rosemont

Au Québec, contrairement à ce qui se passe dans d'autres provinces canadiennes, les responsables de la santé publique n'ont aucun lien direct avec l'administration municipale.

Montréal, malgré des pouvoirs amoindris, peut toujours accomplir nombre de réformes dans le domaine de la santé publique, mais la coordination fait défaut.

Les disparités en matière de santé illustrent on ne peut mieux les maux dus à la pauvreté.

On pourrait mobiliser des groupes communautaires pour des projets concernant la santé publique.

Le concept des « villes saines » suppose la promotion d'initiatives communautaires vouées à la planification d'un meilleur environnement local.

Les solutions fondamentales exigent une meilleure intégration des responsables de la santé publique au sein des autorités municipales.

Depuis le dépôt du rapport Lalonde pour le gouvernement fédéral en 1974, la santé publique s'est définie en termes de prévention de la maladie ainsi que de protection et de promotion de la santé. Dans la plupart des provinces canadiennes, ce rôle est assumé par des services de santé qui sont de compétence municipale.

Au Québec, cependant, la responsabilité légale en matière de santé publique a été attribuée à des autorités locales et régionales qui ne relèvent pas de la municipalité. Cette dichotomie fait que les villes ne subissent plus l'influence des autorités en matière de santé publique et que les organismes de santé publique sont maintenant des défenseurs plutôt que des concepteurs de politiques.

Au milieu des années 70, dans le cadre d'une réforme importante des services de santé et des services sociaux au Québec, on a enlevé aux unités sanitaires, unités de santé régionales sous juridiction municipale, leurs responsabilités en matière de santé publique. Les nouvelles structures créées ont engendré la formation de conseils régionaux de planification des services de santé et des services sociaux, dont l'un est responsable de l'île de Montréal et de Laval, ainsi que des départements de santé communautaire (DSC : bien qu'ils fassent partie des hôpitaux, ceux-ci visent à assurer l'évaluation et l'amélioration de la santé publique sur un territoire défini ; sept DSC couvrent l'île de Montréal) et, en dernier lieu, des centres locaux de services communautaires (CLSC) qui fournissent des services de santé publique sur une base directe tels que les soins à domicile, les visites prénatales et la vaccination, à la petite région qu'ils desservent.

Les réformes n'ont toutefois pas privé les villes de tout rôle en matière de santé publique. Ces dernières nomment une minorité des membres des conseils régionaux de planification des services de santé et des services sociaux. Elles gardent sous leur responsabilité certaines activités liées à la santé, par exemple, la lutte contre la vermine, l'établissement de normes d'hygiène dans les édifices ainsi que de normes relatives au bruit et la délivrance de permis d'exploitation de garderies. Elles gèrent les parcs, les piscines et les pataugeoires, ainsi que les patinoires, où un mauvais entretien peut entraîner des blessures ou une exposition à des agents dangereux. Les villes sont responsables de la cueillette des ordures et de l'approvisionnement en eau potable, activités essentielles au maintien de la santé des citoyens. Elles peuvent, et c'est peut-être là leur rôle le plus important dans le domaine, promouvoir, par leurs politiques et leurs pratiques, des conditions de vie favorisant la santé communautaire.

Nous savons que certains facteurs du mode de vie influent fortement sur le risque d'invalidité, de maladie ou de décès prématuré. Parmi ces facteurs, on retrouve le tabagisme, la consommation exagérée d'alcool, un régime alimentaire riche en matières grasses, les habitudes de conduite dangereuses et l'inactivité physique. Nous savons que ces facteurs sont reliés à l'emploi et à la situation socio-économique. On a même été jusqu'à démontrer qu'il existait une corrélation entre la situation socio-économique et l'espérance de vie en bonne santé.

En utilisant une diversité de données recueillies dans la dernière moitié des années 70, on a réalisé une étude dans le cadre de laquelle on a comparé l'espérance de vie à la naissance et le nombre d'années de vie sans invalidité chez les résidants de cinq régions desservies chacune par un CLSC. L'espérance de vie à la naissance des résidants majoritairement de classe moyenne et anglophones du district de Notre-Dame-de-Grâce était neuf fois plus élevée que celle des résidants majoritairement francophones et de la classe ouvrière du district Saint-Henri. Il y avait une différence de quatorze ans entre les deux districts en ce qui concerne les années de vie sans limitation des activités reliée à la santé.

C'est en fournissant un environnement physique et social sain à ceux qui sont défavorisés que la Ville peut le mieux contribuer à l'amélioration de la santé collective. Pour ce faire, elle doit au moins empêcher que les secteurs pauvres deviennent des terrains de que les secteurs pauvres deviennent des terrains de stationnement, des regroupements d'immeubles désaffectés et des dépotoirs. L'application d'une réglementation sur la qualité des immeubles, les quantités de poussières, de bruit et de fumée de cigarette, surtout si on mettait sur pied des projets visant à améliorer la qualité de l'environnement et à encourager la responsabilité individuelle et communautaire, aurait des répercussions favorables. La création d'un zonage visant à promouvoir un mélange d'espaces de récréation, de logements adaptés et abordables, de commerces de quartier et d'industries non polluantes qui seraient situés près les uns des autres et facilement accessibles constituerait une action positive. On devrait encourager les groupes communautaires, par des subventions et des services, à s'attaquer à des problèmes locaux comme les routes dangereuses et la mauvaise utilisation de produits chimiques délétères.

En favorisant l'intégration et l'acceptation de populations marginales, comme les handicapés, les personnes ayant séjourné dans un hôpital psychiatrique et les sidatiques, l'administration municipale peut, là aussi, exercer une influence majeure sur la santé. Les politiques visant à encourager la communauté à appuyer ces groupes, par exemple, celles qui concernent le réaménagement des quartiers, l'approvisionnement auprès de fournisseurs locaux et l'attribution d'incitatifs financiers visant la mise sur pied de services à l'intérieur de la communauté permettraient d'aider ces personnes ainsi que les communautés où elles vivent.

Les responsables de la santé publique, les DSC et les CLSC, à l'aide de ressources financières limitées et sans le pouvoir légal de l'administration municipale, opèrent majoritairement en dehors des activités de la ville qui influent fondamentalement sur la santé. Elles établissent des programmes de prévention pour les personnes âgées, les enfants et les adolescents. Elles tiennent des cliniques de vaccination et des cliniques sur les maladies transmises sexuellement. Elles réalisent des études sur les épidémies. Elles mettent sur pied des campagnes de promotion d'un mode de vie sain et ce, souvent de concert avec les groupes communautaires. Elles se portent à la défense des stratégies gouvernementales qui visent à promouvoir un mode de vie et un environnement sains.

À la limite, par exemple, en organisant une « marche de la mort » simulée visant à attirer l'attention sur les dangers du pont Jacques-Cartier, les autorités locales en santé publique adoptent le rôle d'un groupe de pression pour la santé publique. Bien que cette position leur permette d'être indépendantes d'un service municipal, leur influence, notamment en ce qui concerne les politiques de logement, l'épuration de l'eau, la lutte contre le bruit et l'implantation de services de garderie, demeure limitée. Les politiques et les pratiques municipales sont établies sanengagements leur concours.

L'administration du RCM a récemment manifesté son intérêt pour le concept des « villes saines », approche internationale qui réunit les organismes de santé, les organismes municipaux et les groupes communautaires dans leur tentative de créer un environnement favorable pour la santé. En mars 1990, l'administration municipale a affirmé son engagement face au concept des villes saines, initiative de l'Organisation mondiale de la santé adoptée par des villes européennes, canadiennes et québécoises. Le concept des villes saines est fondé sur trois principes : la réduction des inégalités en matière de santé, la coopération entre les groupes de citoyens et la volonté de promouvoir la santé. Concrètement, les programmes reliés à ce concept peuvent inclure l'établissement de projets-pilotes et de nouveaux services municipaux, ainsi que la révision de règlements qui visent à favoriser la santé.

Pour le moment, très peu de personnes travaillent pour le programme des villes saines à Montréal. Cependant, un projet-pilote mis sur pied dans le district de Mercier-Hochelaga a déjà permis la mobilisation des résidents d'une rue de l'est de la ville, qui ont tenté de trouver des façons de rendre leur rue plus « écologique ». Dans leur contribution au projet-pilote, le CLSC et le DSC locaux ont entre autres cherché à incorporer les questions de santé dans un plan d'action local.

La révision et la restructuration soignées des activités et des règlements municipaux en vue de promouvoir la santé publique ne sont pourtant pas très avancées. L'extrême lenteur de la progression observée est peut-être due à l'absence d'un représentant en matière de santé publique dans l'administration municipale. Le projet des « villes saines » peut servir à promouvoir la consultation et la coopération, mais la mise sur pied de programmes de santé publique locaux et efficaces destinés à la collectivité et établis de concert avec elle est fonction d'un rapprochement entre les responsables de la santé publique et l'administration municipale, voire d'une réintrégration des premières au sein de la dernière.

*Traduit par Denis G. Gauvin*

# Sida :
## *Montréal, ville atteinte*

Billy Bob Dutrisac
Écrivain et journaliste

Sur l'île de Montréal, 0,25 % des femmes ayant accouché au cours des quatre premiers mois de 1989 étaient porteuses du VIH, le virus du sida. En Amérique du Nord, seule New York dépasse Montréal à ce chapitre (taux de prévalence : 1,30 %).

Sous l'administration du RCM, la Ville de Montréal a atteint les limites de ses champs de compétence en matière de prévention du sida, mais sans plus et sans imagination.

À titre de journaliste et d'écrivain hétérosexuel, j'écris ce texte avec le feu au cul et la rage à l'âme. Le sida, ce n'est plus une question de « tapettes », de dopés et de « nègres », comme se plaisaient à répéter certains ignobles ignares. Le sida ne fait pas de discrimination : il peut tuer n'importe qui.

Alors, devant une telle menace, comment en sommes-nous arrivés à 30 000 séropositifs à Montréal ? Comment expliquer l'épidémie de MTS ? Par fausse pudeur ? Les gens baisent et baiseront toujours, alors pourquoi ne pas prendre les moyens pour qu'ils le fassent sans se tuer ?

Et faites-moi vomir avec la pudeur. On a tous et toutes vu Carl Marotte, dans la série télévisée *Lance et Compte*, baiser comme un ministre conservateur en voyage officiel sans jamais déchirer un sachet de condom, alors qu'est-ce qu'il est venu foutre dans la pudique publicité provinciale « L'amour, ça se protège » ?

Les incompétents et impotents politiques devront répondre de leur inaction. Car il est clair que si une information fragmentaire circule aujourd'hui sur le sida, c'est grâce à des initiatives personnelles, initiatives souvent découragées par une bureaucratie lourde et parfois moraliste. Méprisant le Q.I. de la population, les gouvernements et les fonctionnaires ont jusqu'à maintenant refusé d'organiser une offensive choc et concrète contre le sida et les MTS de peur de choquer en prononçant des mots tabou comme celui de *condom.*

## Mais il est ici question du RCM

Il est difficile d'évaluer les actions du RCM sur le sida parce qu'en comparaison, le plus grand défi de santé publique qu'ait eu à affronter l'administration de Jean Drapeau fut la célèbre épidémie de nausée de l'homme enceint après les Jeux Olympiques de 1976. Il est inquiétant de penser que le club sélect des vieilles peaux du Parti civique aurait pu être au pouvoir en ces années de crise.

Grâce à des personnes clés, comme Léa Cousineau et Raymond Blain, le RCM a établi une politique progressiste contre la discrimination envers les personnes séropositives ou atteintes du sida. Dans son rapport sur la politique d'intervention municipale relative à la problématique du sida, la commission permanente du développement communautaire s'est engagée à combattre la discrimination dans le milieu de travail. L'administration Doré a posé des actions concrètes en louant les locaux du Comité sida aide Montréal (CSAM) pour un loyer annuel symbolique d'un dollar.

Force est d'admettre que le RCM s'est montré progressiste dans sa politique d'affichage sur les mesures de prévention dans les endroits dits à risques, mais il a peu fait pour sensibiliser la population hétérosexuelle. Le RCM n'a qu'une partie minime du blâme à porter puisque la santé publique relève des paliers supérieurs de gouvernement. Et puisque l'ex-ministre fédéral de la Santé nationale et du Bien-être social, Perrin Beatty, se gargarise de promesses plutôt que de mettre sur pied une campagne nationale d'information percutante ; puisque le ministre provincial de l'Éducation, Claude Ryan, a la même sensibilité vis-à-vis la sexualité qu'un Vulcain, puisqu'une grande partie de l'éducation sexuelle des jeunes Montréalais et Montréalaises relève des commissaires de la CÉCM, qui considèrent que la seule raison de s'agenouiller, c'est pour « gruger du balustre » ; puisque le ministre de la Santé et des Services sociaux du Québec, Marc-Yvan Côté, en est encore à étudier le dossier plutôt que de se faire *briefer* par ses fonctionnaires et d'agir promptement ; puisque nous nous avons élu de tels politiciens, nous assisterons pendant les années 1990 à l'engorgement des hôpitaux montréalais par des personnes séropositives et sidéennes.

Que ce soit au municipal, au provincial ou au fédéral, nous mettons nos vies dans les mains de femmes et d'hommes qui ont une perspective de quatre ans sur la réalité. À chaque élection, c'est la même histoire : une surenchère de plans d'action cause une stagnation d'initiatives. Et des questions de vie ou de mort sont transformées en banales promesses électorales. Faudra-t-il que des gens de leur propre entourage crèvent d'un sarcome de Kaposi pour qu'ils réagissent ?

Comme les gouvernements de Bourassa et de Mulroney, le gouvernement Doré comprend mal cette situation qui, soit dit en passant, a pris des proportions épidémiques. Par exemple, une étude menée sur la séroprévalence des Québécoises en âge de procréer démontre qu'une femme sur 394 demeurant sur l'île de Montréal et ayant accouché au cours des quatre premiers mois de 1989 est porteuse du VIH. Attachez vos ceintures (de chasteté) car ce taux situe Montréal juste derrière la ville de New York, dont le taux est d'une femme sur 77, et devant San Francisco, dont le taux est d'une femme sur 777. Le chiffre 7 n'a rien de chanceux.

Il reste à informer la masse. Les affiches, les slogans, les programmes d'information et d'intervention sont mous, aseptisés. Il est temps de propager le message : pas seulement aux machines à sexe des Clubs Med mais aussi jusqu'à monsieur Bungalow qui tire son coup au parc Lafontaine et qui refile virilement des dégueulasseries microscopiques à sa petite bourgeoise.

Il faut surtout que les autorités s'occupent des jeunes. Et mettons-y du *whiz* ! Vendons le condom comme un bien de consommation. Courir avec des baskets. Écrire avec un ordinateur. Baiser avec un condom.

Bref, pour avoir des citoyens et citoyennes responsables, un gouvernement doit être politiquement courageux, au risque de perdre des élections. Et ça, c'est pas pour demain la veille.

# LES ROUAGES DE L'ÉCONOMIE
## MONTRÉALAISE

# Le déclin économique de Montréal :
## D'un empire industriel
## à un boutique bon chic

TOM NAYLOR
Professeur au Département de sciences
économiques à l'Université McGill et commentateur
financier pour un certain nombre de
médias montréalais

Montréal était autrefois le cœur industriel, commercial et financier du Canada, titre qu'elle a depuis perdu au profit Toronto.

La majorité de la pauvreté et du chômage au Québec est concentrée dans la métropole.

Le déclin de Montréal a commencé à se faire sentir dès les années 1950, alors que l'activité économique canadienne s'étendait graduellement vers l'ouest.

Le déclin de Montréal a également été favorisé par une série de politiques instituées par le gouvernement québécois favorisant les régions éloignées au détriment de Montréal.

Les diverses administrations municipales montréalaises ont constamment trouvé maille à partir avec le gouvernement provincial.

S'il veut échapper à cette spirale descendante, Montréal doit accroître son autonomie en matière de développement économique.

Voyons voir si vous pouvez résoudre les petites devinettes suivantes. Quelle est la métropole où le revenu per capita est d'environ 15 % inférieur au revenu moyen de la région (État, province, pays) qu'elle domine, et où presque le tiers de la population se situe sous le seuil de pauvreté ? Où trouve-t-on une élite du monde des affaires imbue d'elle-même dont les membres se félicitent réciproquement en public pour leur bel esprit d'entreprise et se récompensent avec de belles voitures, des vêtements élégants et des maîtresses excentriques, tandis que le taux de chômage estimé dans presque la moitié des secteurs du cœur de la ville atteint de 20 % à 25 %, sans compter toutes les personnes qui n'ont eu d'autre choix que de recourir à l'aide sociale ou qui ont abandonné la recherche d'un emploi ? Connaissez-vous une ville où se concentre la plus grande partie de la population et des industries de la région (État, province, pays), une ville que les dirigeants politiques de la région laissent péricliter progressivement, tandis qu'ils allouent généreusement des fonds aux régions environnantes ?

On ne parle ni de Karachi, ni de Lima, ni de Phnom Penh. Il s'agit de Montréal, ville qui a déjà fait concurrence à New-York à titre de porte d'entrée de l'Amérique du Nord.

La ville était certes une métropole de renommée mondiale à la fin du XIX$^e$ siècle et au début du XX$^e$ siècle. Du sommet du mont Royal, les banquiers et les commerçants de la ville pouvaient voir passer les trains chargés de marchandises, à destination et en provenance, non seulement du reste de l'Amérique britannique, mais également du Midwest américain, et même des possessions britanniques en Asie.

La ville, dominée par les anglophones, était également le cœur de l'industrie canadienne. Elle disposait de l'argent, des voies de communication, de l'influence politique nécessaire pour modeler dans son propre intérêt les politiques du gouvernement fédéral — au chapitre des barrières tarifaires, par exemple — et on y entretenait des relations profitables avec les « autochtones ».

À l'époque, le Québec était une société pauvre et vivant en grande majorité en milieu rural. Ses habitants étaient également prolifiques. Ainsi, la population excédentaire des campagnes se déversait aux États-Unis ou dans les grandes villes du Québec, particulièrement Montréal, qui pouvaient compter, d'une part, sur la main-d'œuvre québécoise à bon marché et, d'autre part, sur les fonds des anglophones et des marchés ouverts à la grandeur du pays.

Il en a résulté que d'importantes industries, à grande intensité de main-d'œuvre, se sont établies à Montréal : textiles, chaussures, métallurgie, équipement de transport et transformation des aliments. Pendant des décennies, ces industries ont prospéré dans un confort complaisant, même lorsque les activités de la bourse laissaient présager des jours noirs.

En mars 1947, pour la première fois, les activités de la Bourse de Toronto ont surpassé celles de Montréal. Ce n'est pas seulement le nombre d'actions négociées qui était important ; en effet, Montréal est demeuré plusieurs années encore le port d'escale privilégié de ceux qui étaient à la recherche de profits. Il fallait plutôt s'arrêter au type d'actions négociées. En outre, en 1950, lorsque des capitalistes aventuriers qui vantaient les mérites de l'exploitation minière et pétrolière ont fait leur pèlerinage sur la rue Saint-Jacques, l'élite financière montréalaise les a traités en parvenus indésirables. Ils s'en furent donc à Toronto !

Il s'agissait là d'un changement important. Les hommes d'affaires sans scrupule d'antan avaient donné naissance à l'économie transcontinentale de la fin du XIXe siècle. Leurs descendants pillèrent allègrement la Colombie-Britannique et les Prairies au début du XXe siècle. Cependant, durant les années 1950 et 1960, au dire d'Eric Kierans, alors président de la Bourse de Montréal, la troisième génération était devenue « une foule de preneurs fermes qui rendaient visite aux administrateurs de grands régimes de retraite et de fiducie le lundi matin, y récoltaient le nombre de demandes qu'il leur fallait et passaient le reste de la semaine sur le terrain de golf » !

À la suite de l'essor qu'ont connu les secteurs du pétrole et des mines, le centre de gravité canadien des finances s'est lentement déplacé vers l'ouest : les banques et les sociétés d'assurance suivaient irrésistiblement le courant de l'activité boursière et se sont petit à petit transplantées à Toronto, Calgary et même Vancouver.

Le commerce et l'industrie devaient suivre peu après, résultat d'une autre bévue monumentale commise par les gens d'affaires montréalais : la Voie maritime du Saint-Laurent.En effet, pendant un siècle, tout un réseau de voies ferrées desservait le transport en provenance et à destination du port de Montréal, sans grande concurrence ailleurs au Canada. Par la suite, la Voie maritime du Saint-Laurent a été créée, ce qui signifiait que les navires pouvaient dépasser Montréal pour se diriger vers Toronto et les ports des Grands Lacs. Kierans se souvient qu'à l'époque, les gens croyaient que les cargos hauturiers feraient escale à Montréal, et que la ville récolterait par conséquent sa part du marché. Il en a toutefois été autrement.

Non seulement Montréal a-t-elle littéralement « manqué le bateau » durant l'essor qu'a connu le secteur des matières premières dans les années 1950 et 1960, mais la vieille recette industrielle qui consistait à allier main-d'œuvre bon marché et machinerie lourde était désormais vouée à l'échec. La nouvelle recette faisait maintenant appel à des matériaux de base non traditionnels (les matières chimiques synthétiques et des métaux hybrides en particulier) et était davantage axée sur la science et la technologie que sur la main-d'œuvre.

Puis vinrent les années 1970, années durant lesquelles l'exode du monde des affaires traditionnel de Montréal, des usines de fabrication et des sièges sociaux est devenu une fuite — fuite qui était en réalité davantage motivée par un marasme économique que par la montée et la prise de pouvoir du Parti québécois. En effet, durant les années 1970, le coût de l'énergie a monté en flèche et les profits des sociétés québécoises ont stagné, tandis que le syndicalisme québecois, alors au faîte de sa puissance, cherchait à imposer sa loi. Les grandes sociétés établies au Québec, comme la plupart de celles de l'est de l'Amérique du Nord, ont réagi en aiguillant la production vers le sud et vers l'ouest, c'est-à-dire vers des régions où les ressources énergétiques étaient moins coûteuses, où un marché immédiatement accessible s'accroissait plus rapidement et où les syndicats étaient moins puissants, voire inexistants. Ainsi, de tous les coins du pays, la plupart des profits convergeaient vers la région de Toronto.

En 1961, Montréal comptait pour 9,6 % des investissements manufacturiers totaux au Canada, alors que Toronto en recueillait 9,4 %. Toutefois, en 1989, la part de Montréal s'établissait désormais à 7,7 %, tandis que celle de Toronto atteignait 14,4 % !

Tandis que l'élite anglophone traditionnelle du monde des affaires de Montréal se la coulait douce dans les clubs tout en jurant contre les « maudits frogs » ou qu'elle partait aux Bahamas pour profiter des placements à intérêt composé du grand-père, les gouvernements du Québec, tant libéral que péquiste, se préparaient à combler le vide. Non seulement ces derniers s'étaient-ils engagés à se servir des fonds publics pour favoriser la montée d'une élite francophone dans le domaine de l'économie, mais ils s'intéressaient également à la création d'une nouvelle expansion économique — c'est-à-dire ailleurs qu'à Montréal.

Dans une certaine mesure, le déplacement du secteur de la fabrication vers les banlieues était prévisible. Partout en Amérique du Nord, les grands centres urbains, en raison du prix élevé des terrains et des lourds fardeaux fiscaux, ont été délaissés comme sièges des nouvelles industries.

Toutefois, dans le cas de Montréal, le déclin a eu d'autres causes, dont les répercussions se font encore sentir de nos jours. Jusqu'à un certain point, ce déclin reflète la scission de l'économie nord-américaine. Auparavant dominée par Montréal et par des échanges pan-canadiens (d'est en ouest), celle-ci est devenue une économie continentale où les courants d'échanges commerciaux et d'investissements s'effectuent désormais selon un axe nord-sud. Montréal ne dirige plus un empire économique : elle est aujourd'hui tout au plus à la tête d'une boutique bon chic, bon genre.

Cependant, la scission de l'économie pan-canadienne a également eu des répercussions politiques qui ont accéléré le déclin. Au Québec, le nationalisme défensif remonte des siècles en arrière ; c'est le séparatisme politique d'origine populaire qui est nouveau.

En effet, jadis, le rôle de la société québécoise consistait à fournir une main-d'œuvre à bon marché pour les usines dirigées par les anglophones, en plus des médecins, des avocats et des prêtres qui devaient garder les travailleurs exploités en assez bonne santé, faire régner l'ordre et assurer la tranquillité au plan politique. Il était alors facile — et profitable — d'accommoder le nationalisme « canadien-français » au sein d'un État multinational et centralisé : le Canada de Pierre Trudeau.

Cependant, à mesure que, d'une part, l'État perdait sa raison d'être économique, que l'économie se morcelait et devenait de plus en plus continentale ; et que, d'autre part, l'ère industrielle exigeait un nouvel ensemble d'aptitudes et d'attitudes, le nationalisme défensif « canadien-français » ne pouvait que s'orienter vers la séparation du Québec. Le séparatisme peut être explicitement politique, comme l'exprime le Parti québecois, ou essentiellement économique, ce qui caractérise la tendance générale des initiatives du Parti libéral du Québec.

Les gouvernements québécois, libéral comme péquiste, ont élaboré un plan général quant à l'avenir économique de la province, à la grande consternation des autochtones du Nord. Le Québec projette de se servir de ses ressources hydrauliques (dans le bassin de la Baie James, en particulier) pour exporter son hydro-électricité, son aluminium, son fer et sa pâte de bois aux 120 millions de consommateurs de la région de la Nouvelle-Angleterre et de New York. C'est précisément cette stratégie qui a amené des dirigeants du monde politique et du milieu des affaires québécois de toutes les allégeances politiques à appuyer spontanément l'Accord du libre-échange entre le Canada et les États-Unis, entente qui a porté un autre coup dur pour l'ancienne structure industrielle de Montréal.

En outre, un grave problème de communication sévit. À Toronto, environ un kilomètre sépare Queen's Park de l'Hôtel de Ville. Toutefois, 250 kilomètres d'autoroute séparent Montréal et Québec, distance grandement accrue par les divergences politiques.

Au cours des années 1970 et 1980, période critique, le Parti québecois régnait en maître à Québec, tandis que l'archi-fédéraliste Jean Drapeau dirigeait Montréal à la façon d'un monarque éclairé. Le maire a également négligé de graves problèmes économiques pour ériger des monuments, dignes des pharaons, à sa propre gloire.

C'est alors que le vent a tourné : les libéraux ont repris Québec, et une administration essentiellement péquiste, dirigée par Jean Doré, a pris le pouvoir à l'Hôtel de Ville de Montréal.

Les deux périodes se sont caractérisées par un réel asservissement de Montréal et les résultats en sont sidérants. En raison d'un nouvel essor industriel (surtout lié à la haute technologie et à l'industrie militaire) qui s'est produit presque exclusivement en dehors de la ville centrale, les banlieues cossues ont vu leur population s'accroître, leur part de la population du Montréal métropolitain passant de 20 % à 35 %, tandis que celle de la ville même tombait à 20 %. À l'heure actuelle, le cœur de la ville abrite 16 % de la population du Québec, et 40 % des gens démunis.

Le centre de la ville est devenu plus que jamais le gîte de « yuppies » qui s'affairent à donner des airs de noblesse à des propriétés de peu de valeur, de chômeurs francophones endurcis, désœuvrés à la suite de l'effondrement de l'ancienne structure industrielle, et d'immigrants arrivés de fraîche date du tiers monde.

La ville est également devenue un baril de poudre où pourraient exploser des tensions raciales et sociales. La classe ouvrière francophone en chômage se plaint de l'arrivée d'immigrants encore plus démunis : ces derniers les concurrencent pour les emplois peu spécialisés et faiblement rémunérés du secteur tertiaire, tandis que les yuppies francophones s'offusquent lorsque les descendants d'une génération d'immigrants européens, multilingues et instruits, réclament leur part d'un gâteau de plus en plus petit.

C'est maintenant Montréal qui exporte sa population. Gênés par la pénurie de débouchés et traités en étrangers par l'*establishment* québécois (obnubilé par le taux de natalité beaucoup plus élevé des minorités ethniques), de plus en plus de jeunes allophones suivent l'exode des anglophones survenu une décennie auparavant et finissent par s'établir dans la région de Toronto.

L'ancienne métropole du Canada se retrouve dans à peu près la même situation que Vienne à la fin de l'empire austro-hongrois : au mauvais endroit, à la mauvaise époque. Le sud de l'Ontario connaît un essor qui draine le sang vital de Montréal, et Québec refuse d'autoriser une transfusion ; le gouvernement fédéral s'est engagé à promouvoir un modèle nord-américain d'économie continentale aux dépens de la vieille structure caractéristique de Montréal ; et le gouvernement considère que Montréal traverse une crise à peine plus grave que celle de Chibougamau, avec un problème d'identité en plus.

L'ancienne façon de faire (définie par Ottawa) ne sera jamais plus, et la nouvelle (déterminée par Québec) est inévitablement désavantageuse pour Montréal. Il se pourrait bien que le seul espoir d'un salut économique pour Montréal repose sur une voie de développement qui lui soit propre. La ville doit être libre de se débarrasser des vestiges du passé et du fardeau qui tient à son rôle de vache à lait fiscale quant aux projets électrisants de Québec dans le Nord.

Toutefois, cela supposerait une transformation fondamentale des relations politiques entre Montréal, d'une part, et le Québec ainsi que le Canada, d'autre part. La ville devrait pouvoir percevoir ses propres impôts et les dépenser en fonction de son propre ordre de priorité sociale et économique ; et ainsi être libre de bâtir son avenir sur les fondements uniques de sa population cosmopolite.

En résumé, pour préparer un avenir qui s'annoncerait autrement sombre, il se pourrait que Montréal ait besoin d'une certaine autonomie politique — face au Canada et au Québec — que d'aucuns pourraient être tentés d'appeler « souveraineté-association » !

*Traduit par Denis G. Gauvin*

# Le défi du plein emploi :
## *Lubie ou objectif réalisable à Montréal ?*

Harold Chorney
Directeur du Programme de politique publique de
l'Université Concordia

Le chômage figure parmi les pires des maux de l'économie de Montréal et parmi les principales causes de la dégradation urbaine.

Le taux de chômage à Montréal stagne autour de 10 % depuis le début des années 1980. Il se concentre surtout dans certains quartiers défavorisées et chez les jeunes.

On peut sans se tromper prévoir que le taux de chômage pourrait atteindre entre 13 % et 14 % au cours des années 1990, car l'économie montréalaise est particulièrement mal en point par rapport à celle des autres régions métropolitaines du Canada.

L'Accord de libre-échange, ainsi qu'un certain nombre d'autres politiques fédérales, feront mal à l'économie régionale. Toutefois, les secteurs du tourisme, de la haute-technologie et de la culture pourraient en profiter.

Il serait possible d'utiliser les pouvoirs de dépenser considérables de l'administration municipale afin de promouvoir le développement économique et l'emploi dans les quartiers.

Il n'en tient qu'à la Ville, aux groupes communautaires et aux citoyens de travailler ensemble pour combattre le chômage chronique qui frappe de plein fouet les quartiers défavorisés de la métropole.

Il y a tellement longtemps que ceux qui formulent les politiques économique des gouvernements du Québec et du Canada parlent du « défi du plein emploi » que toute allusion sérieuse au rôle des autorités municipales dans le domaine en fera certainement sourire plus d'un. Il reste cependant que le chômage est l'un des maux urbains les plus graves et Montréal ne fait pas exception à la règle. Le taux de chômage moyen à Montréal au cours de la dernière année a été supérieur à 10 %. Au cours des six dernières années, il a été de 11 %. Le taux de chômage des quatre années précédant cette période a été encore plus élevé (voir tableau 1).

À l'intérieur de la ville de Montréal, le taux de chômage varie d'un quartier à l'autre. À Saint-Henri, Pointe-Saint-Charles et dans d'autres quartiers de l'est, il est dépasse nettement 20 %.

Le taux de chômage des jeunes âgés de 15 à 24 ans est toujours supérieur à celui des Montréalais en général. Par exemple, il était de 13,4 % en 1989, alors que le taux général était de 10,3 %[1].

Le fort taux de chômage observé dans certains quartiers et dans certains groupes d'âge est typique de l'économie des métropoles où le chômage constitue un problème et contribue directement à la misère urbaine, au désespoir, à la pauvreté, à la criminalité et à la destruction des collectivités et des voisinages. Une foule de données prouvent que le chômage prolongé a des conséquences sociales et personnelles néfastes[2].

Malgré la forte reprise de l'économie après la récession de 1981-1982, en particulier dans le secteur de la construction et dans les investissements des sociétés, le taux de chômage demeure toujours très élevé à Montréal. Au plan national, il a chuté à 7,4 % au cours de la reprise, mais à Montréal, il n'a jamais été inférieur à 9,0 % durant la même période. Dans les plus forts moments de la récession en 1982, le taux de chômage a presque atteint 14 % à Montréal. Ces chiffres sont scandaleux, surtout si on les compare avec ceux du milieu des années 1970, où le taux de chômage n'atteignait pas 7 %.

Dans le tableau 2, on compare le taux de chômage dans la région métropolitaine de recensement de Montréal à celui du Canada entier au cours de la dernière décennie. Le taux de chômage à Montréal a été invariablement supérieur de plus d'un point de pourcentage au taux national durant 13 des 14 dernières années et de plus de 1,5 point au cours de 11 de ces années.

Il est donc clair que le problème du chômage est nettement plus grave à Montréal que dans l'ensemble du pays. La situation de Montréal diffère énormément de celle de l'autre métropole importante du Canada, Toronto, où le taux de chômage est toujours inférieur à la moyenne canadienne. Il s'y situe actuellement à environ 5 %, un taux moitié moindre qu'à Montréal.

Cela semble dénoter que l'économie montréalaise présente de nombreux problèmes structurels que la forte expansion des cinq dernières années dans le domaine de la construction n'a pu masquer. Une proportion trop importante des industries de Montréal sont en régression ou, en raison d'équipements désuets, en difficulté, alors que seulement une petite part des industries réussissent à croître. À Toronto, c'est exactement l'inverse.

Il est très probable que la baisse courante de l'activité économique au Canada et au Québec entraînera une augmentation notable du taux de chômage à Montréal dans un avenir rapproché. Même si on ne connaît pas de récession, les perspectives reliées à l'emploi sont peu réjouissantes. Les évaluations mêmes les plus optimistes ne prévoient pas que l'économie canadienne connaîtra une croissance de plus de 2,5 % au cours de la prochaine année. Le ministère fédéral des Finances, dans ses prévisions budgétaires pour 1990, estime que l'accroissement de l'indice du produit intérieur brut réel sera de seulement 1,3 % au cours de cette même année.

Afin que le taux de chômage à Montréal diminue de 1 %, il semble que le taux de croissance de l'économie au Québec et au Canada doit dépasser 5 %. Même au cours de 1988, lorsque ce taux était de 5 % au Canada et de 4,9 % au Québec, le taux de chômage a chuté de moins de 1 % à Montréal. Par conséquent, le chômage continuera à être préoccupant à Montréal au cours des quatre prochaines années.

Il est fort probable que le taux de chômage atteigne 13 % ou 14 % au cours des années 1990, surtout si le taux national dépasse 10 % dans le cas d'une récession marquée. Telle sera la situation si aucune politique précise n'est établie pour réduire ces taux à l'échelle locale et nationale. S'il est vrai que les gouvernements fédéral et, dans une moindre mesure, provincial sont les principaux responsables de l'établissement des politiques économiques, les pouvoirs municipaux peuvent tout de même exercer une certaine influence quant à la promotion du plein emploi.

Parlons tout d'abord de la main-d'œuvre. Le facteur démographique est le plus incompris et le plus négligé lorsqu'on élabore des théories économiques. Si on parle d'offre de main-d'œuvre, le nombre des nouveaux arrivants sur le marché du travail est évidemment critique. Ce nombre est déterminé par trois facteurs distincts.

Le premier concerne la répartition de la population selon l'âge. Cette dernière est le résultat des taux de natalité, d'immigration et de mortalité. Comme le taux de natalité au Québec est parmi les plus faibles du monde occidental et qu'il est en baisse depuis quelques années, on peut s'attendre à observer une chute importante du nombre de nouveaux arrivants sur le marché du travail au cours des prochaines années. Le taux actuel d'immigration est loin d'être suffisant pour combler les effets de cette chute. Lorsqu'on examine la situation montréalaise, on est facilement en mesure de constater la pression exercée par la diminution du taux de natalité, l'émigration des jeunes, particulièrement de ceux qui font partie des minorités, et l'exil des citadins au profit de la banlieue.

Les facteurs démographiques jouent aussi un rôle important quant à la demande de main-d'œuvre. Généralement, une baisse du taux de natalité favorise un ralentissement des investissements et de la production de biens durables à usage ménager, ce qui a pour conséquence de réduire la demande de main-d'œuvre.

La plupart des économistes n'ont pas tenu compte du fait que le taux de natalité au Canada durant les années 1980 était à son plus faible depuis 1920. Cette situation a exacerbé le problème de chômage. Pour connaître précisément l'influence nette des différents facteurs, on doit connaître le nombre d'emplois associés à l'augmentation des investissements engendrés par la croissance de la population. Cette question déborde sans doute le mandat de cet article, mais d'après moi, la diminution de la demande de main-d'œuvre est plus importante que la diminution de la main-d'œuvre associée à la chute du taux de natalité. Tant que ces tendances démographiques se maintiendront, le taux de chômage à Montréal demeurera élevé.

Les autres facteurs liés à l'importance de l'offre de main-d'œuvre, l'importance des salaires, par exemple, ne semblent pas être un obstacle majeur au plein emploi. Dans tous les secteurs de l'économie, les salaires offerts à Montréal sont équivalents ou inférieurs à la moyenne nationale. Lorsqu'on tient compte du taux d'imposition, cette tendance est renforcée.

Un autre aspect important du processus d'investissement influencé par l'incertitude du marché est lié aux prix des actions des entreprises existantes. Lorsque le prix des actions chute en raison d'inquiétudes excessives du marché, les investisseurs sont plus susceptibles de dépenser leur argent pour acheter des actions d'entreprises déjà existantes que d'investir dans des nouveaux projets. De plus, la spéculation tend à s'accroître dans le domaine du commerce extérieur et dans d'autres activités boursières qui ont peu à voir avec des investissements réels. On se retrouve alors avec un décalage entre l'accumulation des profits et leur réinvestissement dans des entreprises vraiment productives. Tous ces facteurs renforcent la tendance à la hausse du taux de chômage.

Dans un environnement où l'incertitude grandit fortement et influe sur la confiance en l'économie, il est important que le secteur public soit présent et qu'il fournisse à cette dernière le soutien nécessaire pour régulariser le marché de l'emploi et, par conséquent, le pouvoir d'achat global. Si, au moment même où l'incertitude du marché est élevée et la confiance dans l'économie est faible, le gouvernement coupe les dépenses et adopte des mesures d'austérité dans le secteur public en plus d'établir une politique de taux d'intérêt élevés, il ne fera qu'aggraver les tendances au chômage déjà existantes.

Le récent Accord de libre-échange conclu entre le Canada et les États-Unis a accru la pression sur les travailleurs canadiens syndiqués, principalement dans les secteurs lourds, où leurs salaires sont en général plus élevés que celui de leurs homologues américains. En temps normal, on peut compter sur le taux de change du dollar canadien par rapport au dollar américain pour contrebalancer cet inconvénient.

Cependant, comme le gouvernement et la Banque du Canada insistent pour suivre une politique de taux d'intérêts élevés — les taux canadiens sont actuellement près de cinq points plus élevés que les taux américains — l'effet n'est pas contrebalancé. Par conséquent, on peut s'attendre à ce que la fermeture d'usines dans les secteurs vulnérables de l'industrie accroisse le taux de chômage dans certains secteurs de Montréal. Le gouvernement provincial et les pouvoirs municipaux devraient ici faire pression sur le gouvernement fédéral pour qu'il mette sur pied un fonds de compensation visant à faciliter l'accès des travailleurs des industries concernées à de nouveaux emplois.

Il faut tout de même admettre que l'Accord de libre-échange représente l'occasion pour certaines entreprises québécoises en position favorable, comme Bombardier, d'accroître leur part du marché. La ville devrait identifier les industries qui sont dans une situation intéressante et promouvoir, conjointement avec les gouvernements provincial et fédéral, leur expansion économique. On devrait insister non pas sur une main-d'œuvre à bon marché, mais plutôt sur une industrie de grande qualité, bien conçue, à la fine pointe de la technologie, qui peut être compétitive dans le marché nord-américain. C'est la politique qu'on pourrait appliquer, par exemple, à l'industrie du logiciel et du matériel informatique périphérique. À cet égard, la ville devrait unir ses efforts à ceux des chercheurs universitaires pour promouvoir les activités de recherche et d'expansion qui pourraient améliorer les possibilités d'exportation et favoriser la création d'emplois. Là encore, il est essentiel que le tout se fasse conjointement avec les deux ordres de gouvernement.

L'industrie du tourisme est un dernier domaine à considérer lorsqu'on parle de demande de main-d'œuvre. Le tourisme est l'une des principales industries « d'exportation » à Montréal. On ne peut surestimer son importance pour l'économie. Montréal est particulièrement choyée à cet égard car elle est reconnue à travers le monde comme une ville belle et intéressante à visiter. La ville possède un ensemble intéressant d'installations et d'institutions culturelles qui attirent les touristes. Elle devrait continuer à promouvoir le tourisme et les activités culturelles qui sont attrayantes à la fois pour les résidents et pour les touristes. Pour faire de Montréal une destination recherchée par ces derniers, l'administration municipale devrait, entre autres stratégies, parrainer un programme d'éducation publique pour expliquer aux gens l'importance de bien accueillir les touristes. On devrait aussi installer des panneaux multilingues aux endroits historiques à fort achalandage. Des panneaux de ce genre sont chose courante dans nombre de villes européennes et sont populaire auprès des touristes. Bien qu'on ne puisse pas vraiment s'attendre à ce qu'elle résolve le problème de chômage que connaît Montréal, l'industrie du tourisme peut apporter sa contribution en générant plusieurs emplois directs et nombre d'autres emplois indirects intéressants et à salaire raisonnable.

Le cinéma est une industrie secondaire qui influe à la fois sur l'industrie du tourisme et sur le domaine des arts. Cette industrie génère un nombre important d'emplois exigeant une main-d'œuvre qualifiée. Le Québec a eu la main heureuse en exploitant sa propre industrie du cinéma, industrie aujourd'hui reconnue à travers le monde pour la qualité et la valeur artistique de ses productions. La tradition établie a permis à des villes comme Montréal de servir de lieu de tournage pour plusieurs films importants. Cette tradition devrait être encouragée, ce que fait la Commission d'initiative et de développement culturels (CIDEC) à travers son Bureau du cinéma. On devrait instaurer des programmes qui incitent les jeunes scénaristes à écrire des textes et des scénarios dont l'action se situe à Montréal. Plus on parlera de Montréal dans des films qui sont projetés sur les écrans du monde entier, plus le tourisme en bénéficiera ; on ne parle même pas ici des avantages très substantiels que la communauté culturelle en tirera dans son ensemble. On doit souligner que la communauté artistique et culturelle, en plus d'être l'âme d'un patrimoine culturel riche, joue aussi un rôle important en générant des emplois. On devrait encourager les écrivains, les peintres, les musiciens et les artistes de toutes sortes en décernant annuellement des prix et des bourses, ce que ne fait pas la CIDEC. Tous les édifices municipaux devraient consacrer une partie de leur budget aux arts pour que les artistes locaux puissent vendre leurs œuvres et pour que le grand public aie le plaisir de les apprécier.

### 1. Les politiques des gouvernements et la situation internationale

Malheureusement, nombre des facteurs de chômage que nous avons décrit plus haut concourent à créer la situation qui existe en ce moment à Montréal. Cela est de mauvais augure pour le marché du travail dans un avenir proche. La tendance à la hausse du chômage survient à un mauvais moment en raison des perturbations importantes actuelles du marché de l'emploi à Montréal qui sont dues aux progrès technologiques et aux conséquences de l'Accord de libre-échange. L'introduction de la TPS viendra encore compliquer le problème en réduisant le pouvoir d'achat du consommateur. Comme Ruben Bellan l'a récemment souligné, cette taxe poussera peut-être un nombre croissant de Canadiens à se procurer leurs biens de consommation sur le marché américain, situé à proximité et où la TPS n'existe pas[3].

La politique fiscale et monétaire générale actuellement pratiquée par le gouvernement fédéral exacerbe malheureusement le chômage. Le gouvernement, aveuglé par la mission orthodoxe qu'il s'est donnée de réduire l'importance du secteur public, a justifié ses politiques fiscales et monétaires restrictives en disant qu'il devait réduire le déficit. En effet, une chute de un point des taux d'intérêt réduirait le paiement total de l'intérêt sur la dette de plus de 1,3 milliard de dollars, montant non négligeable lorsqu'on le compare aux économies réalisées grâce à la politique illusoire de coupure des dépenses du gouvernement. Malgré des preuves manifestes que la réduction des taux d'intérêt et la stimulation de l'économie pour abaisser le taux de chômage réduiraient le fardeau de la dette — dont une proportion de 82 % est payable aux épargnants canadiens — le gouvernement s'en tient à ses dogmes monétaristes néo-conservateurs de laissez-faire[4].

## 2. *La promotion du plein emploi à l'échelle locale*

À la lumière de l'analyse qui vient d'être présentée, quelles mesures peuvent-elles être prises localement contre la tendance à la hausse du taux de chômage à Montréal ? Il est impératif que l'administration comprenne ce qui lui incombe par rapport à ce qui relève des autorités provinciales et fédérales.

À l'échelle locale, il est possible d'utiliser les pouvoirs considérables de l'administration municipale en matière de dépenses pour promouvoir l'emploi et le développement économique dans les quartiers. Le budget 1990 de la Ville de Montréal comporte un programme de dépenses de quelque 1,6 milliard de dollars. Environ le tiers de ce montant sert à la rémunération directe des employés municipaux, qui comptent pour 13 296 années-personnes à temps plein. Si on prend en considération le fait que le nombre d'emplois directs doit être multiplié par environ 1,8 pour rendre compte de leur influence globale sur l'économie, on peut dire que les emplois municipaux directs et indirects comptent pour environ 4,5 % de tous les emplois à Montréal.

Les deux autres tiers des dépenses municipales servent à payer les services gouvernementaux (24,1 %), le service de la dette (16,5 %), ainsi que les services de police, d'incendie, de transport et les autres services courants (29,4 %). Sauf en ce qui a trait au service de la dette, les retombées de ces dépenses au titre de l'emploi sont aussi multipliées et, par conséquent, représentent pour leur part environ 8 % de tous les emplois à Montréal. Ainsi, il est possible d'estimer que l'administration municipale de Montréal, simplement par ses dépenses courantes, est directement ou indirectement responsable d'environ un huitième de tous les emplois sur son territoire.

Ce chiffre n'est pas surprenant si on considère que plus du quart des emplois sur l'île de Montréal est directement relié au secteur public, par exemple, dans l'enseignement, dans les services médicaux et sociaux, etc.

L'influence de l'administration municipale sur l'emploi et l'activité économique devrait être reconnue et les pratiques d'approvisionnement du gouvernement sujettes à des contraintes en raison de l'Accord de libre-échange devraient viser à faire de l'emploi local une question prioritaire. L'administration municipale, en établissant ses politiques d'embauche, devrait elle aussi tenir compte de cet objectif.

En plus d'influer sur l'économie régionale simplement par son poids économique, la Ville devrait s'assurer, en dépit des contraintes auxquelles elle doit maintenant faire face en raison de l'Accord du libre-échange, de tenir compte de l'effet de ses décisions sur l'emploi local lorsqu'elle achète des biens et des services. En outre, en établissant ses politiques d'embauche, elle devrait faire figurer l'emploi local en tête de liste.

En ce qui a trait à la promotion de l'emploi, la Ville ne doit pas se limiter aux activités traditionnelles qui présentent Montréal comme un lieu d'investissement attrayant. Elle doit établir des programmes d'emploi visant plus spécialement les quartiers où le chômage est chronique et important. Elle doit collaborer avec les groupes communautaires, les groupes d'entraide, les groupes religieux locaux et tous les intéressés pour aider à mettre sur pied avec le milieu des projets visant à améliorer les débouchés des personnes actuellement marginalisées du marché du travail.

Les projets peuvent se rapporter aux petites entreprises de services, aux entreprises de détail et à l'industrie légère, aux groupes de services sociaux, à la lutte contre la pollution et au recyclage, au nettoyage de dépotoirs, à l'embellissement et au réaménagement ainsi qu'à d'autres initiatives à visées communautaires. Le financement de projets de ce genre pourrait provenir d'un fonds municipal-provincial conjoint, d'un fonds local jouissant d'une aide fédérale ou d'une combinaison des deux. En l'absence de cette coopération entre les pouvoirs, la Ville devrait entreprendre seule un projet à échelle réduite.

Elle pourrait aussi penser à produire une émission spéciale d'obligations visant la création d'emplois, dont le taux d'intérêt serait très faible, par exemple de 6 %, et qui serviraient à financer un programme semblable. Une telle campagne, si elle était présentée convenablement comme une opération visant à réduire le chômage, pourrait obtenir un appui considérable. La Ville devrait enfin, de son propre chef ou conjointement avec les autres paliers de gouvernement, remettre en vigueur les programmes très efficaces d'isolation des maisons des années passées. Ces programmes favorisent l'emploi chez les petits entrepreneurs et contribuent à l'utilisation efficace de l'énergie.

Donc, même si ses pouvoirs directs d'intervention sont limités, la Ville peut toujours trouver des façons originales de stimuler l'emploi à Montréal. Ses chances de succès sont d'autant plus grandes qu'elle travaille en collaboration avec les groupes communautaires et des citoyens issus des quartiers les plus durement touchés par ce fléau social qu'est le chômage.

## TABLEAU 1

| Taux de chômage à Montréal (CUM et Laval), 1984-1990 | | |
|---|---|---|
| *Exercice financier* | *Taux de participation de la population active ( %)* | *Taux de chômage* |
| 1984-1985 | 62,2 | 12,5 |
| 1985-1986 | 63,2 | 12,0 |
| 1986-1987 | 62,7 | 11,1 |
| 1987-1988 | 63,4 | 9,9 |
| 1988-1989 | 64,4 | 10,0 |
| 1989-1990 | 64,3 | 10,3 |

Source : Statistique Canada, *Enquête sur la population active*

# TABLEAU 2

## Taux de chômage comparés : Canada et Montréal, 1976-1989

|  | Canada | Montréal | Différence (Montréal-Canada) |
|---|---|---|---|
| 1976 | 7,1 | 6,9 | -0,2 |
| 1977 | 8,1 | 9,1 | 1,0 |
| 1978 | 8,3 | 10,0 | 1,7 |
| 1979 | 7,4 | 9,0 | 1,6 |
| 1980 | 7,5 | 9,0 | 1,5 |
| 1981 | 7,5 | 9,4 | 1,9 |
| 1982 | 11,0 | 13,1 | 2,1 |
| 1983 | 11,9 | 13,7 | 1,8 |
| 1984 | 11,3 | 12,5 | 1,2 |
| 1985 | 10,5 | 12,3 | 1,8 |
| 1986 | 9,6 | 10,6 | 1,0 |
| 1987 | 8,9 | 10,6 | 1.7 |
| 1988 | 7,8 | 9,7 | 1,9 |
| 1989 | 7,7 | 10,0 | 2,3 |

Source : Statistique Canada, *Enquête sur la population active.* Les taux du tableau 2 ne sont pas les mêmes que ceux du tableau 1 parce que la période couverte n'est pas la même. Le tableau 1 présente les taux pour chaque exercice financier, alors que le tableau 2 présente les taux pour chaque année.

## Notes

1. *Perspective de l'économie et du marché du travail : île de Montréal, 1989-90 et 1990-91.* Emploi et Immigration Canada, Direction des services économiques, région du Québec. Août 1989, p.44

2. Voir par exemple, *Jobless link proved in male suicide rate,* dans *The Guardian,* p.8, 9 février 1990. Cet article est tiré d'une étude effectuée par le professeur Colin Pritchard du Département de travail social à l'Université de Southampton en Grande-Bretagne. Une version plus académique de cette étude paraîtra vers la fin de 1990 dans la revue scientifique *Social Psychiatry Epidemiology.* Voir également l'article de Sharon Kirsch, *Unemployment and*

*Mental Health*, publié en 1987 par l'Association canadienne de la santé mentale (Toronto) ; de même que l'ouvrage de Harold Chorney, *City of Dreams : Social Theory and the Urban Experience*, Nelson Canada, Toronto, 1990.

3. BELLAN, Ruben. *Proximity of U.S. means federal sales tax will send cash south, Winnipeg Free Press*, 23 février 1990. Voir également l'ouvrage de C. Gill : *Work,Employment and the New Technology*. Cambridge, Policy Press, 1985.

4. Pour en savoir davantage sur les questions relatives à la dette et au déficit, voir l'ouvrage de Harold Chorney, *The Deficit Debt Management : An Alternative to Monetarism*. Ottawa, *The Canadian Centre for Policy Alternatives*, 1989.

*Traduit par Denis G. Gauvin*

# Pauvreté urbaine :
## *La politique du besoin*

ERIC SHRAGGE
Professeur au Département de travail social de
l'Université McGill

Au Canada, le quintile le plus pauvre de la population reçoit moins de 5 % du revenu national et détient moins de 1 % des richesses.

Chaque année, plus de 15 000 Montréalais utilisent les installations destinées aux sans-abri, et environ 70 000 font appel aux banques d'alimentation.

Sur l'île de Montréal, au moins une famille sur quatre, ce qui correspond à 750 000 personnes, vit au-dessous du seuil de la pauvreté et, dans certains quartiers quatre habitants sur cinq sont pauvres.

Environ 47 % des personnes vivant seules dans la ville sont pauvres ; les mères célibataires sont particulièrement touchées.

La pauvreté s'est intensifiée durant les années 80, tandis que de plus en plus de familles de la classe ouvrière ont besoin de deux salaires pour échapper à la pauvreté.

Les autorités fédérales et provinciales ont pratiqué des réductions dans les programmes sociaux, mais la ville doit jouer un rôle clé dans le soulagement de la pauvreté.

Une courte promenade au cœur du centre-ville de Montréal est souvent suffisante pour révéler les dures réalités de la richesse et de la pauvreté ainsi que l'ordre des priorités défini socialement, qui engendre ces contradictions. Les sans-abri qui dorment dans les stations de métro, qui se pressent autour des bouches d'air chaud, qui mendient dans la rue, offrent un contraste violent avec la richesse qu'arborent les nouvelles tours de bureaux abritant les sociétés les plus puissantes et les centres commerciaux souterrains, plus tape-à-l'œil que jamais, qui poussent ceux qui le peuvent à consommer encore davantage. Chez des milliers d'autres, la pauvreté est moins apparente. Elle n'est pas au centre de la vie publique urbaine, mais elle transparaît dans le chômage qui sévit dans les quartiers désertés par l'industrie, dans le travail irrégulier, mal rémunéré, dans le déplacement des victimes de l'embourgeoisement des quartiers ; on la rencontre aussi chez ceux qui fuient la violence familiale, dans les logements délabrés et bondés, dans l'isolement que vit la mère chef de famille monoparentale. Pourtant, dans une ville où la pauvreté est si répandue, cette question est rarement considérée comme une priorité par les autorités municipales qui laissent la question des mesures sociales à prendre aux gouvernements provincial et fédéral.

La pauvreté n'est pas un mal qui ne touche qu'un nombre relativement peu élevé de personnes dans notre société. Le nombre des pauvres est important, et quiconque dépend économiquement soit d'un emploi, soit du revenu d'un conjoint est dans l'antichambre de la pauvreté. La perte d'un emploi ou la rupture d'une union peut rapidement conduire à la disparition permanente d'un revenu et à l'entrée dans les files d'attente de l'aide sociale. La pauvreté soulève les questions fondamentales de la distribution de la richesse et du revenu et de la responsabilité de l'État en ce qui concerne ceux qui sont tenus à l'écart du marché du travail ou qui ne peuvent tirer de leur travail un revenu décent. Les pauvres ne sont pas marginalisés sur le seul plan économique : dans une société où l'individu se définit par sa position dans la production ou la consommation, ceux qui ne reçoivent pas un revenu approprié deviennent socialement des marginaux.

La pauvreté ne tient pas à la seule absence de revenu : une série de difficultés sociales peut en être la cause ou la perpétuer, par exemple, une mauvaise santé, l'absence d'abri ou de logement adéquat, ainsi que les obstacles liés à l'emploi ou à la formation professionnelle. Ceux qui basculent dans la pauvreté ou qui y sont nés deviennent des victimes de leur marginalisation sociale et intègrent à leur personnalité un sentiment d'impuissance : ils sont presque incapables d'agir de leur propre chef ou dans leur propre intérêt. Par conséquent, les questions concernant le revenu ne sont pas les seuls enjeux lorsqu'il s'agit de faire face aux problèmes de la pauvreté ; il faut également aider les membres les plus tenus à l'écart et les plus vulnérables de notre société à commencer à acquérir un certain pouvoir et une certaine maîtrise sur leur propre vie.

### 1. Définitions de la pauvreté

De toute évidence, les problèmes de la plupart des pauvres à Montréal ne sont pas la pauvreté absolue et la sous-alimentation dont souffrent certains habitants du tiers monde, qui habitent d'immenses bidonvilles, qui sont presque sans abri et qui ne bénéficient d'aucun programme gouvernemental d'aide sociale. Dans les économies capitalistes modernes, une définition de la pauvreté doit prendre en compte à la fois le minimum requis pour la survie matérielle et les composantes socialement nécessaires pour permettre aux individus de faire partie de la société, au moins de façon marginale. Ces deux composantes à la fois — mesure absolue et mesure relative de la pauvreté — constituent l'étalon de la pauvreté au Canada. Statistique Canada fournit une définition de base du

« seuil de la pauvreté ». Cette définition s'appuie sur les courbes de consommation à la fois en termes relatifs et en termes absolus. La définition fait tout d'abord appel à une enquête portant sur les dépenses des foyers concernant la nourriture, l'habillement et le logement en tant que pourcentage du revenu familial brut. La plus récente enquête, en 1986, indique que ce pourcentage s'élève à 36,2 %. On ajoute 20 % à ce pourcentage afin d'estimer le point à partir duquel le pourcentage alloué aux dépenses de première nécessité commence à mettre une personne ou une famille dans le besoin. Avec cette approche, Statistique Canada a établi, pour une zone urbaine de plus de 500 000 habitants, un seuil s'élevant à 13 414 $ pour une personne seule et à 26 619 $ pour une famille de quatre personnes.

Considérant ces définitions, on peut se demander quelle est l'ampleur de la pauvreté au Canada et quels sont les groupes qui risquent le plus d'être touchés. Dans leur étude récente sur la pauvreté au Canada, David Ross et Richard Shillington soulignent que le pourcentage de pauvreté dans la population a stagné autour de 13 % depuis 1973. Cette année-là, il s'élevait à 13,4 % et s'est abaissé à 13,1 % en 1979 et à 12,3 % en 1986. Cependant, le taux de pauvreté dans les familles biparentales dont le chef est âgé de moins de 25 ans s'est élevé de 16 % en 1973 à 30 % en 1986, même si 80 % de ces chefs de famille travaillaient toute l'année. Cette tendance remet en question l'image selon laquelle les pauvres ne travaillent pas. En fait, le nombre de foyers pauvres ayant du travail s'est accru régulièrement depuis 1973, augmentant de 19 % chez les familles et de 46 % chez les personnes seules.

Plusieurs facteurs expliquent ces changements. Le plus important est la récession majeure survenue au début des années 1980 et qui s'est soldée dans de nombreuses régions par un taux de chômage se maintenant toujours élevé. Nombreux sont ceux qui ont atteint l'âge de travailler durant cette période et pour lesquels le retrait du marché du travail s'est révélé plus que temporaire ; pour eux, l'expérience du chômage a été telle qu'ils n'ont pas été capables de s'intégrer dans des emplois réguliers. De plus, une grande partie des emplois créés s'est effectuée dans le secteur des services, caractérisé par des salaires peu élevés et des emplois à temps partiel, ce qui a engendré des travailleurs pauvres. L'accroissement de la pauvreté est directement lié à la pénurie de débouchés dans l'économie canadienne. L'accroissement du nombre de parents seuls, particulièrement parmi les femmes, constitue une explication partielle de la pauvreté, mais cet accroissement, allié à l'insuffisance des garderies et des débouchés, se trouve sans contredit au cœur du problème. Le réseau d'enseignement n'a pas réussi à maintenir les pauvres à l'école : voilà un facteur clé, car une faible scolarité et la pauvreté sont étroitement liées. Bien que les statistiques sur la pauvreté ne présentent que les caractéristiques propres aux pauvres, ce sont des facteurs économiques et institutionnels plus importants qui sont en jeu.

## 2. *Pauvreté et richesse*

Lorsqu'on examine le problème de la pauvreté, on a tendance à laisser de côté le revers de la médaille : l'inégalité fondamentale, dans notre société, entre les riches et les pauvres, ainsi que la façon dont la production des richesses est en même temps facteur de pauvreté. Dans la vie urbaine, les symboles de richesse abondent dans les vitrines des magasins, dans la croissance rapide de condominiums luxueux s'implantant souvent dans des quartiers ouvriers, enfin dans les tours de bureaux surplombant le cœur de la ville. Dans la situation d'expansion urbaine que nous vivons, les besoins privés des sociétés et de leurs cadres sont définis comme souverains alors que les intérêts publics sont laissés pour compte. La période actuelle, dominée par une idéologie néoconservatrice, accorde à l'accumulation de biens privés la préséance sur les besoins publics qui se trouvent satisfaits par l'État. Cette prédilection pour l'accumulation tend à accroître les inégalités fondamentales dans le revenu et la richesse, inégalités qui caractérisent la société canadienne. Les données suivantes remettent directement en question la croyance suivant laquelle le régime fiscal et les programmes d'aide sociale mis sur pied dans les années 1960 et 1970 sont parvenus à faire passer le revenu et la richesse dans les mains des pauvres. La pression actuelle en faveur d'une redistribution moins large au moyen des impôts (par exemple, la taxe sur les produits et services) et en faveur de réductions dans les programmes de sécurité sociale, tels que l'assurance-chômage, ne feront qu'accroître davantage l'inégalité de la répartition des richesses au Canada.

Statistique Canada utilise un système de mesure de la distribution du revenu fondé sur les quintiles ou les déciles. Si l'ensemble du revenu au Canada était distribué également, chaque quintile (cinquième) ou décile (dixième) de la population recevrait une portion égale de ce revenu (20 % par quintile, 10 % par décile). La réalité, toutefois, révèle des disparités majeures. Par exemple, le quintile le plus pauvre de l'ensemble des foyers touchait 4,7 % de l'ensemble du revenu en 1986 tandis que le quintile le plus fortuné en touchait 43,1 %. Les trois quintiles centraux touchaient respectivement 10,4 %, 17,0 %, et 24,9 % du revenu par ménage. Le revenu par famille est légèrement moins inégal : le quintile inférieur gagnait 6,4 %

du revenu tandis que le quintile supérieur touchait 39,3 % en 1986. Ces proportions sont demeurées relativement stables depuis les années 1950. Certains changements se sont produits dans ces inégalités. Les personnes seules ont réalisé quelques gains entre 1965 et 1986 : le quintile inférieur a gagné 2 % de revenu tandis que le quintile supérieur perdait 3,4 % de revenu. Ce fait peut s'expliquer par les modifications apportées au régime de retraite durant cette période. Pendant la même période, malgré l'obtention de certains gains par les familles à faible revenu entre 1973 et 1979, les revenus ont chuté tant chez les groupes à faible revenu que chez les groupes à revenu moyen, et des gains ont été réalisés par les Canadiens à revenu élevé entre 1979 et 1986. Les disparités dans les revenus, bien qu'elles soient flagrantes et persistantes, sont de peu d'importance par rapport à la concentration de la richesse dans des mains relativement peu nombreuses.

La richesse au Canada constitue une composante beaucoup plus importante, car elle attire l'attention non seulement sur les inégalités, mais encore sur le pouvoir de prendre des décisions économiques qui peuvent avoir des répercussions majeures sur la vie du reste des Canadiens. Le quintile le plus riche de la population possédait 68 % de la richesse nationale en 1981 tandis que le quintile le moins fortuné en possédait moins de 1 %. En fait, ce dernier groupe possédait moins que rien car ses dettes étaient supérieures à ses actifs. En outre, le décile (10 % de la population) le plus riche possède plus de la moitié de la richesse nationale. Ces disparités sont d'autant plus alarmantes que la richesse n'est virtuellement pas imposée et que ces disparités continueront à s'accroître.

Étant donné que les économies capitalistes s'appuient sur une concurrence à l'échelon national et, de plus en plus, à l'échelon international, on ne doit pas être surpris de ce que la richesse se concentre dans des mains de moins en moins nombreuses. C'est la même dynamique qui produit la richesse et engendre la pauvreté. La prise de décisions économiques, fondée sur une recherche du profit, réside entre les mains des riches tout comme, dans une large mesure, le niveau de vie du reste de la population. Ce phénomème est renforcé par le gouvernement qui soutient activement l'accumulation de biens privés et refuse de redistribuer les résultats de cette accumulation au moyen d'un système d'imposition progressif qui ne méconnaîtrait pas les importantes inégalités en matière de richesse.

### 3. *La pauvreté à Montréal*

Depuis longtemps, Montréal est une ville où la pauvreté est répandue. Terry Copp, dans son étude sur la pauvreté à Montréal de 1897 à 1929, allègue que la grande majorité des familles n'arrivait à dépasser le « seuil de revenu minimum » que lorsque les conditions du plein emploi, ou presque, étaient réunies, et qu'il y avait au moins deux personnes salariées dans une famille. Il conclut son propos concernant l'échec de la bienfaisance à lutter contre la pauvreté en ces termes :

> Le problème social fondamental était la pauvreté, une pauvreté massive, créée par les salaires peu élevés et le chômage. Pour chacun, l'aide directe limitait la faim et empêchait la sous-alimentation, mais la petite fraction de la classe ouvrière qui recevait régulièrement l'aide de la bienfaisance organisée était trop souvent confrontée à « l'aumône d'un conseil amical » et recevait trop rarement de l'aide pour bâtir sa sécurité (p.127).

Malheureusement, quoique d'une façon absolue, depuis cette période, la pauvreté a régressé, elle demeure le problème central et l'expression de l'inégalité sociale.

Les sans-abri sont la manifestation la plus visible de cette réalité, un rappel quotidien. Les débats concernant Dernier Recours, refuge du centre-ville pour les hommes sans-abri, ont récemment soulevé la colère des commerçants et des habitants du voisinage contre ces sans-abri. Il s'agit là seulement de la pointe de l'iceberg. Ce problème trouve en partie ses racines dans le fait qu'on réinsère les malades psychiatriques dans la collectivité, dans la disparition des maisons de chambres à loyer modique, dans la violence qui force les femmes à quitter leur foyer, et dans le chômage chronique. Il est difficile d'analyser le cas des sans-abri. Une étude datant de 1989 a recensé les personnes qui ont séjourné dans des refuges entre le 1$^{er}$ mars 1988 et le 22 février 1989. Le nombre total s'élevait à 8 756. Si l'on ajoute à ce nombre celui des clients ayant pris des repas dans les missions et ayant séjourné dans des centres d'accueil, le total s'élève à 15 636. Selon une autre étude récente, environ 5 000 jeunes sont des sans-abri. La gravité du problème se reflète dans le fait qu'environ 50 % des sujets de ce groupe n'ont fréquenté les refuges que pendant un mois. Au cours de chaque mois de l'étude, presque le tiers des clients des grands centres d'hébergement pour hommes sont de nouvelles personnes qui n'étaient pas là au cours des onze mois précédents. Le roulement dans les abris pour femmes était encore plus élevé. L'auteur soulève la question du grand nombre de ces sans-abri qui aboutissent dans la rue. Ce type de pauvreté est inacceptable à une époque où tant d'investissements privés sont consacrés à une consommation effrénée et qu'il reste si peu pour les parias de la société.

La pauvreté, dans ses formes les moins visibles, demeure un fait fondamental de la vie pour un très grand nombre de Montréalais. Même si de façon absolue, la situation des pauvres a pu s'améliorer, pour bon nombre d'entre eux, une seule porte de sortie s'offre : plus d'un membre de la famille doit travailler de façon régulière à plein temps ; et ceci ne peut se produire que dans une conjoncture de presque plein emploi. Si cette seconde condition n'est pas remplie, il est peu probable que deux salariés potentiels soient capables de trouver du travail. Par conséquent, étant donné que les emplois disponibles sont relativement mal rémunérés et que les taux de chômage sont élevés, les taux de pauvreté élevés ne sont pas étonnants.

À l'époque décrite par Copp, la pauvreté était concentrée dans ce qu'on appelle « le bas de la ville », dans des quartiers bien délimités, proches des zones industrielles voisines du canal de Lachine et du port. Nombre de ces quartiers restent des quartiers à faible revenu et au chômage élevé. Depuis, la pauvreté s'est étendue à bien d'autres quartiers. On retrouve de plus des enclaves de pauvres vivant dans des logements insalubres, à quelques rues du confort de la classe moyenne. En outre, l'embourgeoisement des logements dans les quartiers ouvriers traditionnels proches du centre-ville a chassé ses habitants vers d'autres quartiers.

Le chômage chronique et les compressions dans les dépenses sociales ont conduit à une détérioration de la situation sociale. La presse fait souvent état du nombre croissant de sans-abri et de personnes souffrant de la faim. Par exemple, un quotidien montréalais rapporte que 70 000 personnes ont recouru aux banques d'alimentation en 1988 ; il est prévu que ce chiffre augmentera de 10 % à 25 % en 1989. Les banques d'alimentation et les refuges, correctifs temporaires destinés aux très marginaux, se sont institutionnalisés et sont utilisés comme services sociaux de première ligne pour beaucoup de personnes qui auraient auparavant trouvé d'autres formes de soins et de soutien. Ces services « nouveaux » pour les pauvres reflètent la détérioration de l'économie et des services sociaux et de santé. La conjonction de ces facteurs crée à Montréal de plus en plus de marginaux sur les plans économique et social.

### 4. Quelle est l'ampleur de la pauvreté dans la ville ?

Plusieurs études préparées pour les commissions scolaires, les services sociaux et les organismes de santé révèlent l'acuité du problème. Fondée sur les données du recensement de 1981, une étude intitulée *Surfacing the Poor* a révélé que 20 % des gens — soit près de 500 000 — dans la région de Montréal vivaient sous le seuil de la pauvreté. Parmi ceux-ci, la moitié sont très pauvres, et leur revenu s'élève à moins de 60 % du seuil de pauvreté défini par Statistique Canada. L'étude indique également que la distribution du revenu, comme dans le reste du Canada, est inégale : les 8 % de riches (dont le revenu familial est au moins quatre fois supérieur au seuil de faible revenu) touchent 22 % du revenu, les pauvres (20 % de la population), 6 %, et les très pauvres (9 %), 1,4 %. Contrairement à l'opinion suivant laquelle les pauvres ne peuvent ou ne veulent pas travailler, 41 % d'entre eux étaient sur le marché du travail, mais connaissaient un taux de chômage de 22 %. Un tiers des nouveaux arrivants en provenance de l'Amérique latine et de l'Asie du Sud-Est faisait partie des pauvres.

Incapacité de parler anglais ou français, emplois sans issue, logements insalubres, situation de famille monoparentale, vieillesse et mauvaise santé vont de pair avec un manque d'instruction.

Une étude plus récente publiée en 1989 a montré que la pauvreté gagne du terrain à Montréal. Cette étude, centrée sur la pauvreté dans les familles, a mis en évidence que 53 330 familles, soit 24,3 % des familles de l'île de Montréal, vivaient sous le seuil de la pauvreté. Une autre étude indique que le pourcentage de familles vivant au-dessous du seuil de la pauvreté est passé de 18,7 % en 1981 à 21,5 % en 1986. Au cours de la même période, le taux de pauvreté est passé de 44,7 % à 47,3 % chez les personnes seules.

Dans une étude effectuée par le Conseil scolaire de l'île de Montréal, on analyse la relation entre les pourcentages élevés de pauvreté et le grand nombre de familles dont le chef n'a pas travaillé pendant au moins 18 mois (12,5 %), ou qui ont à leur tête un parent unique (10,3 %), ou encore dont la mère compte moins de huit années de scolarité (14,4 %). L'étude a déterminé les taux de pauvreté par circonscription scolaire et a révélé des taux de pauvreté alarmants dans certains endroits de Montréal. Le « bas de la ville », où se retrouvent les quartiers ouvriers les plus anciens, reste la zone où la pauvreté est la plus élevée avec un taux de 78,6 % si l'on fait appel à la mesure de Statistique Canada, ou à 80,7 % si l'on utilise son index révisé. Dans ce seul district, 53,6 % des ménages avaient à leur tête une personne qui n'avait pas travaillé au cours des dix-huit mois précédents. On trouvait environ 70 circonscriptions scolaires où les taux de pauvreté (selon le seuil de Statistique Canada) étaient supérieurs à 50 %, et où la proportion de chefs de famille sans travail depuis 18 mois se situait entre 20 et 30 %.

Géographiquement, ces circonscriptions forment un « T » inversé qui longe la rue St-Denis vers le sud et s'étend au sud de la rue Sherbrooke. Cette distribution des pauvres à Montréal est demeurée constante pendant de nombreuses années. Une étude plus récente a permis d'observer des modifications de ce schéma. La pauvreté s'est étendue vers le nord-est et le sud-ouest de la ville, ce qui aboutit à une répartition en « S ». En outre, l'étude a mis en évidence des îlots de pauvreté dans des quartiers où le revenu était en général plus élevé. On peut expliquer cette modification par plusieurs facteurs, y compris l'embourgeoisement de l'ensemble des logements de plusieurs quartiers traditionnellement pauvres et l'arrivée de nouveaux immigrants, particulièrement des réfugiés qui sont venus s'installer dans ces zones.

Le profil des salaires et des débouchés pour les Montréalais constitue un facteur crucial dans l'explication des taux élevés de pauvreté. Malgré la croissance économique des quelques dernières années, le chômage est resté élevé et la moyenne des revenus s'est maintenue proche du seuil de pauvreté défini par Statistique Canada. Un rapport, établi par le Service de la planification et de la concertation de l'organisme voué à l'expansion économique de Montréal, publié en mars 1989, établit le taux de chômage à 13,8 % pour les hommes et à 14,1 % pour les femmes. Cependant, dans certains quartiers comme le Plateau Mont-Royal et le Centre-Sud, les taux sont de 19 % chez les hommes et de 16,7 % chez les femmes. Les statistiques les plus récentes concernant le chômage sont inquiétantes. Au Québec, malgré la création de 29 000 emplois, le taux de chômage de janvier a augmenté de 1 % pour s'élever à 10,5 %. Dans le

Montréal métropolitain, il a fait un bond, passant de 9,1 % à 10,7 % entre décembre 1989 et janvier 1990. Le nombre de prestataires d'assurance-chômage (58 520) en 1987 et de personnes considérées comme aptes au travail et qui reçoivent de l'aide sociale (92 553) en 1987 est un autre indicateur du taux de chômage. Ce total d'environ 150 000 personnes représente un peu plus de 16 % de la population active.

Le revenu moyen tiré du travail est de 20 213 $ pour les hommes et de 13 878 $ pour les femmes. Le revenu moyen par famille est de 31 787 $, mais dans les quartiers ouvriers, il tombe à environ 25 000 $. À nouveau, ce que propose Copp devient clair : pour qu'une famille puisse éviter de vivre sous le seuil de la pauvreté, il faut au moins deux salaires. En fait, même si environ 25 % des familles et 47,3 % des ménages constitués d'une personne seule vivent sous le seuil de la pauvreté, un nombre beaucoup plus élevé de personnes seules et de familles vivent dans des conditions financières précaires. Par conséquent, des modifications mineures dans le domaine économique peuvent causer un désastre dans beaucoup de ménages. Les promesses d'emploi apportées par la haute technologie ne répondent guère aux problèmes de la plupart des pauvres. Le réseau d'enseignement n'a pas tenu ses engagements à l'égard de nombreux Montréalais. En 1986, 23,2 % de la population âgée de plus de 15 ans n'avait pas terminé la neuvième année, et 17,9 % n'avait pas obtenu un diplôme d'études secondaires (données de l'Office de planification et de développement du Québec). Ainsi, de nombreux Montréalais sont condamnés à des emplois mal rémunérés avec peu d'espoir d'échapper à la pauvreté. La situation économique de la ville explique cette pénurie d'emplois adéquats.

Montréal fait face au déclin industriel et aux problèmes économiques connexes. La chute de l'emploi de 23,8 % en 1981 à 21 % en 1986 dans le secteur de la fabrication en fait foi. Dans certaines zones de la ville ce changement a causé des désastres économiques. Le secteur sud-ouest de la ville a souffert d'un processus de désindustrialisation. Des quelque 20 000 emplois perdus au cours des deux dernières décennies, 5 000 mises à pied sont attribuables aux fermetures d'usines survenues entre 1981 et 1986. Il en résulte un taux de chômage de 16 %, et 40 % des habitants du quartier vivent au-dessous du seuil de la pauvreté. La ville et les habitants des quartiers de l'est ont relevé des situations semblables.

De nombreuses études ont porté sur les difficultés propres à ces quartiers. Le *Bilan socio-économique 1987, Région de Montréal*, préparé par l'OPDQ, présente une analyse de certains problèmes. Parmi ceux-ci, on trouve l'augmentation rapide de la population âgée, le nombre très élevé de pauvres dans les collectivités ouvrières traditionnelles confrontées aux problèmes de la désindustrialisation, du vieillissement de l'infrastructure urbaine et du manque d'espace dans les quartiers les plus vieux, obligeant l'industrie à s'établir ailleurs. En outre, les emplois dans les industries de main-d'œuvre comme le textile et la confection seront probablement perdants dans le cadre de l'Accord de libre-échange avec les États-Unis. D'autres rapports cités dans cet ouvrage expriment l'espoir que des emplois seront créés dans les industries de la haute technologie et de la communication. Ces industries, outre le fait qu'elles requièrent une main-d'œuvre extrêmement qualifiée, ont tendance à être des secteurs à forte intensité de capitaux plutôt qu'à forte intensité de main-d'œuvre. Ainsi, elles n'abaisseront pas beaucoup les taux élevés de chômage à Montréal.

À partir de l'information existante concernant la pauvreté à Montréal, on ne peut tirer qu'une conclusion : un très grand nombre de personnes vit au-dessous du seuil de la pauvreté, un nombre encore plus élevé vit à la limite de ce seuil. Étant donné le contexte économique dans lequel se structurent les possibilités économiques et l'augmentation probable des pressions économiques du fait du libre-échange, il est peu probable qu'on trouvera aisément une solution. Si Montréal devient un centre pour l'industrie aérospatiale et les autres industries de haute technologie, ce sont les travailleurs instruits et dûment formés qui en profiteront et ceux qui travaillent à nettoyer, alimenter, et répondre aux besoins de cette nouvelle élite des quartiers centraux de la ville seront de plus en plus nombreux. Il faut à la Ville un plan de base qui s'attaque à la pauvreté comme à un problème central. Cependant, ce projet est entravé par le fait que le gouvernement fédéral aussi bien que le gouvernement provincial ont des mandats plus étendus qui les poussent à s'occuper de bon nombre des questions qui touchent manifestement la vie des pauvres.

### 5. *Pauvreté et politiques sociales*

Le problème central, en ce qui concerne la pauvreté dans le contexte de la politique urbaine réside dans le fait que les principales mesures sociales relatives aux pauvres sont conçues et généralement mises en application par l'intermédiaire des autorités fédérales et provinciales. Le rôle dévolu aux autorités municipales a perdu de son importance avec la mise en œuvre de programmes comme l'assurance-chômage, financé par le gouvernement fédéral, et l'aide sociale, financée par le gouvernement provincial. Cette situation résulte, d'une part, de l'incapacité des autorités municipales à apporter le soulagement approprié au cours de la crise économique des années 30 et d'autre part, d'une tentative, de la part du gouvernement du Québec dans les années 1960, de fournir une aide sociale s'appuyant sur des principes d'honnêteté bureaucratique, sans écart au titre des prestations. Le transfert des programmes sociaux à des paliers plus élevés de gouvernement a constitué un changement progressif dans lequel on voyait à tout le moins l'État se charger d'offrir une certaine garantie sociale aux chômeurs ou aux personnes privées d'une source de revenu.

Dans cette analyse, l'hypothèse selon laquelle une centralisation croissante de l'État-providence répond d'une façon plus appropriée aux besoins des pauvres est plus complexe qu'elle ne le paraît. L'État-providence, particulièrement en ce qui concerne les programmes axés sur les chômeurs et les pauvres, fournit non seulement un revenu, mais relie les bénéficiaires au marché du travail et, parfois, contrôle étroitement la vie de ces derniers, spécialement celle des femmes. Ainsi, la définition et la garantie d'un revenu minimum en tant que droit social place également les bénéficiaires sous la coupe de l'État. Les pauvres et les chômeurs peuvent être poussés sur le marché du travail pour entrer en compétition avec la classe ouvrière ; le comportement des femmes est étroitement surveillé : on veut s'assurer qu'elles n'entretiennent pas de relations avec un homme qui leur procure un soutien financier. En outre, malgré les gains obtenus pendant la période de la réforme de l'aide sociale entre 1950 et 1975, de fortes pressions de type patriarcal et d'incitation au travail se faisaient toujours sentir malgré les possibilités d'emploi limitées et la discrimination pratiquée à l'égard des femmes.

En outre, la prétendue réforme progressive de l'État- providence a été d'une durée limitée et était liée à une période d'expansion économique sans précédent s'étendant de la fin de la Seconde Guerre mondiale jusqu'au milieu des années 1970. Depuis lors, les programmes sociaux ont subi des compressions et ont été redéfinis de manière telle que le marché, la famille, les organismes communautaires et les bénévoles ont été investis d'une responsabilité nouvelle dans la prestation de services sociaux et de santé. L'accroissement des services privés destinés à la classe moyenne (soins à domicile et garderies), ainsi que la rapide expansion et l'institutionnalisation des banques d'alimentation pour les pauvres en sont deux exemples. La réforme récente de l'aide sociale au Québec mine la position déjà précaire de ces pauvres. Cette réforme tente d'utiliser les avantages sociaux pour inciter un grand nombre de bénéficiaires de l'aide sociale à entrer sur le marché du travail, à concurrencer d'autres travailleurs pour obtenir un emploi et, en même temps, pour marginaliser et créer un groupe permanent de personnes inaptes à l'emploi, placé sous la surveillance de la bureaucratie de l'aide sociale ; pour les deux groupes, les prestations sont bien en-deçà du seuil de pauvreté.

Les années 1990 menacent le niveau de vie des pauvres et de l'ensemble de la classe ouvrière. L'Accord de libre-échange, qui vise à donner un plus grand rôle au marché et à réduire les programmes sociaux pour qu'ils correspondent à ceux des États-Unis et n'entrent pas en concurrence avec eux ; la taxe sur les produits et services, qui menace le niveau de vie de ceux qui sont proches du seuil de la pauvreté ; le gouvernement fédéral qui, comme on peut le voir dans l'Accord du lac Meech, essaie de façon générale d'éviter de prendre ses responsabilités ; et les baisses répétées dans les paiements de transfert aux provinces : tous ces éléments empêchent d'espérer que les conditions de vie des pauvres s'amélioreront d'une quelconque façon. En fait, avec la faible croissance économique prévue et la conjoncture décrite plus haut, le nombre de pauvres, particulièrement ceux qui sont en âge de travailler, pourrait augmenter à mesure que l'on assiste à une érosion des programmes sociaux et des programmes relatifs au revenu ainsi que des responsabilités gouvernementales à ce titre.

Les hypothèses traditionelles concernant l'État-providence, et en particulier celles qui prévoient l'attribution d'un revenu aux pauvres, portent que le gouvernement devrait attribuer ce revenu de façon limitée à une population relativement marginale et impuissante constituée par les bénéficiaires passifs de ces programmes. L'amélioration de la situation des pauvres passe par la réintégration du marché du travail. En d'autres termes, la dépendance à l'égard de l'État est remplacée par une nouvelle dépendance à l'égard d'un emploi — emploi fréquemment instable et peu rémunéré. Ces deux perspectives gardent le pauvre impuissant face aux institutions qui, de façon très fondamentale, contrôlent sa vie. Une autre façon d'envisager la politique sociale face à la pauvreté, une façon qui met en question les conditions sociales de façon plus fondamentale, consiste à aider ceux qui se trouvent au bas de la structure sociale à obtenir une certaine autonomie, ce qui suppose un processus d'acquisition de pouvoir. C'est dans cette perspective que la ville peut agir dans l'intérêt des pauvres. Une vision hiérarchisée de la politique sociale place les autorités municipales en marge des principaux pourvoyeurs de services sociaux. Pourtant, si la politique sociale et les stratégies de lutte contre la pauvreté sont comprises comme un processus social, la ville peut jouer un rôle important en agissant dans l'intérêt de sa population à faible revenu.

## 6. *Une lumière au bout du tunnel de la pauvreté ?*

Bien que les municipalités au Canada aient un mandat limité pour s'occuper de la question de la pauvreté, cette question doit être au centre de la politique urbaine. Le grand nombre de pauvres et de démunis habitant au cœur de la ville infirme l'argument selon lequel la pauvreté n'est pas du ressort de la municipalité. Bien que la division officielle des pouvoirs dans le domaine de la politique sociale limite le rôle de la ville dans l'établissement de programmes, les citoyens disposent d'une grande liberté pour intervenir de façon efficace sur les plans politique, social et économique.

Si l'on suppose, en premier lieu, que la pauvreté prive les gens de leur pouvoir et les isole, la Ville peut jouer un rôle important en défendant les pauvres et en favorisant leur autonomie. Il existe plusieurs groupes de lutte contre la pauvreté dans les quartiers où se trouvent concentrées les personnes pauvres. Ces groupes jouent divers rôles : ils travaillent avec les personnes aux prises avec des problèmes principalement reliés à leur bien-être et mènent des campagnes politiques dans leur intérêt. Ces dernières années, ils se sont opposés à l'activité des « Boubou macoutes », agents provinciaux de l'aide sociale et ils ont organisé une vaste coalition de groupes et d'organismes (syndicats et organismes féminins) pour s'opposer à la réforme gouvernementale de l'aide sociale. Ces groupes sont petits et insuffisamment financés. Parce qu'ils sont « politiques », on les prive de nombreuses sources de financement. La Ville peut faire appel à son service des loisirs et du développement communautaire pour apporter son appui à ces groupes. Attribuer des locaux et des salaires pour les responsables de l'encadrement aiderait ces groupes à être de plus efficaces porte-paroles des pauvres et à organiser ou à mobiliser bon nombre d'entre eux pour qu'ils prennent eux-mêmes des initiatives.

L'administration municipale elle-même peut contribuer à établir le profil et l'importance de la question de la pauvreté. La condition préalable réside dans la compréhension du caractère central du problème dans la vie quotidienne ainsi que la volonté politique de remettre en question les structures et politiques d'autres ordres de gouvernement qui perpétuent ces problèmes. Compte tenu des attitudes actuelles et de l'ordre de priorité politique du RCM, cela a peu de chance de se concrétiser. Il faudrait cependant examiner les suggestions suivantes. Les représentants des pauvres eux-mêmes devraient être invités, dans le cadre d'une commission, à guider, à façonner et à contrôler l'orientation des politiques dans tous les domaines, y compris le logement et l'expansion économique afin que les mesures à prendre soient axées sur les besoins et accordent la priorité à la question de la pauvreté urbaine. Des ressources peuvent être fournies à cette commission afin qu'il soit possible de procéder à des recherches et à des campagnes d'éducation du public. Il faut comprendre pleinement toute l'ampleur de la pauvreté, les forces sociales qui en sont responsables et les façons d'améliorer les conditions sociales. On peut favoriser l'accession au pouvoir par les citoyens à faible revenu en faisant en sorte qu'un des ordres de gouvernement se mette au service des pauvres et en permettant à des représentants de ces derniers d'occuper le devant de la scène. D'autre part, le personnel de ces « hôtels de ville locaux » devrait recevoir une formation de conseillers en service social et de défenseurs des droits. Souvent, les plus qualifiés pour donner cette formation sont les militants engagés dans la lutte contre la pauvreté. Les gens peuvent ensuite se présenter aux bureaux municipaux pour obtenir des conseils au sujet de leurs droits tels que l'assurance-chômage, l'aide sociale et les pensions de retraite. Un membre du personnel peut agir à titre de spécialiste des appels interjetés par les personnes qui se sentent lésées dans leurs droits. Bien que l'administration municipale soit exclue du domaine général de la politique sociale, Montréal a une certaine prise sur l'aide sociale. Le programme est régi et administré par le gouvernement provincial sauf à Montréal, où ce sont les employés municipaux qui assurent ce service. La Ville peut se servir de cette responsabilité comme levier compte tenu des limites et des paramètres généraux dont elle est assortie. Bien que les groupes communautaires aient dû faire pression pour obtenir cet accord, des dispositions ont été prises en vertu desquelles, pour un temps limité, les sans-abri pouvaient recevoir l'aide sociale auprès de certains groupes communautaires ou directement du bureau de l'aide sociale. Il s'agit d'une concession limitée, mais il demeure que c'est un pas en avant.

Le principal mandat de la Ville a trait au développement économique. Ce dossier est capital si la question de la pauvreté doit être abordée. Les décisions concernant les types d'industrie à implanter et la nature des emplois à créer peuvent entraîner des différences importantes dans les conditions sociales. Un consensus se dessine quant à l'ordre de priorités, comme en font foi plusieurs rapports concernant l'avenir économique de la ville : la ville doit attirer les industries de haute technologie comme l'industrie aérospatiale et les biotechnologies ; Montréal doit devenir un centre des finances et de la communication. Étant donné les conclusions présentées plus haut, il est peu probable que ce genre d'entreprise répondra aux besoins des pauvres. Ce sont des entreprises à haute intensité de capitaux qui ont besoin d'une main-d'œuvre très qualifiée. En d'autres termes, elles n'apporteront ni la quantité ni le genre d'emplois qui pourraient absorber le grand nombre de chômeurs actuels.

En outre, la façon dont les problèmes de pauvreté sont abordés dans cette forme de planification s'inspire de la théorie dite du *trickle down* selon laquelle toute richesse, même si elle se concentre inexorablement entre les mains des plus aisés, finit toujours par rejoindre les pauvres. Autrement dit, la nouvelle classe moyenne liée à la haute technologie sera attirée à Montréal et logée dans les secteurs embourgeoisés des zones proches du centre-ville, et ses besoins en services (restauration, nettoyage, etc.) créeront de l'emploi pour les pauvres de la ville. Par conséquent, les besoins de ce noyau d'employés très qualifié peuvent profiter aux pauvres qui seront amenés à les servir par l'intermédiaire d'emplois faiblement rémunérés du secteur des services. Quoiqu'elles soient plus souhaitables sous l'angle de la création d'emplois, les propositions de revitalisation du secteur des textiles et d'autres industries traditionnelles de fabrication font face à de graves difficultés dans le contexte de la compétition internationale engendrée par l'Accord de libre-échange.

Le développement économique des collectivités constitue une solution de remplacement qui est apparue ces dernières années ; elle a reçu une certaine reconnaissance et un certain appui de la part de la ville. Six de ces initiatives sont en cours actuellement, à des stades plus ou moins avancés. Les orientations varient selon les initiatives : il y a celles qui réunissent les représentants des affaires, du travail et de la collectivité pour appuyer le développement économique local en faisant porter l'accent sur le secteur privé en tant que moteur de la croissance économique ; il y a celles qui donnent la priorité à la création d'institutions communautaires indépendantes (par exemple, une caisse d'emprunt communautaire) et d'entreprises coopératives. Cette approche a au moins un certain avantage : elle peut veiller à ce que le développement économique local s'attaque au problème de la pauvreté en mettant l'accent sur un type de création d'emplois à haute intensité de main-d'œuvre. La haute technologie ne créera pas une conjoncture qui aura des répercussions directes sur le chômage chronique et la pauvreté. Le développement économique des collectivités offre à tout le moins une certaine possibilité d'engagement et une certaine emprise sur l'économie locale. Le nombre réel d'emplois créés ou maintenus grâce à ce processus n'a pas été élevé, mais l'accent mis sur la prise en charge sur place et la priorité attribuée à l'emploi sur place et aux besoins sociaux en constituent la force. Un appui soutenu et fort est souhaitable, qu'il s'agisse de participer au financement direct ou de conférer à ces initiatives pour le développement économique des collectivités un réel pouvoir pour modeler les économies locales.

La pauvreté constitue une question primordiale à Montréal. Pour y faire face, on doit la placer au centre du programme politique et l'intégrer dans une vaste gamme d'autres dossiers. On peut se demander quelles répercussions le développement urbain sous toutes ses formes peut avoir sur la vie des pauvres. En d'autres termes, la redistribution des richesses et l'accès des pauvres au pouvoir doivent être envisagées comme le pivot des politiques municipales et non comme une question marginale. En abordant des questions comme le logement, le transport, la fiscalité et la planification générale de l'économie et des quartiers, on devrait prendre en compte leurs répercussions sur la vie des pauvres. Le transfert des responsabilités en ce qui concerne les politiques et programmes sociaux à des autorités supérieures revient à éluder le problème ; on devrait plutôt s'attaquer directement au pouvoir et à la possibilité de prise en charge de ce problème par les autorités municipales.

La Ville peut trouver des moyens d'aider les pauvres à jouir d'une certaine autonomie et bâtir des économies locales dans le cadre desquelles leurs besoins seraient une priorité. Toutefois, au mieux, cette approche aidera les pauvres et les autorités municipales à jouer un rôle de meneur en affrontant les forces sociales plus vastes qui provoquent et perpétuent la pauvreté : le système capitaliste patriarcal international et les gouvernements voués à sa croissance et à sa rentabilité au moyen de mesures néoconservatrices.

## Bibliographie

COPP, Terry, *The Anatomy of Poverty : The Condition of the Working Class in Montreal, 1897-1929*, McClelland and Stewart, Toronto, 1974.

McQUAIG, Linda, *Behind Closed Doors*, Penguin Books, Toronto, 1987.

Ville de Montréal, Service de la planification et de la Concertation, Module recherche et planification, Division de la recherche, *Profil Socio-Économique*, mars 1989.

Conseil scolaire de l'île de Montréal, *Carte de la défavorisation et degré de défavorisation des unités de planification scolaire du territoire du Conseil scolaire de l'île de Montréal*, février 1989.

Dans la rue, *Statistical Report of Phase One*, 1989

Office de planification et de développement du Québec (OPDQ), *Bilan socio-économique 1987, Région de Montréal*, Québec, 1989.

MAYER-RENAUD, Micheline et RENAUD Jean, *La Distribution de la pauvreté et de la richesse dans la région de Montréal en 1989 - Une mise à jour*, Centre de services sociaux du Montréal métropolitain, décembre 1989.

ROSS, David P. et SHILLINGTON, Richard, *The Canadian Fact Book on Poverty 1989*, Conseil canadien de développement social, Ottawa, 1989.

WILKENS, Russell, *Census Data on Poverty in the Montreal Metropolitain Area 1981*, Département de santé communautaire de l'Hôpital général de Montréal, 1985.

*Traduit par Denis G. Gauvin*

# Le projet de résidences pour les étudiants de l'Université McGill à Saint-Henri :
## *Quel espoir pour les pauvres ?*

GILLES CORMIER
JEAN-PIERRE WILSEY
Agents communautaires.
Projet d'organisation populaire, d'information et de regroupement (POPIR) — Comité du logement

L'Université McGill a acheté dans le quartier Saint-Henri un vieil immeuble industriel, la Copak, dans le but de le restaurer et d'en faire une résidence pour ses étudiants. Les résidents du quartier avaient cependant des visées différentes pour cet immeuble. Comment les groupes populaires peuvent-ils réagir afin qu'un projet de ce genre ait des retombées équitables dans leur quartier, bref, pour s'assurer qu'il s'inscrit dans un développement économique réel de leur communauté ?

Les expériences vécues dans les quartiers Milton Parc et Plateau Mont-Royal montrent que des étudiants peuvent être les déclencheurs d'un cycle de rénovation résidentielle et urbaine qui souvent ne profite guère aux résidents du quartier.

L'administration RCM a cherché à boucler ce dossier le plus rapidement possible.

Finalement, ce sont les groupes populaires eux-mêmes qui se sont assis avec le promoteur et qui ont choisi, pour régler leur différend, la concertation plutôt que la confrontation.

Dans la foulée du « nouveau contrat social » s'expérimentant au Québec depuis quelques années, on a vu apparaître, dans plusieurs quartiers populaires montréalais, des corporations de développement économique communautaire (CDEC). Et ce n'est certainement pas un hasard si les CDEC les plus importantes sont nées dans les quartiers les plus cruellement abandonnés par le capital (fermetures d'entreprises, détérioration des logements, quasi-absence de commerces adaptés aux besoins des résidents), c'est-à-dire le Centre-sud, Hochelaga-Maisonneuve et, bien entendu, le Sud-ouest.

Les nouvelles stratégies d'action développées par les groupes populaires et inspirées de ce « nouveau contrat social » (c'est-à-dire l'abandon progressif de toute forme de mobilisation des classes populaires à la faveur de la recherche d'une certaine respectabilité, d'une certaine crédibilité et d'une reconnaissance comme interlocuteur auprès, notamment, du patronat et des autres acteurs économiques) entraînent certaines conséquences. Nous en présentons dans les pages qui suivent un exemple concret : l'expérience de concertation entre un promoteur, l'Université McGill, et les gens du milieu dans le Sud-ouest de Montréal.

### 1. Le projet McGill : Pas de Shefferville dans le Sud-ouest

La transformation d'un vieux bâtiment industriel, où la société Copak avait ses ateliers de fabrication, en une résidence pour étudiants de l'Université McGill à Saint-Henri a retenu l'attention de plusieurs groupes populaires au cours de l'hiver 1988-1989. Ce dossier a suscité au sein de ces derniers des débats déchirants et des contradictions importantes sur les types d'interventions et de pratiques que les groupes communautaires doivent privilégier pour défendre les intérêts des résidents pauvres d'un territoire comme le Sud-ouest de Montréal. Les débats ont porté, principalement, sur les stratégies qui doivent être utilisées par les groupes populaires lorsqu'un promoteur privé ou public manifeste son intention d'investir son capital dans un quartier.

Pour une majorité de groupes[1] et de personnes qui sont intervenus dans le dossier de la résidence pour étudiants de McGill, il était essentiel de négocier avec cet établissement afin de compenser l'impact que pourrait avoir l'arrivée d'une population étudiante dans un des quartiers les plus pauvres de Montréal. Pour ces intervenants, cette compensation devait faire l'objet d'un protocole dans lequel l'Université s'engagerait à participer, à travers des ressources humaines et financières, aux principales activités du quartier du Sud-ouest : formation, création d'emplois, construction de logements sociaux. Cette formule est mieux connue sous le nom de *linkage*.

Pour d'autres groupes[2], il était inacceptable que le quartier Saint-Henri et sa population perdent un bâtiment industriel et un terrain d'une superficie de près de 50 000 pieds carrés.

Dans un contexte où des milliers de ménages du Sud-ouest sont littéralement emprisonnés dans une économie de survie, il est fondamental de protéger et de conserver tous les espaces disponibles pour, le développement économique local ou la construction de logements sociaux. En effet, le Sud-ouest a connu, depuis les vingt dernières années, un déclin démographique et économique d'une telle ampleur que cette région est devenue la zone urbaine sinistrée numéro un au Québec : perte de 20 000 emplois ; 30 % de la population active sans travail[3].

Les investisseurs industriels et immobiliers ont progressivement abandonné le Sud-ouest, exception faite du quartier de la Petite Bourgogne où des promoteurs immobiliers comme Marzim et Prével ont construit des condominiums à proximité du canal de Lachine. Ils ont souvent recyclé de vieux bâtiments industriels laissés vacants par suite de la fermeture d'entreprises telles la Canadian Bag et la Redpath Sugar.

Pour plusieurs observateurs, le dépérissement du Sud-ouest tire à sa fin. La proximité du centre-ville, la revitalisation du marché Atwater et de la rue Notre-Dame, l'accessibilité au métro, le charme « poétique » du canal de Lachine, la grande disponibilité de terrains vacants (plus de 1 million de pieds carrés), sont autant de facteurs qui devraient accélérer dans les prochaines années les investissements de capitaux et la « gentrification » de l'arrondissement.

Dans ce contexte, l'arrivée des étudiants de McGill était-elle vraiment une menace pour Saint-Henri, d'autant plus que cette population, en règle générale, n'est pas très riche ? Si nous nous appuyons sur certaines expériences vécues depuis quelques années, dans les quartiers de Milton-Parc et du Plateau Mont-Royal, il est évident que l'arrivée d'une nouvelle population et d'une nouvelle culture a provoqué dans ces quartiers des transformations sociales et économiques majeures. Il ne s'agit pas d'affirmer que les étudiants sont des éléments actifs de l'embourgeoisement des quartiers populaires, mais ils peuvent en être, même involontairement, les déclencheurs.

L'implantation d'une population « artiste » sur le Plateau Mont-Royal au milieu des années 1970 et d'une population étudiante dans Milton-Parc vers la même époque a fait en sorte qu'une partie de ces quartiers est devenue culturellement très intéressante : nouvelles habitudes de consommation, pratiques contre-culturelles (alimentation naturelle, jeune théâtre). Ces nouveaux courants sociaux ont très souvent précédé de quelques années la spéculation foncière. Les spéculateurs immobiliers sont des gens à l'imagination pauvre, mais ils sentent l'odeur de l'argent mieux que quiconque. Ils sont capables de flairer les lieux urbains où l'on peut réaliser des gains financiers importants.

Quand un quartier est devenu plus attrayant en ce qui a trait aux services pour les classes moyennes et moyennes supérieures (enseignants, cadres d'entreprises, journalistes), on voit toujours apparaître des marchands immobiliers plus soucieux de rentabiliser leurs investissements rapidement que d'améliorer la qualité de vie de la population traditionnelle des vieux quartiers. Le cycle de la rénovation résidentielle et urbaine se met alors en branle avec son lot d'expulsions de locataires trop pauvres pour demeurer dans un triplex rénové. Cette réalité fut celle des quartiers de Milton-Parc et du Plateau Mont-Royal. Elle risque à moyen terme d'être celle de Saint-Henri.

## 2. *Une administration municipale fantôme*

Dans ce dossier, la Ville de Montréal a tenté d'adopter le projet de McGill le plus rapidement possible : sans aucune consultation auprès des intervenants du milieu et dans un profond mépris des règles démocratiques. Sans l'intervention des conseillers et des groupes locaux, ce plan d'ensemble aurait été entériné par le Conseil municipal à la fin du mois de février 1989. En effet, à la suite des pressions des groupes du secteur, le Comité-conseil d'arrondissement (CCA) du Sud-ouest adoptait à l'unanimité, le 21 mars 1989, une résolution demandant au Comité exécutif de la Ville de tenir des consultations publiques sur ce sujet. Les groupes ont obtenu des consultations publiques qui se sont déroulées au cours du mois d'avril. Le Comité exécutif avait-il vraiment le choix ? Un refus de sa part aurait entaché de manière indélébile la crédibilité des CCA.

Plusieurs personnes s'inquiétaient au sujet du déroulement de ces consultations improvisées : allait-il s'agir d'un véritable exercice démocratique ou d'un lieu pour créer un consensus large et ambigu afin de faciliter l'adoption du projet McGill lors d'une prochaine réunion du Conseil municipal ?

La rapidité avec laquelle se sont déroulées les consultations laisse croire que la ville de Montréal voulait en finir rapidement avec toute cette histoire. Pire encore, le Comité exécutif, John Gardiner en tête, s'est caché derrière les fonctionnaires du Service de l'habitation. Jamais les politiciens municipaux ne sont intervenus sur la place publique pour défendre le projet McGill. Est-ce de la lâcheté ou simplement une nouvelle volonté politique qui consiste à abandonner aux fonctionnaires les dossiers trop brûlants ? Cette attitude indispose de nombreuses personnes qui voient Montréal investie par les technocrates, et cela, au détriment d'une véritable démocratie municipale. Est-ce le début d'une nouvelle ère Drapeau plus moderne et plus subtile ?

### 3. *Un quartier à vendre*

Grâce au leadership du Programme économique de Pointe Saint-Charles (PEP), de nombreux groupes populaires ont décidé d'abandonner toute forme d'opposition au projet McGill ; ils ont tenté de négocier directement avec l'Université pour obliger cette dernière à compenser la perte d'un espace industriel. Après de nombreuses rencontres de négociation, les parties ont signé un protocole qui prévoit :
— la formation d'un comité conjoint université — communauté pour faciliter l'intégration des étudiants dans le milieu et promouvoir la recherche ;
— que l'Université s'engage à favoriser l'embauche locale ;

— que l'Université prête 500 000 $ pour cinq ans au Fonds d'investissement social en habitation.

Que doit-on penser de ce genre de compensation ? Au départ cette formule semble attrayante : un promoteur désire s'implanter dans un quartier, son projet aura un impact dans la communauté, alors essayons de minimiser les impacts négatifs de ces investissements en l'obligeant à verser l'équivalent en dommages et intérêts.

Pour certaines personnes, les questions de fond sont les suivantes : doit-on participer à la vente de nos quartiers morceau par morceau sous prétexte qu'un promoteur nous prête de l'argent ? Dans ce dossier, a-t-on vraiment évalué l'impact social que pourrait avoir le projet ? Les préjudices sociaux que pourraient subir le quartier Saint-Henri peuvent-ils vraiment être compensés de cette façon ? Lorsqu'un spéculateur comme le groupe Marzim présentera un projet immobilier dans le Sud-ouest, les groupes populaires auront-ils le même comportement de marchandage ?

Une systématisation de ce type de négociation pourrait avoir à moyen terme des effets très néfastes sur l'aménagement et le développement de nos quartiers pour au moins deux raisons :

— premièrement, même si les compensations permettent dans le meilleur des cas la construction de logements sociaux et la création d'emplois, il n'en demeure pas moins que nous abandonnerions l'aménagement de nos quartiers aux promoteurs privés et cela risque d'engendrer un développement anarchique. N'oublions pas que le capital injecté sera toujours beaucoup plus important que les indemnités accordées ;

— deuxièmement, il est inacceptable de penser le développement exclusivement sur des bases pécuniaires. Tout projet doit être évalué à la lumière de son impact dans la communauté et il va de soi que toute réalisation qui ne bénéficie pas substantiellement à la population locale devrait être refusée.

## 4. *Les perspectives d'avenir*

Si nous voulons vraiment avoir un véritable contôle sur l'aménagement de nos quartiers, il est essentiel de nous doter des moyens nécessaires. Une des voies possibles serait que l'administration municipale privilégie l'appropriation collective du sol et des logements. La Ville doit se fixer comme objectif d'acquérir un maximum de terrains et de bâtiments dans certaines zones désignées.

Les moyens utilisés seraient diversifiés et systématiques : achat de gré à gré, droit de préemption municipal, expropriation. Cette politique d'acquisition pourrait être facilité par un financement adéquat des sociétés acheteuses sans but lucratif. Le tout favoriserait une meilleure planification urbaine, faciliterait l'implantation de programmes d'habitations sociales, minimiserait l'évolution du prix des terrains et des logements et permettrait la récupération de l'augmentation des valeurs foncières à des fins sociales.

### Notes

1. Programme économique de Pointe Saint-Charles, Urgence Sud-ouest, Table de concertation des groupes de Saint-Henri/Petite-Bourgogne.
2. POPIR-Comité logement Saint-Henri, Organisme de défense des assistés sociaux (ODAS), Comité action chômage du Sud-ouest.
3. Comité de la relance de l'emploi et de l'économie du sud-ouest de Montréal (CREESOM).

# Partenariat :
## *Les corporations de développement économique communautaire*

MICHEL HUDON
Porte-parole de la Coopérative d'habitation
Rue des artistes

Les corporations de développement économique communautaire (CDEC) on été mises sur pied dans plusieurs des quartiers de Montréal.

En 1990, le RCM a accepté de financer une CDEC dans chacun des cinq quartiers les plus défavorisés de la ville.

En échange, les groupes communautaires, d'où sont issues les CDEC, ont dû se plier à certaines conditions. Elles doivent, notamment, aider sans distinction quelque petite entreprise locale que ce soit. Certaines CDEC estiment que leur autonomie s'en trouve ainsi amoindrie.

Les limites des quartiers tracés par le RCM passent arbitrairement à travers un certain nombre de communautés homogènes. Contenues à l'intérieur de ces limites, les CDEC ne sont pas toujours en mesure de répondre adéquatement aux besoins de leur communauté.

Malgré les efforts déployés par les autorités municipales, le centre-ville de Montréal se dépeuple progressivement et, comme de nombreux centres urbains, s'appauvrit de plus en plus. Force est de constater que les banlieues restent l'apanage des familles les plus favorisées tant sur le plan social que sur celui de l'organisation individuelle.

Certes, dans certains quartiers de tours d'habitations et de condos demeure une population plutôt privilégiée composée en majorité de jeunes professionnels célibataires ; mais on retrouve surtout au centre-ville des personnes confrontées à une foule de problèmes d'ordre économiques et social et ne disposant d'aucune ressource humaine ou financière pouvant répondre à leurs besoins. De plus, il appert que l'État recule graduellement dans la prise en charge de ses responsabilités sociales face à l'augmentation significative de la pauvreté.

L'impossibilité d'éliminer — ou à tout le moins de réduire — la pauvreté n'est pourtant tenue pour acquise chez les intervenants sociaux. En effet, après plusieurs années d'efforts déployés par les institutions, organismes ou individus impliqués socialement, l'une des plus cruelles constations à laquelle ils se butèrent fut l'état de dépendance crée entre la communauté concernée et les fonds et programmes sociaux. Cet état de fait eut pour conséquence d'entraîner une recherche et une définition de nouveaux modèles et approches pour sortir cette partie de la population de sa léthargie financière. C'est ainsi qu'est né la corporation de développement économique communautaire du Grand Plateau.

La CDEC-GP fut formée à partir du regroupement de dix organismes communautaires représentant les segments les plus marginalisés de notre société. Il leur importait d'explorer et de développer de nouveaux modèles socio-économiques afin de répondre aux aspects structurels de la pauvreté vécue en particulier par les femmes, les immigrants et les réfugiés, les jeunes sans emplois et les bénéficiaires de l'aide sociale, c'est-à-dire la destruction de leur mode de vie, le manque de confiance en soi, les problèmes d'accès aux ressources de toutes sortes. Les besoin de cette population sont donc, en priorité : la création d'emplois, l'accès à des logements à prix abordables et l'amélioration des services de garderie, de santé et de formation.

La CDEC-GP, dans son exploration des différents modes d'intervention pour résoudre ces besoins, a opté pour la fusion des aspects économiques et communautaires du développement. Il y a en effet une importante nuance à tracer entre les notions de *développement économique* et *développement communautaire*. Le premier est le processus par lequel un groupe social accroît sa production, sa productivité et s'enrichit ; le second, un ensemble d'interventions à travers lesquelles les membres d'une communauté développent leurs compétences, améliorent leurs condition de vie et s'affirment.

Cette approche, déjà populaire aux États-Unis, a été mise sur pied pour la première fois au Canada par la CDEC-GP. Elle présente deux volets d'action : la formation et l'accessibilité à un fonds communautaires d'emprunt. Il s'agit donc non seulement de répondre aux besoins de la communauté, mais surtout de favoriser une prise en charge des citoyens leur permettant à terme plus grande autonomie. La CDEC-GP vise à mobiliser les gens afin d'amorcer un dialogue sur le plan économique plutôt que d'entretenir un état d'attente passive. Ainsi, le volet formation est axé principalement sur l'information des groupes afin de leur donner une vue d'ensemble, correspondant à leurs demandes spécifiques, avant la mise en place en leur entreprise.

Sensibilisés à leur propre situation et à leur capacités, les groupes peuvent de cette façon, grâce à leur solidarité et à leur sens de l'initiative, penser à contrôler eux-mêmes leur situation financière par le démarrage d'entreprises. S'ils sont plus confiants et bien encadrés, ils acquièrent ainsi une plus grande crédibilité auprès des institutions financières.

Mais pour démarrer une entreprise, un fonds communautaire doit être accessible en tout temps afin de donner toutes les chances de survie aux initiatives des individus ou des groupes. C'est pourquoi l'Association communautaire d'emprunt de Montréal a été formée dans le but de favoriser l'accès de la communauté à du capital d'investissement. Ce fonds a été créé à partir de dons et de prêts à faible intérêt de la part d'individus, de communautés religieuses, de gouvernements.

Toute personne ou tout organisme désirant se lancer en affaires dans des projets à incidence communautaire à long terme peut ainsi contracter un prêt à taux d'intérêt moindre que ce qu'exigent normalement les banques ou caisses populaires. Les projets soumis sont évalués en fonction de leur faisabilité et de leur viabilité, mais également en fonction de leur impact social : avantages personnels (nombre de personnes qui en profiteront dans l'immédiat, ampleur des besoins, niveaux de revenu des demandeurs) et avantages communautaires (besoins de la communauté, participation communautaire, innovation). Il ne faut pas oublier qu'un support technique pour le démarrage et la poursuite de l'entreprise est offert en parallèle et en étroite collaboration avec la CDEC-GP : un réseau de personnes-ressources volontaires est par exemple sur le pont d'être constitué. Il s'agit ainsi non seulement d'injecter du capital dans des projets de la communauté, mais aussi de servir d'instrument d'enseignement et d'apprentissage pour les personnes et les groupes impliqués.

La CDEC-GP et l'ACEM veulent par leur action influencer l'évolution des institutions traditionnelles de financement pour qu'elles modifient leur façon d'aborder la pauvreté afin de permettre une véritable amélioration de la condition des citoyens des quartiers. Ils croient aux ressources de cette population marginalisée, trop souvent non-participante dans les structures actuelles de l'emploi.

Ces deux organismes ne veulent pas exclure les valeurs, les espoirs et les expériences de cette population, mais plutôt priser dans son énergie et dans son expérience pour transformer sa réalité.

# LES DÉPLACEMENTS EN VILLE

# Pour un contrôle de l'automobile en ville :
## *Vivre les rues de Montréal*

CLAIRE MORISSETTE
Du *Monde à bicyclette*

Montréal, près du quart des immeubles d'avant 1940 ont été rasés pour faire place à des autoroutes, des parkings et autres aménagements automobiles.

Depuis 1966, l'étalement urbain, encouragé par l'automobile, a fait perdre à Montréal environ un quart de sa population.

45 % de la surface du centre-ville de Montréal est réservé à l'automobile.

Le RCM, qui dans l'article 7.9 de son programme 1986 promettait de « réduire la place de l'automobile », a véritablement démissionné devant l'autombile au cours de son premier mandat : amère déception pour tous ceux qui avaient voté pour un futur maire cycliste.

Selon un sondage *Le Devoir-Créatec+*, (16 et 17 mai 1988), 84 % des Montréalais croient que la circulation est un problème assez sérieux, sinon très sérieux ; 42 % désirent voir la circulation de l'automobile interdite au centre-ville.

Il faudrait être né sur une autre planète pour ne pas se rendre à l'évidence : l'automobile particulière est la cause première de la détérioration de l'environnement à Montréal, comme dans beaucoup d'autres grandes villes. Pourtant, rares sont les personnes, encore moins les groupes politiques, qui ont le courage d'examiner ce phénomène en face.

## 1. *Impact de l'automobile à Montréal*

Tous et toutes, nous connaissons les nuisances de l'automobile : elle pollue, elle tue, elle est bruyante, elle accapare l'espace, elle gaspille l'énergie, elle endette les gens, elle congestionne les rues, elle augmente le stress, l'agressivité et l'inaction physique. Elle règne sur nos transports, et jusque dans les mentalités. Mais le nœud du problème, c'est qu'en lui octroyant les rues, et les budgets de transport, les politiques favorable à l'automobile empêchent les solutions de remplacements — le transport collectif et la bicyclette — de rouler et de se développer.

Nous disposons de toute la technologie nécessaire pour implanter le transport le plus moderne, efficace et sécuritaire qui soit. Pourtant, l'organisation actuelle du transport mène à une hétacombe, dont les chiffres rappellent ceux d'une guerre civile : 3 922 morts en un an au Canada[1]. Sur l'île de Montréal : 110 morts et 1 333 blessés graves, avec séquelles[2]. Mondialement, l'hécatombe totalise annuellement 250 000 décès et des blessés par millions[3].

Des victimes banales, des conducteurs banals, dans des circonstances banales. Loin de soulever un tollé, la moisson quotidienne des cadavres émousse les sensibilités. On se révolte devant le sort des victimes de crimes spectaculaires, mais pour celles de la rue, c'est l'apathie générale.

On se donne bonne conscience avec l'excuse du « risque consenti ». Comment montrer qu'en réalité, ces milliers de victimes ne sont pas consentantes, que leur sort est tragique, qu'elles sont aussi des victimes authentiques ? L'an prochain, plus de 1000 personnes, dont 400 jeunes de moins de vingt-cinq ans[4], vont être tuées par l'autombileau Québec : c'est aussi une tragédie nationale. S'il est à-propos d'endiguer la violence et les armes, il est également pertinent de s'efforcer de civiliser nos transports, tellement plus meurtriers.

Mourir n'est pas une conséquence « normale » et tolérable de l'activité de transport. Les rues qui, il y a cinquante ans, étaient une extension de l'habitat, un espace vital, pour jouer, voisiner, flâner, jouir d'être dehors, sont devenues des corridors de danger, de saleté, de stress, de mort. Les enfants des quartiers ouvriers sont presque deux fois plus souvent victimes d'accidents d'autos[5]. On leur a enlevé la rue, leur univers immédiat de jeu et de socialisation, pour la sacrifier à l'automobile. À Montréal, nous sommes des intrus dès que nous avons passé le seuil de notre porte, dépossédés de l'espace de nos rues.

La qualité de vie en ville souffre, en effet, d'un impressionnant éventail d'inconvénients, dû à la marée de plus d'un million d'autos qui envahit l'île de Montréal chaque jour[6]. Notre air sent mauvais. Il est dangereux pour la santé : l'ozone au sol associé au smog (très nocif pour le système immunitaire[7]), a dépassé vingt fois la norme admissible en 1987 à Montréal. Un bruit omniprésent règne dès l'heure de pointe matinale ; on doit fermer nos fenêtres en plein été pour s'en protéger. Le sol est sale à cause des poussières de métaux, de l'huile qui coule des moteurs. D'ailleurs dans la région de Montréal, quelque 10 millions de litres d'huile à moteur usée sont jetés dans la nature chaque année[8], et plus de 100 000 tonnes de calcium sont répandues dans les rues[9]. Tout ça ne disparaît pas. Ça aboutit ou risque d'aboutir dans le fleuve et dans la nappe phréatique.

Aucune bombe n'est tombée sur Montréal, pourtant 25 % des maisons d'avant 1940 ont été démolies... pour l'automobile[10]. Des milliers de gens ont été expatriés, déracinés. Des paroisses, des communautés complètes ont volé en éclats pour faire place aux autoroutes. Nos trésors patrimoniaux, nos précieux espaces verts sont disparus sous les *bulldozers*. L'automobile envahit les quartiers jusque dans leurs derniers recoins : les plate-bandes vertes et boisées qui autrefois bordaient les rues ont été rasées pour faire place au stationnement, les ruelles sont pavées pour qu'on puisse y rouler. Même le sous-sol des parcs — le square Viger, le square (« carré ») Saint-Louis — est visé.

En 1990, on ne peut plus regarder nos enfants en face, et continuer de polluer sans vergogne, leur laissant en héritage des dégâts environnementaux pratiquement irréparables. C'est pourtant ce qu'on fait, au chapitre de la pollution atmosphérique, dont les conséquences sont extrêmement inquiétantes : l'« effet de serre », l'acidité des pluies, la destruction de la couche d'ozone, des macro-pollutions très difficiles à enrayer.

L'automobile est responsable de production massive de polluants ; avec une flotte de 400 millions d'autos sur la planète[11], et une production de 45 millions d'autos supplémentaires par an[12], imaginez l'amorcellement de tous ces pots d'échappement et cheminées d'usines.

L'automobile produit une quantité phénoménale de polluants atmosphériques : pratiquement la moitié des gaz carboniques, hydrocarbures et oxydes d'azote produits mondialement[13]. Ces polluants s'accumulent en haute atmosphère et créent l'effet de serre, ce réchauffement progressif de la planète qui risque d'entraîner des sécheresses et — à cause du grossissement du volume des océans par la chaleur — l'inondation du littoral et des deltas où sont situées de nombreuses villes très peuplées. On voit d'ici l'ampleur du problème... Pour épicer le plat, les oxydes d'azote rendent les pluies de plus en plus acides, tuant nos lacs et forêts, rongeant même les bâtiments ! L'automobile contribuerait même à détruire l'ozone en haute altitude : les climatiseurs d'autos (qui coulent beaucoup et qui sont détruits en quantité, surtout aux

États-Unis) produisent aussi un volume considérable de chlorofluorocarbones (CFC)[14], nous exposant de plus en plus aux rayons ultraviolets cancérigènes. Charmant cocktail que l'atmosphère du prochain siècle...

L'alarme est donnée depuis le rapport de la Commission mondiale sur l'environnement, présenté à l'ONU sur ces questions[15]. Un virage est nécessaire dès maintenant pour un transport écologique et « durable ».

La vie en ville est si ingrate que ceux qui le peuvent choisissent la banlieue pour élever leur famille dans un cadre décent... 317 000 personnes ont ainsi quitté la zone affligée de Montréal pour se réfugier en banlieue, ce qui représente une perte de près de 25 % de sa population depuis le sommet de 1 293 000 habitants qu'a déjà connu la métropole[16]. Mais le centre-ville continue de concentrer les emplois, notamment dans les secteurs financier et professionnel. Résultat : les banlieusards reviennent y travailler chaque jour... en auto. Voilà, la trilogie auto-bungalow-pétrole est en place, en expansion continuelle, avec des conséquences désastreuses, tant sur le plan énergétique qu'en matière d'allocation des fonds publics.

En effet, cette trilogie multiplie la consommation d'énergie et de ressources. L'aménagement en bungalows entraîne des coûts quatre fois plus élevés en services publics : longueur des rues à construire, des égoûts, aqueducs, éclairage, téléphone, transport scolaire, livraisons, collecte des ordures. La densité d'occupation est si faible qu'il devient impossible d'implanter un transport collectif rentable. Voilà comment on aboutit à l'automobile, puis à deux ou trois autos par ménage, devenues artificiellement « nécessaires ». À la consommation énergétique de l'autombile (de l'extraction des minerais qui la composent jusqu'à sa fin dans un cimetière d'autos, en incluant les innombrables services connexes) s'ajoute le coût de construction des autoroutes, de leur entretien et déneigement, de la police routière. En somme, quand une famille citadine déménage en banlieue, elle encourt une dépense énergétique de dix à vingt fois plus élevée qu'en ville[17].

L'exode des mieux nantis vers la banlieue affecte aussi la situation fiscale de Montréal. Chez les personnes qui habitent à Montréal (1 015 000 habitants en 1988[18]), on compte une forte proportion de personnes âgées, plutôt pauvres, et des concentrations ethniques vivant également dans un cercle de pauvreté. L'appauvrissement dû à l'exode, encore aggravé par le ralentissement de certains secteurs d'emploi, empêche Montréal d'entretenir ses infrastructures (transport en commun, collecte des ordures, égoûts et aqueducs vieillissants) et de fournir de nouveaux services pour affronter les problèmes croissants. La vie en ville périclite par l'appauvrissement à la fois de sa population et des ressources municipales. C'est le modèle d'évolution — un cercle vicieux d'accroissement de la pauvreté — qu'affichent, avec dix ans d'avance, les métropoles américaines ; en les regardant, on voit trop bien où on s'en va. Une ville plus attrayante, moins asphyxiée par l'auto, inciterait les gens à s'y installer ou à y demeurer, plutôt que d'opter pour des banlieues d'asphalte et de gazon, couvrant à jamais des sols magnifiquement fertiles (les dépôts alluviaux de l'ancienne mer de Champlain), menaçant des sites écologiques essentiels, telle la forêt d'Oka, ce boisé de rétention des sables. L'île peut absorber tous les besoins en habitation pour les trente prochaines années, en construisant en triplex sur les

2 400 hectares actuellement visés pour l'habitation dans les plans de la CUM[19].

L'impact négatif de l'automobile tient aussi à la ponction financière qu'elle représente, particulièrement chez les gagne-petit, nombreux à Montréal. L'automobile est le bien non durable et non essentiel le plus massivement consommé en Amérique du Nord. Elle accapare autant d'argent que l'habitation (25 à 40 % des revenus du ménage[20] mais doit être remplacée tous les cinq ou sept ans. C'est quelque 5 000 $ par an qu'elle dévore, si on ne parle que des billets qu'on voit sortir de sa poche. On peut imaginer la misère des ménages plus démunis, où la proportion des revenus avalés par l'automblie est plus grande, privant la famille de toutes sortes d'autres biens ou activités qui pourraient être plus utiles, ou plus épanouissantes. L'automblie enferme l'acheteur dans un cercle d'endettement : une automblie pour travailler, puis travailler pour son automobile.

Pour vendre ses produits, l'industrie automobile entretient à coup de millions un battage publicitaire obsédant, donnant l'illusion aux dominés et dominées qu'ils maîtrisent quelque chose. En réalité, le rêve est un cauchemar : après l'enchaînement du travail, les voici dans la chaîne du traffic, les mains sur le volant, les pieds sur les pédales, les yeux rives sur le pare-choc d'en avant, deux heures par jour, dix heures par semaine... Et la semaine de travail passe à cinquante heures. Sans l'auto, la semaine de quatre jours serait possible ; on pourrait prendre congé tous les vendredis. Les millions d'heures perdues par les travailleurs et travailleuses dans la congestion fatigante, désagréable, dangereuse, ne sont pas rémunérées. C'est une pure perte — du travail non-visible, pourrait-on dire — au compte des travailleurs et travailleuses.

Posséder une autombile ressortit parfois à ses attributs de pouvoir, de prestige, de puissants impératifs chez certains automobilistes. Ceux-ci roulent au mépris des injustices et dommages qu'ils infligent aux populations des quartiers qu'ils traversent, et intériorisent les valeurs individualistes liées à leur automobile, pour que certains puissent rouler en automobile, d'autres sont paralysés, parce que trop vieux, trop jeunes, trop pauvres. Les automobilistes aiment leur auto, même s'ils détestent souvent celles des autres.

L'automobile qui devait permettre de nous rejoindre plus facilement a inscrit des distances partout. Résultat et cause à la fois du transport automobile, l'habitat spécifique de banlieue entraîne un clivage de la population selon l'âge. Les jeunes familles s'éloignent des personnes âgées, que guette alors la solitude. Les 18-30 ans s'y font rares ; les plus jeunes manquent ce modèle naturel dans la poursuite de leur épanouissement. Par définition résidentielles, elles privent aussi les jeunes du contact avec le milieu du travail. À cause de la dispersion dans l'espace, l'agencement du temps s'organise en tiroirs : les contacts humains, les rencontres passent par l'agenda, l'imprévu n'a plus sa place.

L'autombile modèle notre espace et nos vies. Pour beaucoup, pas de déplacements possibles sans elle. Même les gens qui n'en ont pas imaginent mal un monde sans auto. Les hauts fonctionnaires, généralement bien salariés et automobilisés, ont une vision « vue du volant » des problématiques et de leurs solutions, qu'ils acheminent ensuite aux politiciens. Ceux-ci, s'ils sont conscients des conséquences du laisser-faire devant l'automobile, n'ont pas le courage politique nécessaire pour affronter un électorat lui-même automobilisé (70 % des ménages montréalais possèdent un véhicule)[21]. C'est aussi un cadre culturel qui agit par inertie sur les politiques de transport irresponsable jusqu'ici.

## 2. À la source du problème automobile

Certains prétendent que rouler en automobile est une question de liberté de choix. Cependant, un complot réel, éventé par le Sénat américain, a bel et bien eu lieu pour imposer l'usage de l'automobile en Amérique. Et son règne est constamment renforcé par des politiques de transport socialement inéquitables.

À partir de 1932, les compagnies General Motors, Exxon et Firestone notamment, ont comploté pour acheter et éliminer cent sociétés de tramways dans quarante-cinq villes des États-Unis, ce qui tripla les ventes d'autos et réduisit la clientèle des transports collectifs de 3 milliards de passagers[22]. Ayant subi un procès devant le comité anti-trust sénatorial américain, les compagnies coupables ont écopé d'une amende totalisant 5 000 $ ! pour leur comportement criminel, un des plus désastreux de toute l'histoire, si on regarde la rançon en vies humaines et en dégâts environnementaux.

À Montréal, le processus fut sensiblement le même. Vers 1950, comparant la rapidité de tramways ayant trente ans d'usage à celle d'autobus diesel (respectivement 14,8 km/h et 17,0 km/h, pas si mal quand même) les experts de la Ville, nouvellement propriétaire du système de tramways, les remplacèrent par des autobus[23] plus bruyants, polluants, moins efficaces, au grand mécontentement de la population. Aujourd'hui, le métro sous-terrain, dont les énormes coûts alourdissent les tarifs du transport public, prolonge la politique de consécration de la rue aux autos.

Les industries automobiles et pétrolières sont des géants — GM à elle seule a un chiffre de ventes annuelles dépassant les 100 milliards de dollars — entretenant un puissant *lobby* politique. Pourtant, l'industrie automobile est parmi celles — avec l'industrie militaire — qui créent le moins d'emplois : un million de dollars en capital investi n'en crée qu'un seul[24] ! Ce capital, investi dans les secteurs sociaux, créerait jusqu'à dix fois plus d'emplois, plus utiles. Il y a tant à faire : recyclage, isolation des maisons, éducation, soins aux personnes du troisième âge... des emplois moins spécialisés, plus locaux, plus accessibles. En 1990, on ne peut plus brandir aveuglément l'étendard de la création d'emplois, sans regarder de près la nature des emplois créés, leur utilité et leur impact environnemental à court et à long terme.

Lorsqu'on observe leurs politiques de transport, on constate que nos gouvernements entretiennent la suprématie de l'autombile : au moins 5 000 $ du budget social sont engloutis annuellement pour chaque automobiliste[25] : par les budgets consacrés au réseau routier, au déneigement, à la police, aux soins de santé liés aux accidents, aux maladies engendrées par la pollution automobile, aux rentes d'invalidité, etc. Là encore, on ne parle que des dépenses connues et « chiffrables ». D'autres conséquences imputables à l'autombile restent encore à évaluer : dommages découlant des pluies acides et de l'effet de serre, improductivité du transport public à cause de l'auto, perte d'excellence des terres et espaces accaparés.

Pendant ce temps, chaque usager du transport collectif n'est subventionné que pour 500 $ par année[26] : dix fois moins que chaque automobiliste ! Et les transporteurs publics se retrouvent dans un état lamentable autour de Montréal : Via Rail sous la guillottine, Voyageur et la STRSM en grèves records, le train Montréal/Deux-Montagnes réduit de moitié, la STCUM en perte d'affluence... Les trois paliers de gouvernement soutiennent le transport public au compte-gouttes pendant qu'ils déroulent le tapis rouge devant l'automobile ! Qui osera encore parler de liberté de choix !

À Montréal, sous le règne Drapeau, l'automobile gagne toujours plus de terrain, jusqu'à accaparer aujourd'hui 45 % de la surface du centre-ville[27]. En 1985 encore, Pierre Lorange, vice-président du Comité exécutif de la Ville, s'enorgueillissait des 8 000 parcmètres et 20 autoparcs créés en 5 ans[28].

Dans l'opposition, des politiques plus clairvoyantes en matière de transport s'élaborent : le Rassemblement des citoyens et citoyennes de Montréal (RCM) inscrit à son programme des mesures pour restreindre l'usuage de l'automobile, et est élu en 1986 pour ses engagements à améliorer le sort des Montréalais et Montréalaises.

> Art 7.9 La décongestion des voies de circulation : Un ensemble de mesures seront prises pour réduire la place de l'automobile, particulièrement au centre-ville. Ces mesures comprendront, pour ce qui est de l'usage des rues : l'élargissement des trottoirs, l'établissement de mails pour piétons, et la réserve de bandes de chaussée pour les autobus, les taxis et les cyclistes.

> Art 7.11 La sécurité des piétons et des cyclistes : Les règlements de la circulation seront immédiatement revisés de façon à les axer fortement sur la sécurité des piétons et des cyclistes... Une administration RCM modifiera le rythme des feux de circulation afin d'augmenter la sécurité des piétons et des cyclistes lors de la traversée d'une voie de circulation...

À la veille de la prise du pouvoir, le RCM élabore ses priorités d'action pour un premier mandat , examinées en Conseil général mais non soumises au

Congrès du parti : les articles visant à restreindre l'automobile perdent leur mordant et sont réduits à des mesures pour résoudre la congestion.

En 1989, le RCM met en vigueur une application sévère du règlement contre le double stationnement : la vision « faut que ça roule » reprend le dessus. Dans les ruelles, la multiplication des dos-d'âne consacre la sécurité des piétons. Bien, mais dans les rues on roule toujours à 50 km/h. Les requêtes pour protéger les passages piétonniers au moyen de signaux lumineux, comme à Ottawa ou Toronto, sont restées lettre morte.

Le RCM continue de s'afficher pour la vertu, pour le transport collectif. Pourtant, les reculs enregistrés par le transport collectif se poursuivent sous l'administration du RCM : le nombre d'autobus diminue, la fréquence des trains de métro diminue, les heures de service sont raccourcies en soirée, le nombre de pannes du métro augmente, les tarifs — que le RCM empêche d'augmenter en 1987 — augmenteront ensuite chaque année[29] comme si la part relative de l'usager était une base acceptable à indexer... La part des déplacements qu'assume la STCUM sur son territoire régresse, au profit de l'automble surtout, et de l'administration RCM n'apporte guère de correctifs à cette tendance...

Une voie réservée aux autobus verra enfin le jour en 1990, boulevard Pie IX. Cette réalisation est incontestablement positive, et on en annonce d'autres, à l'heure de pointe seulement, rues Bleury, du Parc et Côte-des-Neiges. En fait, le simple bon sens commande de créer des voies réservées partout où la congestion ralentit les autobus, spécialement au centre-ville et sur les ponts. Il est inconcevable qu'un autobus transportant 70 personnes soit bloqué par quatre ou cinq automobilistes seuls dans leur voiture.

Pourquoi la Ville consent-elle toujours tout cet espace des rues aux automobilistes ?

Dans ses négociations avec le gouvernement provincial, le maire Doré plaide pour le prolongement du métro, solution coûteuse et génératrice de dettes en matière de transport collectif. Le métro à Laval, le train vers Châteauguay continueront de faciliter l'exode vers les banlieues, avec les conséquences qu'on connaît.

Le RCM réalise aussi certains travaux cyclables : d'abord, un énoncé d'intentions, la politique vélo, puis, plus concrètement : 5 km de nouvelles pistes, le « Chaînon manquant » entre Montréal et la Rive-Sud, et quelques correctifs apportés aux pistes existantes. Mais pour les cyclistes, c'est fort peu, les travaux de la politique vélo prennent déjà du retard, la Ville affecte trop peu de personnel à ces travaux et lui donne trop peu de pouvoir. Le vélo n'est pas traité comme une priorité... Quand on pense que le maire a fait sa campagne électorale sur la selle de sa bécane.

Dans ses interventions en matière de transport, le maire Doré en a surtout sur le tunnel métropolitain, un projet qui frise les 2 milliards de dollars. Voilà pour lui la meilleure façon de dépenser les fonds publics à Montréal, alors qu'en canalisant le transport des marchandises vers le rail et en réduisant la horde quotidienne des automobilistes seuls, on pourrait probablement remplacer l'autoroute par un boulevard urbain.

Bref, en transport, c'est zéro de conduite pour le RCM, une démission, un volte-face qui dénote non seulement un manque complet de sensibilité au sort de la ville noyée sous le flot automobile quotidien, mais aussi une courte-vision administrative et environnementale impardonnable chez des administrateurs publics.

### 3. *Solutions de remplacement de l'automobile*

Le plus illogique de cette affaire, c'est qu'on peut remplacer l'autombile par un moyen de transport beaucoup plus confortable et fonctionnel. Si les fonds publics consacrés à l'autombileétaient dévolus au transport collectif, si l'espace consenti à l'autombile-était rendu aux autobus, vélos et piétons, on se paierait le transport par train et tramway le plus luxueux, avec taxi collectif, autobus sur demande, des rues sécuritaires, une ville fraîche et attrayante.

Un peu partout à travers le monde, des politiques de transport appropriées offrent une panoplie d'excellentes technologies : les TGV français filant à 482 km/h, les minibus sur demande d'Ivry en banlieue de Paris, le taxi collectif de Kingston, les autobus à deux étages de Londres, les abribus chauffés d'Edmonton et de Calgary. Le catalogue de Bombardier regorge de véhicules aussi efficaces que révolutionnaires : trolleys bi-mode électriques avec 50 % d'autonomie, avec marches rétractables, larges portes pour accueillir les poussettes d'enfants.

En Europe, de nombreux centres-villes sont interdits à l'automobile : Rome, Milan, Oslo, Budapest... À Florence, le centre est interdit aux autos depuis le printemps 1988 ; les protestations viennent des quartiers situés hors du périmètre protégé qui demandent d'y être inclus.

D'autres municipalités novatrices expérimentent toutes sortes de mesures restrictives : les autos sont interdites un jour sur deux selon que leur plaque d'immatriculation pair ou impair ; des vignettes de couleurs différentes donnent accès au territoire un jour par semaine ; d'autres vignettes donnent un accès exclusif aux résidents ; à Singapour, des compteurs électroniques fixés sur les autos cumulent un péage proportionnel au kilométrage ; à Burlington, le stationnement est très coûteux pour l'automobiliste seul, et moins cher pour les covoituriers ; des voies d'autoroutes sont réservées au covoiturage à Washington et Los Angeles.

C'est surtout une question d'allocation de l'espace qui fait défaut pour que le transport collectif se montre immensément plus avantageux que le transport privé. Le succès des voies réservées aux autobus n'est plus à démontrer, en hausse d'achalandage et de satisfaction chez les usagers.

La population montréalaise montre déjà un goût prononcé pour le vélo comme moyen de transport. En Hollande, où on consacre actuellement 10 % des budgets de transport au vélo, le réseau cyclable canalise jusqu'à 50 % des déplacements sur 13 500 km de pistes[30], sur une surface plus petite que la Gaspésie.

Une redistribution équitable des fonds publics nous donnerait un transport public gratuit et grandement amélioré, alors que nous pourrions au moins faire porter aux automobilistes le coût réel de leur choix : environ le double de ce qu'ils déboursent actuellement. Plusieurs pays imposent des taxes sur l'essence, selon le principe du pollueur-payeur : 245 % aux Pays-Bas, 355 % sur l'essence et 186 % sur l'achat de l'autombileau Danemark[31]. À Stockholm, les autobilistes aussi doivent acheter la carte mensuelle de transport. Voilà des fonds substantiels pour développer des solutions de transport complètes et attrayantes, pour le mieux-être général.

Une administration montréalaise ne peut pas se contenter d'être pour la vertu : pour le transport collectif et le vélo. Elle a aussi la responsabilité de se prononcer contre le mal, et de mettre en place des restrictions sur l'usage massif de l'automobile, et tout particulièrement sur les automobilistes sans passager, cet abus flagrant dont les temps sont maintenant révolus. Qu'on limite leur circulation en ville, qu'on leur interdise l'entrée sur l'île, que les véhicules utiles puissent enfin rouler. Que le droit des Montréalais et Montréalaises à une qualité de vie commande enfin le respect, et que tous les jours soient dimanche en ville.

Durant l'été 1989, une expérience modèle a eu lieu à Montréal : on a fermé l'autoroute 20, on a créé des voies réservées aux autobus sur les circuits 90, 190, 191, 211 et 212 jusqu'au métro, on a augmenté la capacité du train Montréal-Rigaud, dont l'achalandage a grimpé de 26 %. Des milliers de gens ont découvert le transport approprié. Cette expérience doit se répéter dans toutes les directions, et les voies d'autoroutes être réservées au transport des marchandises et au covoiturage, quitte à ce que la congestion s'aggrave temporairement, le temps que les automobilistes seuls optent enfin pour le transport approprié.

« L'automobile est comme la cigarette : un phénomène social, un danger mortel, une habitude coûteuse et difficile à perdre[32]. » Pour mettre l'autombile en échec, il faut procéder comme pour la cigarette : une campagne éducative, et des mesures restrictives limitant l'espace des automobilistes... comme celui des fumeurs.

84 % des Montréalais et Montréalaises croient que la circulation est un problème assez ou très sérieux, et 42 % désirent que l'autombilesoit bannie du centre-ville[33]. Lors de la campagne électorale municipale 1990, les Montréalais et Montréalaises auront tout intérêt à bien scruter les politiques de transport des partis en course, pour bien distinguer s'ils ont la lucidité et l'honnêteté d'avancer des solutions à l'automobile qui asphyxie notre ville, et notre planète.

La Nouvelle-Zélande avec trois millions d'habitants, tient tête à la puissance nucléaire américaine. La petite ville de Irvine en Californie a voté une loi contre l'usage des CFC. Montréal n'a aucune excuse pour ne pas, elle aussi, mettre en place des politiques écologistes vigoureuses. S'ils ne travaillent pas résolument à corriger les aberrations dont nous souffrons, à quoi servent les élus municipaux ?

Mais en dehors du débat électoral, chacun et chacune de nous a aussi un choix à faire personnellement. Car la révolution des transports ne doit pas venir que des administrations publiques. Ne pas avoir d'auto, c'est déjà refuser de participer au saccage de la biosphère, refuser d'infliger des nuisances à ses concitoyens. C'est aussi intégrer la pratique aux principes, prouver à soi-même et aux autres qu'on peut vivre autrement ; car c'est dans leur stationnement qu'on peut juger de la sincérité des intervenants publics en matière d'écologie. Utiliser le transport en commun et le vélo entretient notre sincérité et le radicalisme de nos revendications, gardant vive notre conscience des frustrations qu'on nous impose, et qui nous poussent vers l'automobile.

L'autombile devra tôt ou tard céder. Il s'agit de faire éclore aujourd'hui les solutions viables du transport de demain, et de mettre fin à l'ère des *pétrosaures*.

### Notes

1. *Statistiques Canada*, 1986.
2. *Régie de l'assurance automobile du Québec*, rapport annuel 1987.
3. « The Bicycle : Vehicle for a Small Planet », Marcia D. Lowe, *Worldwatch Paper*, No 90, septembre 1989.
4. 396 en 1987. *op. cit. Régie de l'assurance automobile du Québec*.
5. *Presse Canadienne*, 26 août 1989
6. 1 035 000 autos empruntent quotidiennement les ponts (dans les 2 directions) autour de l'île de Montréal. L'accroissement annuel est d'environ 100 000 déplacements : Ministère du Transport du Québec, Service

des relevés techniques, 1987. La flotte montréalaise se chiffre à 750 000 véhicules en 1987 : Communauté Urbaine de Montréal, Service de l'environnement, février 1989.

7. *Presse Canadienne*, septembre 1989.

8. Association pétrolière du Québec et Club automobile du Québec, Mémoire présenté à la Commission permanente du transport de la CUM, 10 octobre 1989.

9. 108 500 tonnes métriques : Ville de Montréal, Rapport d'activités, 1988.

10. *Contretemps*, No 16, printemps 1989.

11. René Dumont, conférence à Montréal, 12 juin 1989.

12. 46 millions en 1987 : Table Rase, Radio-Canada, 14 février 1989.

13. *Op. cit. Worldwatch Paper*, No 90, septembre 1989.

14. *The Economist*, 7 octobre 1989.

15. *Notre avenir à tous*, Commission mondiale sur l'environnement et le développement. Éditions du Fleuve, mai 1988.

16. 1 293 000 habitants en 1966, contre seulement 1 015 000 en 1987, malgré l'annexion de Pointe-aux-Trembles (39 000 hab.) : Ville de Montréal, Archives.

17. Mémoire conjoint, Union québécoise de conservation de la nature et Association québécoise de lutte aux pluies acides, 4 janvier 1989.

18. Rapport d'activités 1988, Ville de Montréal.

19. *Op. cit.* Union québécoise de conservation de la nature et Association québécoise de lutte aux pluies acides, 4 janvier 1989.

20. *Un char qui prend d'assaut le budget*, Association coopérative d'économie familiale (ACEF) de Joliette, 1986.

21. « La séduction de l'automobile », Le Point, Radio-Canada, 17 janvier 1990.

22. Snell, Bradford C., *Hearings before the subcommittee on Antitrust and Monopoly of the Committee on the Judiciary United States Senate*, U.S. Government Printing Office, Washington, 1974.

23. Dagenais, Jean-Pierre, *Ironie du Char*. Montréal, 1982.

24. 26,5 heures aux États-Unis, 19,5 au Japon : Newsweek, 16 octobre 1989.

25. *Op. cit.* Union québécoise de conservation de la nature et Association québécoise de lutte aux pluies acides, 4 janvier 1989.

26. *Idem.*
27. *Contretemps*, No 16, printemps 1989.
28. Pierre Lorange, devant l'Association québécoise du transport et des routes, 15 février 1985.
29. Transport 2000, Mémoire présenté à la Commission permanente du transport de la CUM, 10 octobre 1989.
30. *Op. cit. Worldwatch Paper*, No 90, septembre 1989.
31. *Idem.*
32. Groupe de recherche appliquée en macro-écologie (GRAME), *Non aux autoroutes*, 1989.
33. Sondage Le Devoir-Créatec+, *Le Devoir*, 16 et 17 mai 1988.

# Politique vélo :
## *Le RCM pédale en première vitesse*

CLAIRE MORISSETTE
Du *Monde à bicyclette*

Durant les trois premières années de son mandat, le RCM n'a réalisé que 5 km de nouvelles pistes cyclables, dont 4 réalisés, à la hâte, rue Rachel.

La Ville, qui pourtant fournit gratuitement aux Montréalais des espaces de stationnement automobile asphalté, déneigé et nettoyé piétine quand vient le temps de concevoir le stationnement pour bicyclettes urbaines.

En matière de transport urbain, la bicyclette, ce n'est pas une « bébelle » à accomoder ou non, si l'administration trouve le temps... La bicyclette, c'est le transport le mieux adapté aux déplacements de 10 km ou moins (75 % des trajets en ville). C'est un véhicule irréprochable du point de vue environnemental, et c'est déjà la solution adoptée par une portion importante de la population de Montréal. L'encouragement réel et tangible qu'attendent les cyclistes de la part des administrations publiques, ce sont des pistes cyclables sécuritaires, ils le répètent sans cesse. Tout ce qui manque, c'est une réponse enthousiaste de la Ville pour implanter solidement la solution vélo. L'exemple des Danois, des Chinois, des Néerlandais démontre le potentiel d'un réseau cyclable, même lorsque son usage est diminué en raison de la saison hivernale. Ici, trois à quatre mois seulement sont moins propices aux pistes cyclables, et le nombre de cyclistes d'hiver est à la hausse.

Aux Pays-Bas, on consacre actuellement 10 % du budget du transport au vélo, le réseau cyclable regroupe jusqu'à 50 % des déplacements sur 13 500 km de pistes! A Montréal, on compte actuellement 121 km de voies cyclables : la moitié des voies sont protégées par une ségrégation physique de la rue, et l'autre moitié est simplement marquée au sol ou indiquées par des panneaux de signalisation sans marquage d'aucune sorte. En trois ans, le RCM a réalisé 5 km de nouvelles pistes cyclables, dont 4, rue Rachel (ce projet, déjà dans l'air avant 1986, a été suspendu pendant deux ans avant d'être remis en branle en 1989). Outre cette piste, aucun nouvel axe de développement à court terme n'est connu à ce jour.

Dans les huit « Dossiers urbains » d'arrondissements rendus publics à la mi-janvier, on observe une préoccupation très inégale de la question vélo. Dans certains de ces dossiers, on ignore même les pistes existantes. Que dire des tracés futurs ? Dans d'autres, on parle d'un tronçon à faire ici ou là, sans cohésion. Partout on néglige de développer de réseau cyclable de transport et le quadrillé serré de pistes que cela implique.

Pourtant, en novembre 1988, la Ville adoptait une politique Vélo, un énoncé d'intentions, un bon document, touchant les aménagements, la sécurité, la promotion et la coordination des travaux cyclables. L'échéancier des travaux cependant, étalé sur dix ans, laissait songeur. Un an plus tard, on observe déjà des retards dans les travaux à court terme.

Sous la pression des groupes cyclistes, le gouvernement provincial s'est montré enclin à participer au financement des 10 à 20 millions de dollars nécessaires à l'aménagement du réseau cyclable, position qu'il réitérait d'ailleurs durant la campagne électorale provinciale de 1989. La Ville a préféré le solliciter pour un biodôme de 40 millions de dollars. On ne peut s'empêcher de se rappeler 1975, alors que Jean Drapeau contruisait son vélodrome de 75 millions de dollars qui, selon les militants cyclistes « est un projet ambitieux, bientôt inutile, alors que c'est de pistes cyclables que les cyclistes Montréalais et Montréalaises ont besoin. »

Certains correctifs ont été apportés aux pistes existantes : ainsi, des feux de circulation ont été installés sur la piste Christophe-Colomb/Berri aux angles Brébeuf/Rachel et Brébeuf/Mont-Royal. Là encore, une mobilisation des cyclistes, une pétition de plus de mille noms, et l'aide de « monsieur SOS » de la Télévision Quatre-Saisons, ont été nécessaires pour l'obtention des aménagements. Aux angles Brébeuf/Rosemont et Brébeuf/Jean-Talon, où il y a un besoin indéniable de feux de circulation, rien n'a été fait. La Ville attend-elle une nouvelle mobilisation, intersection par intersection ?

Pour ce qui est du « chaînon manquant », lien cyclable entre Montréal et la Rive-Sud par la voie maritime du Saint-Laurent, on observe un effort financier remarquable de la Ville qui a fourni 300 000 $ des 550 000 $ nécessaires à sa réalisation — ce qui manque provient du gouvernement provincial (MLCP). Ce lien sera terminé au printemps 1990, juste à temps pour l'ouverture du parc-plage de l'île Notre-Dame. Mais le Monde à Bicyclette, qui suivait le dossier « pouce par pouce », a constaté un manque flagrant de *leadership* de la Ville dans ce dossier : personne ne le pilotait, le personnel des services concernés en ignorait jusqu'à l'existence. Si le Monde à Bicyclette n'avait pas pris le taureau par les guidons, ce « chaînon » serait probablement toujours manquant aujourd'hui.

En juin 1989, une politique de stationnement cycliste en zone commerciale était annoncée, puis presque immédiatement suspendue : les travaux sur le prototype de support de bicyclettes tardaient, et la demande, très forte, demandait une analyse : le Monde à Bicyclette avait fait connaître cette politique aux commerçants et plus d'une centaine de demandes sont entrées en un rien de temps. Le personnel « vélo » de la Ville était débordé. Un nouveau modèle de support a été conçu, pour le stationnement d'un petit nombre de bicyclettes ; on attend maintenant un prototype pour le stationnement à haute densité, des plus nécessaires car, sur certaines artères, c'est deux vélos par parcmètres et plus, qu'il faut desservir.

Quand au stationnement résidentiel, selon sa « politique vélo », la Ville doit proposer une loi obligeant les entrepreneurs à munir les édifices qu'ils bâtissent ou rénovent, d'un certain nombre d'équipements de stationnements pour vélos proportionnellement à la surface de plancher. Piétinements de ce côté. Restera encore à résoudre le stationnement près des résidences en triplex, où l'espace intérieur est rare. Une requête au CCA du Plateau Centre-Sud demandait que la Ville pourvoie l'espace stationnement dans les rues en zone résidentielle dense. La requête « est à l'étude », mais on nous avertissait de ne pas y penser avant belle lurette, ceci n'étant pas une priorité pour la Ville. Pourtant la Ville fournit gratuitement l'espace de stationnement automobile le long de presque toutes les rues résidentielles, l'asphaltant, le balayant, le déneigeant, ce qui gobe une grosse portion des 90 millions de dollars de son budget annuel d'entretien des rues... Qui donc a déjà dit : « C'est dans le domaine du stationnement qu'on peut juger de la sincérité des intervenants publics en matière d'écologie ? »

Avec 40 000 cyclistes dans les rues au cours du Tour de l'île, et des milliers quotidiennement dans les rues, les cyclistes représentent un poids qui leur a permis d'obtenir quelques résultats. Mais dans l'ensemble, l'administration RCM n'affecte pas assez de personnel aux travaux vélo, et ne donne pas à ce personnel assez de pouvoir pour faire avancer les projets. La place du vélo n'est pas ressentie comme une priorité par les services concernés, et aucun conseiller municipal n'assure un *leadership* vigoureux et vigilant pour soutenir les projets vélo. Le conseiller associé responsable du dossier vélo en 1987 et 1988, déclinait récemment notre demande de rencontre, déclarant qu'il n'y travaillait plus et que ce dossier relevait directement du Comité exécutif, sans autre personnel politique.

Finalement, et c'est là une source majeure de frustration dans les associations cyclistes, la Ville n'affiche guère de transparence auprès des cyclistes et de leurs associations quant à la marche des travaux, alors que selon sa politique vélo : « ...la Ville doit former une table de travail élargie sur le vélo avec les organismes privés et publics dans le domaine cycliste. »

# POUR UNE JUSTICE URBAINE

# Les femmes et la ville :
## *Égalité, fraternité, sécurité*

HEIDI MODRO
Journaliste et ex-rédactrice-en-chef du journal
étudiant de l'Université Concordia, *The Link*

Le massacre de Polytechnique a sensibilisé les Montréalaises et les Montréalais à la question de la violence faite contre les femmes en milieu urbain.

Dans son programme de 1986, le RCM s'engageait à « travailler énergiquement à réaliser une équité réelle entre les femmes et les hommes dans tous les champs d'activité à Montréal. »

En 1988, la Ville a institué une nouvelle politique d'embauche voulant qu'un *nouveau* col bleu sur quatre soit une femme. Un an plus tard, cette proportion a été haussée à 50 %.

Toujours en 1988, un rapport du collectif Femmes et ville demandait à la Ville de Montréal de tenir compte, dans son schéma d'aménagement, des besoins des femmes en matière de sécurité.

La Ville de Toronto est en avance de plusieurs années en ce qui a trait à l'instauration de mesures favorisant la sécurité des femmes en milieu urbain.

Les solutions aux problèmes actuels devront passer par une remise en question du rôle inférieur joué par les femmes à tous les niveaux dans la société.

Sur un des étages supérieurs de l'Hôpital général de Montréal, un médecin demande à une infirmière d'administrer une puissante dose de sédatifs à une jeune femme en proie chaque nuit à de violents cauchemars. Cette jeune femme à survécu au massacre du 6 décembre 1989 à Polytechnique. Quatorze femmes ont été tuées ce jour-là, dans la pire tuerie de l'histoire du Canada, par un homme qui a hurlé, en appuyant sur la gachette : « J'haïs les féministes » !

La réaction du RCM à cette tragédie inédite à Montréal fut au premier chef sincère. Devant les caméras, Jean Doré a pleuré les 14 victimes parmi lesquelles se trouvait la fille de la conseillère Thérèse Daviau, gardienne occasionnelle des enfants de la famille Doré.

Les actions qu'a prises le RCM par la suite n'ont cependant pas fait montre d'une véritable compréhension des racines profondes du drame de Polytechnique, nommément la violence faite aux femmes. Même si peu de temps après le 6 décembre, deux femmes étaient assassinées de sang froid dans une boutique de l'avenue Laurier, la question de la violence faite aux femmes est demeurée secondaire par rapport aux dossiers « plus pressants » de l'administration municipale.

Pour les femmes, qui, rappelons-le, composent la moitié de l'électorat, cette question était pourtant vitale. Les groupes de femmes expliquent que les citoyennes sont victimes d'une violence systémique qui est perpétuée, sinon renforcée, par une absence de politiques sociales qui pourraient briser les chaînes de la violence en milieu urbain.

En 1989, 21 autres femmes étaient assassinées sur le territoire de la Communauté urbaine de Montréal. Les chiffres relatifs aux agressions sexuelles sont tout aussi choquants. En effet, l'Enquête canadienne sur le crime en milieu urbain (*Canadian Urban Victimization Survey*), effectuée en 1982, montre que Montréal possède, avec Vancouver et Edmonton, le taux le plus élevé d'agressions de nature sexuelle *per capita* : 6,6 agressions pour 1 000 habitants. De plus, des données du Centre canadien pour la justice révèlent que le nombre d'agressions sexuelles est à la hausse à

Montréal : en 1988, les cas rapportés d'agression sexuelle avaient progressé de plus de 20 % par rapport à 1980, passant de 963 à 1 216. En 1989, selon les statistiques du Service de police de la CUM, on en comptait 1 240, c'est-à-dire près de quatre par jour ! La même année, 4 000 femmes étaient battues par leur conjoint, leur frère, leur fils, leur père, leur oncle, etc.

Ces chiffres, bien que suffisamment alarmants, ne lèvent pourtant le voile que sur une petite partie de la réalité. En effet, la plupart des cas de violence faite aux femmes ne sont pas rapportés aux autorités. Le Conseil consultatif canadien sur le statut de la femme estime qu'une femme sur 17 sera victime d'un viol dans sa vie et qu'une femme sur cinq sera agressée sexuellement, mais qu'un seul de ces cas sur dix fait l'objet d'une plainte.

### 1. Un programme tous azimuts

Après l'élection du RCM en 1986, les groupes de femmes montréalais avaient toutes les raisons de croire que de profonds changements d'attitude envers les questions relatives à la condition féminine se produiraient à l'Hôtel de Ville. Toutefois, les chapitres relatifs aux femmes dans le très progressiste programme du RCM semblent avoir été relégués aux oubliettes durant les quatre premières années de son mandat. L'équipe Doré promettait une politique globale de discrimination positive pour favoriser l'embauche des femmes dans la fonction publique municipale, de même que la création d'une commission permanente du Conseil sur les questions relatives aux femmes. Le RCM promettait également de convertir certains immeubles appartenant à la Ville en centres pour femmes sans-abri ; de mettre sur pied une unité spéciale pour aider les femmes victimes de violence sexuelle ou conjugale ; de réglementer l'affichage pornographique et de faire pression sur le gouvernement fédéral afin de décriminaliser la prostitution.

Bien qu'elle ait quelque peu amélioré les politiques de la Ville relatives aux femmes, l'administration Doré-Fainstat a néanmoins dilué de beaucoup ses promesses d'avant 1986.

Pourtant, plus de femmes que jamais siègent au Conseil municipal ou occupent des postes de responsabilité au sein de l'appareil administratif. En effet, quinze des 47 conseillers du RCM sont en fait des conseillères et trois des sept membres du Comité exécutif sont des femmes. Toutefois, les postes les plus importants (maire, président du Conseil, président et vice-président du Comité exécutif) restent occupés par des hommes.

Au Comité exécutif, le « dossier femmes » est entre les mains de Léa Cousineau, une féministe de longue date. Plutôt que de procéder à des changements radicaux quant à la façon avec laquelle la Ville traite des questions relatives à la condition féminine, Mme Cousineau a préféré concentrer ses efforts sur des réformes administratives. Son objectif a été de réparer les torts causés aux femmes par plus de vingt années d'inertie de la part de l'administration du Parti civique. Elle a appliqué une politique d'équité en matière salariale et a quelque peu changé les politiques d'embauche de la Ville au profit des femmes, répondant ainsi à un des engagements de son parti. En effet, on ne comptait en 1986 que 36 femmes sur un total d'environ 4 000 cols bleus et 67 femmes sur les quelque 600 cadres de l'administration. À l'automne 1987, le RCM adopta donc un programme d'équité en matière d'embauche. Bien qu'aucun objectif précis n'ait été fixé pour les cols blancs, ce programme prescrivait qu'à l'avenir, sur quatre cols bleus engagés par la Ville, au moins un sera une femme. En 1989, cette proportion a été augmentée à 50 %. D'ici cinq ans, le RCM espère que plus de 20 % des cols bleus de la Ville de Montréal seront de sexe féminin.

Le RCM semble cependant avoir ignoré ses autres promesses. Dès les premiers mois de son arrivée au pouvoir, il « oublia » de faire pression sur les paliers supérieurs de gouvernement afin de créer un centre pour femmes en difficulté et de décriminaliser la prostitution. Les autres propositions originales du RCM (formulées avant son élection : la commission sur la condition féminine et les équipes spéciales d'intervention en situation de violence conjugale) furent elles aussi abandonnées, l'administration prétextant qu'elles relèvent de la compétence des gouvernements fédéral et provincial.

Le RCM favorisa plutôt des changements de nature cosmétique. Il fit adopter au Conseil un règlement imposant aux marchands de journaux de placer les magazines pornographiques sur les tablettes les plus élevées de leurs étalages afin qu'ils soient hors de portée des enfants. Cette mesure eut cependant peu d'effets concrets, aucun effort n'ayant été fait pour l'appliquer. Le RCM a également « oublié » de mettre sur pied une règlementation relative à l'affichage pornographique.

### 2. *Peur sur la ville*

En juin 1988, le collectif Femmes et ville présentait, dans le cadre de la consultation publique sur le schéma d'aménagement du centre-ville, un rapport sur les moyens pour la Ville d'améliorer la qualité de vie des femmes par un meilleur aménagement des voies publiques et par des conditions de logement et de travail améliorées. Le rapport mettait l'accent sur la peur constante que les femmes éprouvent lorsqu'elles sont en ville. En effet, une étude commandée par la

Ville à Pierre Tremblay, sociologue de l'Université McGill, a plus tard montré que 46 % des femmes habitant le centre-ville avaient peur d'être victimes de violence dans un lieu public et que 56 % avaient déjà subi une forme quelconque de violence à un moment ou à un autre de leur vie.

Le collectif demandait que les urbanistes intègrent, dans le schéma d'aménagement, des critères très stricts quant à la sécurité des femmes et de porter une attention spéciale aux lieux dangereux que sont les terrains vacants, les ruelles mal éclairées et les longs corridors de métro.

L'administration RCM a favorablement réagi à ce rapport puisque l'été suivant, le Comité exécutif a demandé aux services de l'habitation et de l'urbanisme de créer le Comité interservices femmes et ville. Composé d'un représentant de chacun des services de la Ville de Montréal, ce comité a eu pour mandat de développer un plan préliminaire d'action sur la question de la sécurité des femmes en milieu urbain.

Toutefois, les progrès de ce comité ont été relativement minces. Le peu d'argent dont il dispose montre que la violence faite aux femmes ne fait décidément pas partie des priorités de l'administration RCM. De plus, une fois que les travaux de ce comité seront complétés, il faudra attendre encore des années avant de vivre dans une ville plus sécuritaire puisque les changements à apporter dépendront de la rapidité avec laquelle les schémas d'aménagement locaux, puis le plan directeur de la Ville de Montréal, seront adoptés.

Les progrès réalisés au niveau du Service de police de la CUM ont été tout aussi mineurs. En 1986, Herbert Marx, alors ministre de la Sécurité publique, ordonnait à tous les policiers du Québec d'arrêter et de porter des accusations contre tout agresseur dans les cas de violence conjugale et ce, même si la victime ne porte pas formellement plainte. Il demandait également aux policiers de référer les femmes en difficulté à des travailleurs sociaux pouvant répondre à leurs besoins. L'année suivante, un numéro de téléphone sans frais d'aide aux femmes en difficulté fut installé. Enfin, en mars 1990, la CUM, en collaboration avec les CLSC de l'île de Montréal, initiait un projet-pilote d'une durée de six mois par lequel les policiers peuvent directement mettre en contact les victimes de violence conjugale avec le CLSC de leur quartier.

En comparaison, la Ville de Toronto a cependant plusieurs années d'avance dans l'instauration de mesures concrètes pour traiter de la violence faite aux femmes. Dès le début des années 1980, la Commission de transport de Toronto mettait en œuvre des programmes de prévention des agressions sexuelles. En 1989, la Ville mettait sur pied un *Safe City Committee* (Comité pour une ville sécuritaire) composé de six conseillers municipaux et de quinze représentants du public. Dans un rapport de 20 pages, le comité en question recommande que la municipalité s'attaque aux éléments du décor urbain qui sont dangereux pour les femmes : les rues mal éclairées, les haies et les clôtures, les stationnement souterrains, etc. Il recommande également que les nouveaux immeubles soient intégrés à la ville de manière à assurer un flot continu de piétons dans les rues. La Ville de Toronto distribue enfin à ses citoyens une brochure indiquant comment ils peuvent rendre leur quartier plus sécuritaire.

### 3. Les racines du problème sont économiques

L'ensemble des mesures prises jusqu'à maintenant par les pouvoirs publics ont leur mérite. Cependant, la violence faite aux femmes ne diminue pas simplement à coups de comités et d'études. La violence, et la peur qu'elle engendre, exigent plus qu'on éclaire davantage les terrains de stationnement ou qu'on installe des caméras de surveillance dans les stations de métro. Ce problème puise ses racines dans le statut socio-économique inférieur des femmes.

Le recensement de 1986 montre en effet que 21 785 Montréalaises vivant seules consacraient plus de 50 % de leur revenu au loyer alors que seulement 15 105 de leurs concitoyens du sexe opposé étaient contraints à la même dépense. Plus du tiers des chefs de famille montréalais sont des femmes monoparentales qui, dans plus de 30 % des cas, vivent sous le seuil de la pauvreté. Le revenu moyen des femmes vivant à Montréal est inférieur de plus de 6 000 $ à celui des hommes.

En dépit de ces iniquités flagrantes, aucun service de la Ville de Montréal ne traite spécifiquement de la pauvreté des femmes. Aux niveaux provincial et fédéral, des agences font des études sur la condition féminine, mais aucune ne combat le statut socio-économique inférieur des femmes.

La municipalité est toutefois mieux placée pour s'attaquer à ce problème parce qu'elle est la plus proche des femmes, de leurs résidences, de leurs lieux de travail, de leurs rues et de leurs quartiers. À ce propos, Linda McLeod, auteure du rapport *The City for Women : No Safe Place*, écrivait, en 1989 :

> Lorsqu'on parle de la peur des femmes et du fait qu'elles sont, plus souvent qu'autrement, victimes de violence en milieu urbain, on parle en fait d'une question d'accès à l'égalité. Le statut inférieur des femmes, sur les plans social et économique, réduit leur capacité à se défendre et à retrouver une vie normale lorsqu'elles sont victimes de violence. Ces problèmes touchent la communauté toute entière

parce que la peur que les femmes éprouvent, la souffrance dont elles sont victimes et la dégradation de leur condition ont des conséquences non seulement sur le niveau de vie des femmes, mais aussi sur la viabilité de nos communautés toutes entières.

La solution à ce problème doit donc s'en prendre au rôle inférieur de la femme non seulement en public, mais également en privé puisque selon Statistique Canada, les deux tiers des agressions contre les femmes sont commises par des personnes qu'elles connaissent.

L'administration RCM est certes la première à Montréal à aborder la question de la violence faite aux femmes, mais elle tarde encore à s'attaquer aux racines du problème. Ce champ de compétence déborde certes des pouvoirs de la Ville de Montréal, mais pour les femmes, tous les paliers de gouvernement devraient avoir leur part de responsabilité dans ce dossier qui touche, faut-il le rappeler, la moitié de la population.

Il y a lieu de douter qu'une solution durable puisse être envisagée au sein des structures politiques actuelles. C'est de la société dans son entier que provient la discrimination dont sont victimes les femmes : les viols, les attentats à la pudeur, et les autres agressions contre les femmes sont parmi les plus graves symptômes d'une société gravement malade.

Ainsi, pour que de véritables changements aient lieu, la Ville doit redéfinir son rôle. Une administration municipale réellement soucieuse des intérêts de ses citoyens devrait passer outre à la camisole de force des compétences que cherchent à lui imposer les paliers fédéral et provincial. La violence faite aux femmes à Montréal est telle qu'elle exige un maximum d'implication de la part de la Ville, puis des quartiers, car il est un principe admis en sociologie que la résolution des problèmes se fait plus aisément dans des cellules d'organisation sociale plus petites. Ce n'est en effet que lorsque les membres d'une communauté se connaissent et se font mutuellement confiance que se développe un sentiment d'appartenance prononcé. De petits groupes de femmes pourraient ainsi être mis sur pied à l'échelle des quartiers et lutter avec de plus grandes chances de succès contre la violence.

Il incombe à la Ville de faire revivre ce sentiment d'appartenance en favorisant l'organisation communautaire de ses citoyens. Toutes les formes de violence, bien entendu, ne seront pas automatiquement éliminées. D'autres facteurs, débordant le cadre communautaire, ont une influence déterminante sur la psychologie des individus. Mais on peut faire des pas de géant si on encourage les citoyens à amorcer eux-mêmes des pistes de solution.

*Traduit par Jean-Hugues Roy*

# Les minorités ethniques à Montréal :
## *Trop d'euphémismes polis ; pas assez de promotion sociale*

Brendan Weston
Journaliste et membre du comité de rédaction du
*Montreal Mirror*

Neuf membres d'une communauté ethnique sur dix au Québec habitent dans la région de Montréal

Les tensions ethniques sont souvent marqués par l'identification des minorités à l'une ou l'autre des communautés linguistiques à Montréal.

En 1986, le français était la langue maternelle de 57,6 % des résidents de l'île de Montréal, l'anglais, de 19 % et une autre langue, de 23,4 %. Pour Montréal proprement dit, les chiffres étaient de 70 %, 12 % et 18 % respectivement.

En janvier 1989, la Société de transport de la communauté urbaine de Montréal a établi à 25 % le quota de son personnel devant appartenir à des minorités ethniques que ces nouveaux employés soient chauffeurs d'autobus, affectés à l'entretien ou à la sécurité.

Dès 1987, la Ville a créé un « Bureau interculturel » pour adapter les services municipaux aux diverses communautés culturelles, mais ce n'est qu'en 1990 qu'elle a mis sur pied le Comité consultatif interracial, lié au Comité exécutif, une vieille promesse du RCM.

L'administration du RCM a attendu jusqu'en mai 1989 pour annoncer l'établissement d'un programme de promotion sociale *(affirmative action)*. Celui-ci a d'ailleurs fait l'objet de critiques véhémentes parce qu'il était inefficace. Neuf mois plus tard, le programme était abandonné et remplacé par un quota de 25 %.

Montréal est une ville cosmopolite : c'est en effet un véritable creuset pour les cultures qui s'y côtoient, de même qu'un pôle d'attraction puisqu'il s'agit de la plus grande ville au Québec et de la seconde en importance au Canada. La métropole a toujours agi comme un aimant, attirant les Québecois des régions rurales et servant de porte d'entrée à des vagues successives d'immigrants durant le vingtième siècle.

Tout en constituant une de ses forces, la diversité ethnique de la ville génère toutefois des tensions, de la discrimination et de la violence. Dans le cas de Montréal, à la question de la diversité culturelle, on a toujours superposé un conflit linguistique dont les connotations ethniques sont une véritable bombe à retardement. Tracer un chemin dans ce terrain miné constitue un formidable défi qu'à la veille de l'élection de 1986, le RCM semblait capable de le relever.

Peu après la défaite du Parti civique le 9 novembre de cette année-là, l'ancien président du Comité exécutif, M. Yvon Lamarre, ne trouvait pas anormale l'absence quasi-totale de membres des minorités ethniques dans la fonction publique municipale. Il répondait à une question formulée par le RCM, dont le membership, très diversifié, contrastait avec l'homogénéité ethnique de l'administration Drapeau. Cette diversité toutefois n'avait trait qu'aux minorités les mieux établies. Sur les 55 conseillers élus, on pouvait compter cinq Québécois d'origine juive, cinq d'origine italienne et un d'origine grecque. Aucun des nouveaux conseillers n'était membre d'une minorité visible.

Lors de la campagne électorale de 1986, Jean Doré a lancé un appel pressant aux communautés ethniques et, le soir de la victoire du RCM, il est allé jusqu'à s'engager à prendre des mesures dans le domaine des relations interraciales. Un comité consultatif spécial chargé des relations culturelles et rattaché au Comité exécutif devait être mis sur pied dans quelques mois. Le programme du RCM de 1986 affirmait la nécessité d'abolir les politiques d'embauche favorisant implicitement les citoyens du groupe culturel dominant, de mettre en œuvre des programmes de promotion sociale et de demander aux entreprises engagées par la Ville de prendre des mesures donnant aux femmes l'égalité d'accès à l'emploi. Ces mesures, quoique prometteuses à l'égard des minorités ethniques, n'ont pas été intégrées à l'administration avant 1988.

La piètre performance qui a suivi en a laissé plus d'un pantois. Le dossier des relations interraciales a été confié à Kathleen Verdon, membre du comité exécutif et responsable de la culture. Friande d'événements culturels, Mme Verdon était dans son élément lors des premières et des vernissages. Elle était cependant moins à l'aise avec les rouages de l'administration municipale. On en veut pour preuve le fait que l'association locale de Kathleen Verdon, dans le district de Cartierville, a démissionné en bloc environ un an après l'élection pour protester contre son manque d'attention à l'égard des préoccupations de ses commettants. Par contre, en ce qui concerne le dossier des communautés culturelles, Mme Verdon avait engagé des assistants appartenant à des minorités ethniques et avait annoncé qu'elle préparait plusieurs mesures d'action positive. On devait former un groupe de travail sur la promotion sociale, ouvrir un bureau multilingue, travailler à la sensibilisation des employés municipaux, nommer un coordonnateur pour les groupes minoritaires et organiser des consultations régulières auprès des groupes ethniques.

Un an après l'élection, pourtant, Corinne Jetté, présidente du Centre de recherche et d'action sur les relations raciales (CRARR) demandait la démission de Mme Verdon. Sa plus grave erreur fut d'engager, sans en avoir fait part à personne, la toute blanche Christiane Syms pour coordonner les structures et les services municipaux destinés aux minorités. Mme Verdon organisa une série de déjeuners avec les représentants des communautés ethniques. De temps en temps, elle y dénonçait avec force le racisme. Mais son penchant la portait encore à s'éclater davantage sur la scène culturelle plutôt qu'à s'occuper de délicats conflits interraciaux.

La passion du maire Doré pour les voyages internationaux était notoire. Cependant, seuls des Québécois « pure laine » représentaient Montréal au yeux du monde. M. Doré, par exemple, s'est rendu à Beijing, ville jumelée à Montréal, sans qu'aucun Montréalais d'origine chinoise ne l'accompagne. M. Doré s'est débrouillé pour obtenir des autorités provinciales le statut de zone touristique pour le quartier chinois de Montréal, ce qui permettait à ses magasins d'ouvrir le dimanche, mais il n'a pas fait grand-chose pour soulager un quartier étranglé par le maire Drapeau.

Les critiques l'administration Doré se firent plus virulentes avec le temps. Mme Verdon aurait pu travailler en faveur d'une représentation ethnique dans d'autres secteurs de la machine urbaine, mais elle n'a même pas réussi à l'assurer dans son propre secteur, le dévelopment culturel. La publicité de la Ville continuait à ne montrer que des visages blancs.

Après avoir décidé de mettre sur pied son bureau interculturel multilingue relatif aux services municipaux, la Ville a différé la mise sur pied du comité consultatif interracial jusqu'à 1990. Ce retard n'était rien, cependant, en regard du dossier de Mme Verdon concernant l'égalité d'accès à l'emploi : cette supposée « priorité » montrait que Mme Verdon n'avait rien compris au concept de promotion sociale *(affirmative action)*. Toutefois, ce fut la police qui, le 11 novembre 1987, devint brusquement le centre des préoccupations publiques en ce qui a trait au rapport entre l'administration municipale et les minorités ethniques.

## 1. *Racisme policier*

La police de la CUM avait déjà fait l'objet de plaintes répétées de racisme et de brutalité. Mais la colère s'est déchaînée lorsque le jeune noir Anthony Griffin, qui ne portait aucune arme, fut tué d'une balle à bout portant par l'agent Alan Gossett. Auparavant impliqué dans un incident racial, l'agent Gossett, qui affirmait que le coup de feu avait été accidentel, fut suspendu, et accusé d'homicide. Mais il fut plus tard acquitté et rétabli dans ses fonctions.

Les irrégularités qui ont ponctué cette affaire ont cristallisé la nécessité d'une réforme des forces policières, dont les membres sont pratiquement tous de race blanche. Quelques réformes furent instituées, mais le retour de l'agent Gossett dans l'uniforme du Service de police de la CUM a laissé un goût amer dans la bouche de plusieurs.

De toute évidence, le problème était attribuable au fait que les effectifs des forces constabulaires ne reflétaient pas le profil ethnique de la ville. Pourtant, ce n'est qu'à la fin de 1989 qu'on a commencé à ébaucher une politique de promotion sociale au sein du SPCUM. Elle ne sera peut-être pas rendue publique avant l'automne 1990. Sur 4 433 agents, 21 appartiennent à des minorités visibles, une proportion de 0,04 %. On sait que le programme vise à faire passer la proportion d'agents féminins de 6,8 % à 32,8 % d'ici l'an 2000, alors que les objectifs concernant les minorités ne sont pas encore arrêtés.

On s'est aussi attaqué à certaines barrières entre les minorités ethniques et les agents de police. Certains critères d'embauche restrictifs ont été assouplis. Des policiers sont allés prononcer des allocutions dans des écoles secondaires où se trouve un pourcentage important d'élèves appartenant à des minorités ethniques. Ils se sont aussi adressés régulièrement aux classes d'immersion destinées aux immigrants nouvellement arrivés. Ces mesures sont toutes valables, mais seule une modification de la politique d'embauche signifie implicitement que le racisme des institutions constitue un problème ; les autres mesures donnent à penser que ce sont les craintes (non fondées) éprouvées par les minorités qui constitue le principal obstacle à surmonter.

À la Commission de la sécurité publique, dont les membres sont des conseillers municipaux de Montréal et des maires des municipalités de banlieue, Léa Cousineau, membre du Comité exécutif (on l'avait suggéré comme remplaçante de Mme Verdon en ce qui a trait aux questions ethniques) a travaillé de façon compétente à la Commission, surveillée de près par le conseiller dissident du RCM, Marvin Rotrand. Cependant, on n'a jamais pu remédier à la méfiance des minorités face à la police. Gossett avait été rétabli dans ses fonctions par un arbitre du Tribunal du travail, malgré les recommandations contraires de la CUM. Bien des gens ont gardé l'impression, vraie ou fausse, que les policiers peuvent non seulement tuer et être pardonnés, mais encore qu'ils sont payés pour cela.

Les brandons de discorde ont de nouveau été attisés lorsque le jeune noir Leslie Presley a été tué de plusieurs coups de feu par la police lors d'une descende dans un bar de la rue Stanley en avril 1990.

## 2. *Bien faible comme promotion sociale*

En janvier 1988 paraît le document politique intitulé *L'administration municipale de Montréal et les relations avec les communautés culturelles*. Le texte commence par une justification du fait qu'il soit centré sur le concept de « communautés culturelles » plutôt que sur celui de « minorités ethniques ». Le terme, de prime abord, apparaît plus global puisqu'il comprend aussi les Canadiens d'origine française et anglaise de race blanche. Par convention au Québec, cependant, ce terme englobe tout le monde dans sa définition sauf les « peuples fondateurs » ou les Québécois dits « de souche », c'est-à-dire ceux dont les ancêtres sont originaires de France et des Iles britanniques, avec, curieusement, les peuples autochtones.

Il s'agit d'un terme et d'une définition qui, le texte l'admet, en ont frappé plus d'un par leur condescendance et leur euphémisme. Pourtant, la Ville l'a choisi, parce que les statistiques concernant les groupes ethniques n'établissent pas la distinction entre ceux qui s'assimilent à une culture prédominante et ceux qui ne le font pas. D'autre part, il prend en compte « le contexte historique de Québec et de Montréal ». Cette citation est un euphémisme qui peut être traduit comme suit : « la victoire des colonisateurs anglais sur les colons français et les privilèges dont jouissent les Anglais au Québec, qui persistent jusqu'à nos jours ».

Ce contexte est également essentiel si l'on veut comprendre les failles de la politique maladroite du RCM en matière de promotion sociale. La domination historique des anglophones dans le domaine des affaires et des privilèges connexes a alimenté, et c'est compréhensible, un ressentiment puissant et durable chez la plupart des Québécois, qui s'inquiètent à juste titre d'une assimilation possible par l'Amérique du Nord de langue anglaise. La fonction publique au Québec était traditionnellement l'outil d'ascension sociale pour les Canadiens français ; elle constituait pour eux la contrepartie du milieu des affaires pour les Anglais. Malgré cela, la fonction publique à Québec et à Montréal n'est pas représentative de la population desservie qui, elle, est de plus en plus hétérogène, ethniquement parlant.

De toute évidence, les programmes de promotion sociale sont destinés aux groupes opprimés, qu'il s'agisse des femmes, des minorités ethniques ou des handicapés. Si le but de l'administration du RCM était d'exclure les anglophones, elle n'avait qu'à affirmer, statistiques à l'appui, qu'ils ne subissent pas de discrimination. Fait à remarquer, cependant, ce n'est pas ainsi qu'agit le gouvernement du Québec. En effet, celui-ci est en train de mettre sur pied un comité pour améliorer l'accès des anglophones à la fonction publique, où ils ne constituent que 3 % des travailleurs.

La Ville, bien au contraire, a déversé des euphémismes polis et n'a pondu qu'une politique sans imagination, qui excluait les Amérindiens, groupe incontestablement défavorisé. Mme Verdon n'a offert que des explications simplettes. Les autochtones, disait-elle, n'étaient pas visés par le programme car ils relevaient des autorités fédérales, et qu'en tant que peuple fondateur, ils pourraient se sentir insultés par l'appellation « communauté culturelle ».

Une autre erreur de la même veine : la façon dont on a balayé du revers de la main ceux que le racisme affecte le plus. Même si le document de stratégie initial s'attachait aux minorités visibles — environ 7 % des Montréalais — aucune politique ultérieure ne se rapportait à eux. Cette situation est devenue le point de mire des critiques des politiques du RCM, rendues publiques en mai 1989. Le CRARR et SOS-Racisme ont concentré leur intervention sur deux points : une politique qui ne visait pas précisément l'embauche de membres des minorités visibles pourrait aussi bien décourager cette embauche ; les nouveaux postes pourraient n'être comblés que par des personnes appartenant à des groupes minoritaires relativement établis : Italiens, Grecs, Juifs et autres sujets européens à peau claire.

Pourtant, les minorités visibles et les autochtones ont été inclus dans les objectifs d'embauche détaillés du programme d'emploi de la Société de transport de la CUM. Cette politique, favorablement accueillie, se donne pour objectif d'engager 25 % de membres des minorités dans chacune de ses trois catégories principales d'emploi. La Ville de Montréal aurait pu tenter d'imiter ou de dépasser cet exemple. Bien au contraire, les minorités visibles ont été tout à fait ignorées dans le programme d'action final rendu public en mai 1989 au cours d'une conférence, ironiquement intitulée « L'intégration des minorités visibles dans les organismes : une responsabilité sociale ».

Pire encore, ce programme proposait des mécanismes d'une lourdeur incroyable et intrinsèquement discriminatoires. Plutôt que d'établir un objectif précis d'emploi des minorités, la Ville aurait analysé une par une 600 de ses 900 catégories d'emploi pour déterminer la représentation des minorités. Cette représentation devait se fonder sur le pourcentage réel à ces postes de travailleurs appartenant à des minorités dans d'autres régions du Québec !

Cette façon de procéder sapait de deux façons évidentes l'objectif d'emploi des minorités. Tout d'abord, les statistiques à l'échelle de la province sous-représentent les minorités ethniques du fait que neuf membres de ces minorités sur dix vivent à Montréal. En second lieu, les minorités ethniques font également face à de la discrimination en dehors de la fonction publique : elles seront donc aussi sous-représentées dans les statistiques concernant la participation à la main-d'œuvre, pour la plupart des professions, mais non pour certains métiers, par exemple, celui de chauffeur de taxi, où se concentrent les professionnels immigrants auxquels on a refusé du travail dans leur propre domaine d'emploi. Dans le programme d'action intitulé « Accès à l'égalité d'emploi pour les communautés culturelles de la Ville de Montréal », c'était la lourdeur incroyable du mécanisme utilisé qui constituait le défaut le plus fondamental.

Comme exemple d'objectif, seulement douze des 600 catégories d'emploi devaient être analysées avant la fin de 1989. Le procédé a été abondamment critiqué et vaguement défendu par Mme Verdon, dès son lancement. On ne peut pourtant trouver de preuve plus éloquente de son ignoble échec que le rapport des propres services de la Ville.

En février 1990, les services municipaux ont calculé les résultats de l'embauche pour les huit premiers mois. La Ville a prétendu tout ignorer du nombre de postes analysés. Au lieu d'attribuer 245 postes comme prévu, elle n'en a attribué que 145. À ces postes, seulement quinze personnes, soit 10 %, étaient membres de communautés culturelles ; enfin parmi ces quinze personnes, neuf étaient des agents de l'aide sociale. On peut replacer ces données dans une perspective plus globale : le taux de rotation, parmi les 12 500 employés de la Fonction publique, étant de 3 % par an, et les membres des minorités étaient engagés surtout à des postes inférieurs, au taux de 0,3 %. Il faudrait donc plus de huit ans aux minorités pour constituer 25 % de la main-d'œuvre de la Ville, si tous les nouveaux employés appartenaient à des communautés ethniques ; et cela prendrait 33 ans — c'est-à-dire jusqu'en l'an 2022 — au rythme actuel. Ce taux se défendait difficilement ; Mme Verdon a alors changé de tactique.

En annonçant le nouvel objectif d'emploi de 25 % pour tous les postes, Mme Verdon avait le sourire fendu jusqu'aux deux oreilles ; ce n'était pas une volte-face, affirmait-elle, mais une simple amélioration. Quoi qu'il en soit, le nouveau programme d'action, qui entrait en vigueur au même moment laissait beaucoup à désirer. Son défaut le plus flagrant : ce programme ne comportait toujours pas de mécanismes de « respect de l'obligation contractuelle » obligeant les principaux entrepreneurs municipaux à engager des membres des minorités. C'est la Commission de l'administration et des finances du Conseil municipal qui, après examen du programme d'action de 1989, a suggéré d'inclure un mécanisme semblable ; une nouvelle version a vu le jour après la révision de 1990.

Il manquait également au nouveau programme d'emploi certaines autres mesures utiles : c'est le conseiller d'opposition Sam Boskey, de la Coalition démocratique, qui les a proposées. On n'y voyait inscrits ni objectifs concernant les minorités visibles et les Amérindiens, ni mécanismes propres à assurer la promotion interne des minorités. Le conseiller Boskey soulignait également le point suivant : pour qu'un objectif d'embauche corrige la sous-représentation dans un délai raisonnable, le pourcentage visé doit être plus élevé que la représentation réelle du groupe cible dans l'ensemble de la société. Les conseillers du RCM ont pourtant rejeté ces recommandations, avec des arguments sans grande valeur, notamment les craintes qu'une arrivée trop soudaine de fonctionnaires d'origines ethniques différentes provoquerait une réaction raciste chez les employés blancs.

Si les programmes de l'administration Doré représentent un pas en avant pour les minorités, ils représentent une progression à pas de tortue dans une situation qui exigeait une progression à pas de géant. C'est par une simple déclaration officielle contre le racisme — l'année précédente — que le RCM a semble-t-il devancé la CUM sur les questions interraciales. Mais il se situe loin en arrière dans sa définition d'un comité consultatif chargé des questions interraciales. La promotion sociale, qui exige des hommes et des femmes politiques qu'ils passent aux actes, s'est montrée timide sur deux plans, spécialement entre les mains de Mme Verdon. C'est là, en partie du moins, le reflet de sa ridicule incapacité d'affirmer son choix d'exclure les anglophones des politiques de promotion sociale. C'est pourquoi les minorités et les autochtones ont été sacrifiés à l'euphémisme « communautés culturelles ». Bien entendu, cette expression est aussi couramment utilisée à l'échelle de la province, mais elle fait écran à la véritable question, celle de l'oppression ethnique.

*Traduit par Denis G. Gauvin*

# La politique anti-apartheid de la Ville de Montréal :
## *Apathie contre l'apartheid*

JEAN-HUGUES ROY
Journaliste indépendant et reporter régulier à la revue *Voir*

Plus de trois ans après que leur Conseil municipal a déclaré qu'il joignait sa voix au concert international d'opposition au régime de l'apartheid, les Montréalais attendent toujours une version finale de la politique anti-apartheid de la Ville.

La désignation d'un parc de Montréal a été faite en l'honneur de Winnie et Nelson Mandela.

En vue de fermer le consulat sud-africain à Montréal, la Ville fait pression sur Ottawa, mais non sur Trizec, société qui loue les bureaux du consulat du régime de l'apartheid dans l'immeuble de la place Ville-Marie.

La Ville, par l'AMARC, commandite encore tous les ans le Festival de pyrotechnie Benson & Hedges en collaboration avec la filiale d'une des plus puissantes multinationales sud-africaines : Rothmans.

Pour illustrer son engagement contre l'apartheid, l'administration Doré-Fainstat procède donc surtout par symboles et fait relativement peu pour rompre effectivement ses liens commerciaux et financiers avec l'Afrique du Sud.

Dès les premiers mois qui ont suivi son élection, le RCM a manifesté une ferme intention que la Ville de Montréal rompe ses liens avec le régime de la République sud-africaine décrié de par le monde pour son système de racisme institutionnalisé : l'apartheid.

Lors de la séance du 10 mars 1987, le Conseil municipal adoptait en effet une résolution où il « rejetait

sans équivoque les politiques racistes du gouvernement de l'Afrique du Sud » et où il priait également le
Comité exécutif d'« étudier la possibilité :

1. de ne pas procéder à l'achat ou à la location de
   biens, équipements et services avec des entreprises ayant des intérêts en Afrique du Sud ou
   faisant affaire avec ce pays ;

2. de cesser de faire des placements ou de contracter
   des emprunts auprès d'institutions financières
   liées au gouvernement de l'Afrique du Sud[1]. »

Mais trois ans après cette vague déclaration d'intentions, les Montréalais attendent toujours que leur ville se
joigne au mouvement international très étendu d'opposition au régime de l'apartheid. Après quarante mois au
pouvoir, le RCM n'avait toujours pas déposé la version
définitive de sa politique anti-apartheid. Revoyons le
film des événements.

Après sa prise de position de mars 1987, étant
donné que la rupture des liens avec le régime sud-
africain devrait s'opérer surtout au niveau des rouages
administratifs de la Ville, il fut décidé en septembre de
la même année que le projet de politique anti-apartheid serait confié à la commission permanente de
l'administration et des finances, une des cinq commissions du Conseil municipal mises sur pied par le RCM et
présidée par le conseiller Pierre-Yves Melançon (à
noter que la démission de celui-ci du caucus des
élus, puis du RCM, en 1988-89 est un des nombreux
facteurs qui ont contribué à étouffer la vigueur de
l'administration dans le dossier de la politique anti-
apartheid).

Trois séances de consultations auprès du public
eurent ensuite lieu en novembre et en décembre
1987. À ces audiences, trois citoyens et douze organismes déposèrent des mémoires dans lesquels les

membres de la commission puisèrent abondamment pour rédiger leur rapport déposé au Conseil municipal six mois plus tard, le 20 juin 1988. Ce volumineux rapport (plus de 80 pages) définit d'abord le champ d'application de la politique anti-apartheid, soit les types de sociétés ayant des liens avec l'Afrique du Sud et les divers types de liens économiques directs pouvant exister ; puis il formule une série de 34 recommandations sur les moyens concrets pour mettre en application cette politique.

Jusque-là, la politique anti-apartheid de la Ville de Montréal semble aller bon train. Le Comité exécutif, son président Michael Fainstat en particulier, paraissent décidés à élaborer « la politique anti-apartheid la plus claire au monde[2] ». Toutefois, dans ce dossier-ci comme dans bien d'autres, lorsqu'il s'agit de coucher des mots sur le papier, l'administration RCM est prête à aller très loin. Mais lorsqu'il s'agit de transformer ces mots en action, on dirait qu'elle piétine.

Comme premier geste public dans le cadre de sa politique, la Ville choisira de répondre à la plus simple des recommandations faites lors de la consultation, c'est-à-dire de nommer un endroit en l'honneur de Nelson et de Winnie Mandela. Étroite bande de terrain coincée entre une cour d'école et des tours d'habitation, le parc Nelson-et-Winnie-Mandela, inauguré le 16 juin 1988 dans le quartier de la Côte-des-Neiges, donne déjà une idée du sérieux que l'administration porte à cette politique.

L'étape suivante se situe en octobre 1989. Le gouvernement du Québec accorde le droit à la Ville de modifier sa Charte afin qu'elle puisse, dans sa politique d'achat, faire de la discrimination légale contre les entreprises ayant des liens économiques directs avec l'Afrique du Sud. Mais aucun règlement du Conseil ne vient officialiser cette modification à la

Charte. En théorie, la Ville n'a pas le droit de transiger avec des sociétés ayant des liens avec l'Afrique du Sud. Mais en pratique, absolument rien ne l'en empêche.

C'est ce qui a fait que l'administration a été plongée dans un sérieux embarras lors de la visite à Montréal, le 19 juin 1990, de Nelson Mandela, symbole vivant de la lutte contre l'apartheid, Nelson Mandela, le 19 juin 1990. En effet, le jour même, le Conseil municipal a reporté au dernier point de l'ordre du jour l'achat d'une valeur de 3,96 millions de dollars d'essence du groupe pétrolier Olco Inc., société distribuant des produits Shell. Or, Royal Dutch Shell est la seule multinationale pétrolière a ne pas s'être retirée d'Afrique du Sud et ce, malgré une campagne internationale de boycott qui dure depuis de nombreuses années. L'octroi à Olco n'a finalement pas été voté, mais cet incident illustre les difficultés qu'éprouve l'administration à passer des paroles aux actes. Quand on pense que les limousines de la Ville qui ont amené Nelson Mandela et sa suite à l'Hôtel de Ville de Montréal roulaient peut-être avec de l'essence Shell !

Un autre dossier peu reluisant pour le RCM : tous les mois de mai, Montréal vibre sous les bombes du Festival international de pyrotechnie Benson & Hedges. Or Benson & Hedges est une filiale de Rothmans, multinationale sud-africaine. Mais pourtant, trois éditions de ce Festival ont pu être organisées avec l'appui financier de la Ville de Montréal et ce, malgré la prise de position ferme du RCM visant à briser tous les liens entre la métropole et l'Afrique du Sud. L'événement se déroulant à La Ronde, la responsabilité de son organisation incombe à l'Association montréalaise d'action récréative et culturelle (AMARC), société paramunicipale certes, mais à laquelle s'étendrait, selon les recommandations du rapport Melançon, la politique anti-apartheid. Même en n'ayant pas encore formellement ratifié sa politique, plusieurs militants anti-apartheid estiment que la Ville de Montréal ou l'AMARC auraient au moins pu s'associer à un commanditaire qui n'est pas lié à l'Afrique du Sud.

À mesure que l'on analyse ce dossier, on se rend compte que l'administration RCM n'est pas du tout disposée à payer le prix de son engagement politique. Ainsi, il lui coûterait parfois très cher de cesser de transiger avec des entreprises qui ont des liens avec Pretoria ; tellement cher, qu'elle préfère laisser à sa politique anti-apartheid des apparences de coquille vide.

Rien n'est aussi évident que dans le cas de la société Trizec. En effet, Trizec est une société de gestion immobilière qui possède de nombreuses tours de bureaux à Montréal, dont l'immeuble de la place Ville-Marie (où se trouve le consulat sud-africain) et l'immeuble du 500, place d'Armes (où la Ville de Montréal loue environ 86 000 pieds carrés de bureaux sur cinq étages, ce qui représente un loyer de 128 000 $ par mois).

Selon les termes de la politique anti-apartheid, étant donné que la société Trizec a des liens on ne peut plus directs avec l'Afrique du Sud, Montréal devrait résilier tous les baux qu'elle a faits avec Trizec. Mais on peut imaginer ce qu'il en coûterait de déménager tous les bureaux des cinq étages du 500, place d'Armes ! On préfère donc, plutôt que d'utiliser les dents de la politique anti-apartheid, prétendre que Trizec sera soucieuse de son image d'entreprise et qu'elle rompra d'elle-même ses liens avec l'Afrique du Sud.

Mais il n'en est rien. La position officielle adoptée par les dirigeants de Trizec est que le gouvernement sud-africain est un client comme les autres et qu'il pourra renouveler le bail de son consulat au 26$^e$ étage de la Place Ville-Marie autant de fois qu'il lui plaira. Trizec ne bouge pas. La Ville n'ose pas. La politique anti-apartheid tarde à être adoptée. Pendant ce temps-là, le régime de l'apartheid a toujours pignon sur rue à Montréal.

L'Afrique du Sud a été le théâtre de grands bouleversements en 1990 : l'ANC de Nelson Mandela a été légalisé ; Mandela lui-même est sorti de prison après 27 années d'exil intérieur ; mais la violence, caractéristique des états de transition, a atteint des sommets inégalés, particulièrement dans la province du Natal et dans les cités noire entourant Johannesburg. Une réforme porteuse d'espoir y semble engagée, mais toutes les organisations de lutte contre l'apartheid, en Afrique du Sud comme ailleurs, insistent sur le fait que la communauté internationale se doit de ne pas relâcher la pression sur Pretoria. Et Nelson Mandela, que Jean Doré recevait avec une satisfaction non dissimulée le 19 juin 1990, est le premier à le demander. Mais l'administration Doré tarde à répondre aux appels de son prestigieux invité.

« La Ville de Montréal joint sa voix au concert des nations [qui dénoncent] les politiques racistes du gouvernement de l'Afrique du Sud, » clament les communiqués de l'Hôtel de Ville au sujet de sa politique anti-apartheid. Les éléments que nous venons de mettre en lumière montrent plutôt que derrière ce concert, Montréal reste coi.

## Notes

1. Texte de la résolution proposée par Marvin Rotrand et adoptée à l'unanimité par le Conseil municipal.
2. Déclaration de Michael Fainstat faite le 1er novembre 1989, lors de la visite à l'Hôtel de Ville de David Woods, compagnon de Steve Biko et journaliste sud-africain vivant en exil et dont l'histoire constitue la trame du film *Cry Freedom*.

# Montréal, zone libre d'armes nucléaires : *ZLAN dans l'œil*

BRENDAN WESTON
Journaliste et membre du comité de rédaction du
*Montreal Mirror*

Au début des années 1980, alors qu'il était dans l'opposition, le RCM a fait figure de champion du pacifisme par ses prises de position coïncidant avec le fort mouvement populaire anti-militariste de l'époque.

En théorie, Montréal s'est déclarée zone libre d'armes nucléaires (ZLAN), mais dans les faits, les règlements qui auraient donné force de loi à ce projet de politique ont été jetés aux oubliettes de la bureaucratie.

Des audiences publiques ont eu lieu en 1987 sur le projet de politique ZLAN, mais la Ville semble n'avoir que très peu tenu compte des recommandations issues de cette consultation.

Quand le RCM a été confronté à une situation réelle (l'affaire Matrox) où il aurait pu faire preuve de sa volonté de faire de Montréal une authentique ZLAN, il a jugé que les intérêts économiques à court terme d'une entreprise militaire avaient plus de valeur que ses prises de position d'antan.

Le mouvement pacifiste n'est plus ce qu'il était. Par rapport aux grandes manifs du début des années 1980, les pacifistes vivent aujourd'hui dans l'ombre des environnementalistes. Même si la menace nucléaire pend toujours au-dessus de nos têtes telle une épée de Damoclès, la déconfiture des régimes satellites de l'Union soviétique en 1989-1990 a dissipé chez plusieurs les craintes que n'éclate un conflit nucléaire mondial.

Qu'on se rappelle l'anxiété que vivait l'opinion publique canadienne il y a dix ans : coincés entre les deux grands, nous pouvions à tout moment, comme les Européens, faire les frais d'une apocalyptique troisième guerre mondiale. Qu'on se souvienne des nombreuses fausses alertes provoquées, d'un côté, par un Ronald Reagan contrôlant assez d'armements atomiques, biologiques et chimiques pour détruire la Terre de nombreuses fois et insistant même qu'on pouvait sortir vainqueur d'un conflit nucléaire ; et de l'autre, par un « empire du mal » au leadership divisé et dont les dépenses en armements augmentaient sans cesse. C'est dans ce contexte que plus de 10 000 Montréalais ont marché pour la paix en 1982, formant une chaîne humaine qui traversa la ville. Plusieurs autres milliers de citoyens apposèrent également leur signature sur une pétition exigeant que Montréal devienne une ville libre d'armes nucléaires.

À l'époque, les militants du RCM étaient interpellés par la cause pacifiste. C'est ainsi qu'à peine un mois après leur élection, quelques conseillers ont présenté au Conseil une résolution pour Montréal soit déclarée zone libre d'armes nucléaires (ZLAN). La résolution, qui a été adoptée à l'unanimité, précisait également qu'un comité devait être mis sur pied afin de définir la façon d'implanter concrètement une telle déclaration d'intentions.

Formé de six conseillers (dont plusieurs allaient devenir de notables dissidents : Pierre Goyer, Sam Boskey, Konstantinos Georgoulis et Marcel Sévigny), ce comité a tenu des audiences publiques et a publié un rapport bien fourni en recommandations en septembre 1987.

Il faut rappeller cependant qu'à cette date, au-delà de 3 600 municipalités dans 24 pays s'étaient déjà déclarées ZLAN. Il ne s'agissait bien entendu, dans la plupart des cas, que de déclarations morales, sans grand impact dans les faits. Mais dans certains cas, ces déclarations étaient très catégoriques. À Chicago, par exemple, un comité fut créé afin de superviser la conversion d'industries militaires en de plus pacifiques alternatives. Le discours visant à fondre les canons était donc loin d'être marginal.

Il faut aussi savoir que plus de la moitié de la production militaire au Canada se concentre dans la région de Montréal. La « ceinture militaire » montréalaise, surtout composée de sociétés œuvrant à la fois dans le civil et dans le militaire, a grandi durant les belles années du Viêt-Nam. Mais plus récemment, à la famille des industries martiales se sont ajoutées quelques membres vivant exclusivement de contrats militaires tels que Paramax et Oerlikon. Voilà de quoi inquiéter tout pacifiste montréalais qui se respecte, même si ces industries se sont établies en banlieue éloignée.

Dans son rapport, le comité du Conseil qui a étudié la politique ZLAN recommande entre autres que la Ville refuse d'allouer des permis de construction, de rénovation et d'occupation aux sociétés qui fabriquent, entreposent, testent ou transportent des composantes d'armement nucléaire. Il propose de plus que la Ville demande systématiquement à tout bâtiment militaire mouillant à son port s'il transporte des ogives nucléaires ; qu'elle exige une stricte application des lignes directrices relatives au transport de matériel radioactif et qu'elle négocie avec les universités, les ministères et les organismes para-gouvernementaux pour que sa politique y soit aussi appliquée. Le comité recommande enfin que la Ville exige de tous ses sous-contractants et subventionnés qu'ils adhèrent à la politique ZLAN sous peine de perdre leurs contrats ou leurs fonds ; qu'elle élabore une liste des manufacturiers d'armement afin qu'elle leur fournisse un appui financier au cas où ils désireraient se reconvertir à la production civile et qu'une commission spéciale du Conseil supervise ce processus.

Toutefois, plutôt que de mettre sur pied cette commission, l'administration a choisi de nommer un comité consultatif relevant directement du Comité exécutif et chargé, comme son nom l'indique, de consulter la Ville sur l'élaboration de sa politique ZLAN.

Dans l'intervalle, l'administration a publicisé sa prise de position : elle a d'abord fait ériger ce qu'on appelle des « pastilles » (panneaux circulaires fixés aux lampadaires des grandes artères) sur lesquelles est peinte une colombe symbolisant le statut, encore théorique, de Montréal comme zone libre d'armes nucléaires. Jean Doré a marché au premier rang de la parade pacifiste annuelle ; le conseiller John Gardiner a annoncé qu'un « parc de la Paix » allait bientôt être aménagé sur un terrain de stationnement situé à l'angle des boulevards René-Lévesque et Saint-Laurent et enfin, les jardiniers de l'Hôtel de Ville ont aménagé les fleurs de leur parterre à l'effigie d'une colombe et des lettres « ZLAN ».

Afin de donner plus de substance à cette déclaration, le comité consultatif élabora un rapport qui devait guider la Ville sur la façon de transformer son énoncé de politique en action. Complété au printemps de 1990, ce rapport n'a cependant été distribué aux conseillers municipaux qu'au mois de juin suivant quand le Comité exécutif déposa un projet de règlement à la commission de l'administration et des finances. En effet, dans une soudaine précipitation, le Comité exécutif n'avisa personne, pas même les membres du comité consultatif sur la politique ZLAN, que la commission de l'administration et des finances allait étudier le projet de règlement dès le lendemain ! Le conseiller Sam Boskey, membre de l'opposition

(Coalition démocratique de Montréal), a sévèrement critiqué le projet de règlement en question. Michael Fainstat eut beau insister que celui-ci respectait l'esprit du rapport du comité consultatif, mais Guy Côté, président de ce comité, ne partageait pas son avis...

Sans entrer dans les détails de ce controversé projet de règlement (au moment de mettre sous presse, il était encore à l'étude à la commission de l'administration et des finances), il contient de graves lacunes. Tout d'abord, on s'y rend compte que la Ville veut faire appliquer sa politique ZLAN grâce à de simples règlements de zonage, tout à fait inefficaces lorsqu'il s'agit de modifier les droits acquis de certains propriétaires de terrains industriels. Deuxièmement, le projet de règlement propose que les sociétés remplissent elles-mêmes des formulaires attestant que leurs activités concordent avec la politique ZLAN. Troisièmement, on n'y trouve pas un mot sur l'inspection et on y propose un ridicule 600 $ d'amende contre les entreprises dont ont s'apercevrait qu'elles violent la politique. Quatrièmement, le Comité exécutif jouit d'une latitude absolue pour exempter quiconque de respecter la politique. Cinquièmement, le projet de règlement ne mentionne nulle part ce que la Ville pourrait faire dans le cas où des navires de guerre portant des ogives nucléaires accosteraient au port de Montréal. Enfin, on ne propose rien en termes de reconversion civile des industries militaires montréalaises (bien que des études montrent que patrons et syndicats ont déjà amorcé des pas dans ce sens sans l'aide des pouvoirs municipaux). Pour une ZLAN avec du muscle, on repassera !

Au moment de mettre sous presse, donc, la politique voulant faire de Montréal une zone libre d'armes nucléaires n'était encore qu'à l'étape du projet de règlement et si les membres du Comité exécutif voulaient lui donner des dents, avant ou après les élections du 4 novembre 1990, ils le pourraient encore.

Mais bien peu de conseillers du RCM semblent liés à leurs engagements antérieurs à ce sujet. Par exemple, en 1989, quand la firme Paramax (une entreprise œuvrant exclusivement dans le domaine militaire) déposa au Conseil une requête pour agrandir son complexe, aucun conseiller du RCM ne s'y opposa ; à l'exception de Arnold Bennett qui vota dans le même sens que les conseillers de la Coalition démocratique de Montréal, rappelant que ce qui fait de Montréal une ZLAN ne doit pas être restreint à un parterre fleuri.

Plus grave, toutefois, est le sentiment de trahison qu'ont éprouvé de nombreux membres du RCM lors de l'affaire Matrox en 1988. Pour les pacifistes et les environnementalistes (ils étaient nombreux au RCM), Matrox est le symbole du fossé qui sépare désormais l'administration Doré-Fainstat des groupes de citoyens grâce auxquels elle fut élue en 1986.

On peut brosser ainsi un tableau de cette triste affaire : Matrox a décroché un contrat de 300 millions de dollars du Pentagone pour la conception de simulateurs de vol à être utilisés pour l'entraînement des pilotes de combat de l'armée de l'air des États-Unis. Pour réaliser son contrat, Matrox devait cependant agrandir son usine aux dépens de 30 hectares du parc régional du Bois-de-Liesse, la dernière érablière noire de l'île de Montréal. Les parcs régionaux étant gérés par la CUM, toute atteinte à leur intégrité doit être approuvée par l'ensemble des municipalités de la Communauté.

Ainsi, pour obtenir ce qu'elle voulait, la société fit parvenir une lettre à l'Office d'expansion économique de la Communauté urbaine de Montréal. Truffée de fausses informations quant aux contraintes de temps auxquelles la société était soumise, quant au financement de Québec et d'Ottawa de même que du nombre d'emplois qui seraient créés, cette lettre disait également, en termes voilés, bien entendu, que si Montréal ne lui accordait pas le terrain convoité, Matrox allait le tenir comme responsable de l'annulation de son contrat avec le Pentagone. La société obtint donc gain de cause.

Lors du débat au Conseil sur la requête de Matrox, le maire Doré fit valoir qu'avec le sacrifie de trente hectares de boisé on créait 400 emplois. Cependant, alors que le Conseil passait au vote, le président de Matrox déclarait avec désinvolture en entrevue qu'en réalité, le contrat avec l'armée de l'air américaine n'était pas encore tout à fait ficelé, qu'il ne pourrait être que d'une valeur de 150 millions de dollars et qu'il était fort probable qu'il ne crée pas plus de 100 emplois en cinq ans.

Quand il fut informé de cette apparente tromperie, Doré tenta de sauver la face en parlant des emplois indirects que le contrat de Matrox allait créer. Mais quelques un de ses conseillers refusèrent d'avaler la pilule. Huit d'entre eux, appuyés par trois maires de la CUM, s'opposèrent publiquement au projet Matrox. Huit autres exprimèrent leur opposition en quittant la chambre du Conseil au moment de voter.

Cet incident, peu banal, montre comment il est facile pour une entreprise de manipuler à sa guise l'administration du RCM et à quel point cette dernière est prompte à se faire le porte-voix d'intérêts d'industriels et à passer outre à ses principes les plus fondamentaux. Ainsi, le RCM pourra toujours accoucher sur papier d'une politique et d'un règlement qui paraîtront décourager l'industrie militaire ; mais on peut avoir des doutes raisonnables quant à l'efficacité future de cette éventuelle politique dans la pratique.

*Traduit par Jean-Hugues Roy*

# LES DÉDALES DE LA
# POLITIQUE MUNICIPALE

# Démocratie et décentralisation :
## *Entre le discours et la réalité*

JEAN PANET-RAYMOND
Professeur à l'École de service social de
l'Université de Montréal

Le chapitre premier du programme du RCM porte sur la démocratie et la décentralisation. Pourtant, un mois avant son élection de novembre 1986, le Conseil général du RCM atténue la portée de sa politique de décentralisation en adoptant une stratégie plus prudente, plus étapiste.

Durant son premier mandat, le RCM décentralise certes les services municipaux, mais centralise le pouvoir au sein du Comité exécutif.

Les Comités-conseil d'arrondissement en ont laissé plusieurs sur leur faim : n'étant composés que de conseillers municipaux, ils ne sont que des courroies de transmission entre le public et le pouvoir ; n'étant que consultatifs, ils ne laissent guère de place aux initiatives populaires.

Démocratie et décentralisation exigent la participation aux décisions des organismes enracinés dans les quartiers et se consacrant ceux-ci.

Tout bilan doit tenter de mesurer les réalisations en les confrontant aux objectifs du départ. Cette évaluation devra d'abord identifier les objectifs de l'administration municipale pour ensuite porter son regard sur la réalité s'étendant sur plus de trois années de pouvoir. De plus, il faudra clarifier les notions de « démocratie » et de « décentralisation », car ces termes ont été galvaudés, particulièrement sous l'administration du RCM.

## 1. Au départ, un programme

Deux articles du programme du RCM (édition 1986) proposaient une politique de décentralisation :

Art. 1.25 : Une administration RCM, durant son premier mandat, et après consultation appropriée auprès des personnes et organismes concernés, décentralisera et déconcentrera tous les services qui affectent le plus directement le milieu de vie des citoyens et sur l'administration desquels ils auraient donc avantage à intervenir régulièrement.

Art. 1.26 : Pour favoriser la prise en charge du quartier par ses citoyens et citoyennes, une administration RCM s'engage à décentraliser vers une dizaine de quartiers, les services municipaux [...]. Chaque quartier [...] sera dirigé par un conseil de quartier décisionnel et disposera d'une structure administrative pour la dispensation des services décentralisés et déconcentrés de la Ville de Montréal. Les bureaux de chaque quartier regrouperont les fonctions décentralisées et déconcentrées et s'appelleront « maisons de quartier ».

Or, dès le 17 septembre 1986 (un mois avant l'élection du RCM à l'Hôtel de Ville), le Conseil général du parti venait atténuer la portée de ces deux articles en développant une stratégie plus étapiste, voire plus électoraliste. En effet, le chef du Parti civique avait déjà commencé à ridiculiser le terme de conseil de quartier (avec la boutade « soviet de quartier ») et le RCM ne voulait pas trop mettre en évidence les mesures qui terniraient l'image de bon gestionnaire qu'il tenait à projeter.

Le Conseil général adopta donc la résolution suivante, s'engageant à ce qu'une administration RCM :

1. instaure, en début de mandat, d'une part, de nouvelles pratiques démocratiques telles que l'ac-

cès à l'information, des réunions publiques ouvertes, la possibilité de référendum, la valorisation du rôle des conseillers et conseillères et la création de commissions permanentes du Conseil et, d'autre part, de nouvelles mesures de déconcentration des services municipaux telles les Maisons de quartier regroupant certains services ;

2. prépare une politique sur tout le processus de la démocratisation, de la décentralisation et de la déconcentration du pouvoir politique et des services municipaux, y inclus les conseils de quartier, et soumette cette politique à une consultation de la population et de toutes les instances concernées ;

3. s'assure, durant ce processus de consultation sur la démocratisation et jusqu'à son aboutissement, que les gestes administratifs (tels : déconcentration de services, réorganisations budgétaires ou autres, modifications de territoire, modification de charte, etc.) respectent une cohérence géographique permettant l'instauration éventuelle de Conseils de quartier.

Pour plusieurs militants du RCM, cette résolution équivalait à un enterrement de première classe. De plus, la dynamique qui régnait lors de cette réunion du Conseil général augurait mal pour l'avenir, car elle révélait le pouvoir du chef et futur maire et l'absence de débat réel autour des initiatives de celui-ci.

Dans ces prises de position, plusieurs termes peuvent paraître ambigus. Une administration décentralisée est celle dont les agents locaux (fonctionnaires) peuvent prendre certaines initiatives administratives tout en étant dépendants du pouvoir central (la direction ou le Comité exécutif).

Une administration est décentralisée dans les cas où elle remet des pouvoirs décisionnels à des instances locales (conseils de quartier, administrateurs locaux) qui auraient une certaine autonomie politique et administrative à l'intérieur de certains champs de compétences déterminés. Ainsi, on peut parler de décentralisation lorsqu'une instance tel qu'un conseil de quartier a le pouvoir d'élire des représentants, d'adopter des règlements de zonage, par exemple, ou même de taxer. Évidemment, la décentralisation peut se faire à des degrés différents.

Cette notion de décentralisation est donc liée à celle de démocratie. Encore une fois le terme est galvaudé et peut prendre différents sens. La démocratie telle que nous la connaissons dans nos sociétés occidentales est une démocratie de représentation : le peuple élit ses représentants et leur laisse le pouvoir. La démocratie peut être plus participative et aller jusqu'à confier des domaines de pouvoir aux citoyens. Cette conception peut aussi cohabiter avec une participation plus limitée : consultation, concertation et partenariat. Ces différentes formes de démocratie seront abordées dans ce bilan.

## 2. *Le RCM au pouvoir : une réorganisation qui centralise...*

Le premier geste politique important du RCM a été une réorganisation administrative qui a radicalement changé le mode de gestion pour l'adapter aux exigences modernes de l'efficacité. En fait, cette réforme a permis de centraliser une administration vétuste pour permettre un meilleur contrôle par les membres du Comité exécutif et par le maire.

Il y eut aussi la création des commissions municipales permanentes qui devaient assurer un premier mécanisme de consultation du public par les élus. De plus, on a instauré une période de questions ouverte au public et à l'opposition. Enfin, on a créé les bureaux Accès-Montréal qui offrent certains services municipaux décentralisés.

Mais avec le dossier Overdale, on a tout de suite vu que les commissions permanentes n'étaient essentiellement qu'un mécanisme consultatif dont les recommandations n'engageaient en rien le Comité exécutif. Les conseillers participant à ces commissions ont d'ailleurs été déçus par cette gestion centralisatrice qui ne respectait aucunement l'objectif de valorisation du rôle des élus dans le processus législatif. L'écart entre le Comité exécutif et le parti s'est aussi creusé, en dépit des mises au point et des critiques formulées auprès du caucus des élus et du Conseil général du parti.

La pièce maîtresse de la démocratisation est la politique-cadre en matière de consultation publique déposée en mai 1988 et intitulée *Un dialogue à poursuivre*. Dès le début, l'administration annonce ses intentions :

> L'administration de la Ville de Montréal s'est résolument engagée envers les citoyens et citoyennes à démocratiser le fonctionnement de la Ville et à consulter sur les projets qui les concernent [...]. Après des années de centralisation du pouvoir, Montréal amorce donc elle aussi le virage. Plus encore, l'administration municipale entend prendre les moyens nécessaires pour donner suite à son projet de politique d'assurer la démocratisation du pouvoir municipal et de placer la Ville à l'avant-garde en cette matière (*Un dialogue à poursuivre*, p. 7).

On retrouve le discours généreux du RCM, mais aucune mention de décentralisation. De fait, la politique énonce trois objectifs principaux qui circonscrivent la politique de consultation :

- développer des pratiques de consultation de nature à renforcer le sentiment d'appartenance ;
- favoriser l'accessibilité des mécanismes de consultation ;
- consacrer les droits de la population à la consultation en les enchâssant dans la Charte de la Ville.

Les trois moyens principaux pour réaliser ces objectifs sont :

- les commissions permanentes du Conseil municipal ;
- le Bureau de consultation de Montréal (BCM) ;
- les Comités-conseils d'arrondissement (CCA).

La critique générale de cette politique est que tout le processus de consultation part du Comité exécutif pour aboutir à lui. On confirme donc dans les faits la centralisation du pouvoir, laissant très peu ou pas d'initiatives au public, ni même aux élus. Cette politique laisse carrément en veilleuse toute velléité de décentralisation comme le montrent les trois nouvelles structures.

Les commissions permanentes reçoivent essentiellement leur mandat du Comité exécutif et ne peuvent adopter des règlements à caractère financier.

Le Bureau de consultation de Montréal est rattaché au secrétaire général et reçoit lui aussi son mandat du Comité exécutif. Tout service voulant effectuer une consultation précise doit passer par le Comité exécutif et le Bureau de consultation de Montréal.

Enfin, la dernière création de cette politique et celle qui offre le plus de possibilités nouvelles : les Comités-conseil d'arrondissement (CCA). Cependant, leur compétence est assez limitée, malgré toutes les recommandations d'élargissement faites par les élus et par les groupes communautaires. De plus, leur ordre du jour est déterminé par le Comité exécutif ! La seule initiative du public doit se manifester lors de la période de questions.

La composition des CCA est limitée aux conseillers municipaux. Ceux-ci deviennent donc des courroies de transmission entre le public et le pouvoir. Mais les CCA ne laissent pas de place aux initiatives populaires. Ils ne sont donc pas des lieux de concertation entre élus, fonctionnaires et citoyens. Ils ne sont pas les lieux d'apprentissage du pouvoir local que l'on aurait pu souhaiter dans une perspective réelle de décentralisation municipale. Sans compter que le Comité exécutif a délimité les territoires des arrondissements sans consulter ni le public ni même les élus !

### 3. Un préalable absent : la volonté politique

Dans la politique de consultation, il manquait aussi deux éléments fondamentaux pour favoriser la consultation dans une perspective démocratique et décentralisatrice. D'abord, il n'y avait pas de politique d'information d'ensemble, tant vis-à-vis du public qu'à l'intérieur de l'administration de la Ville. Les élus ont été les premiers à subir ce manque de communication élémentaire et leurs démissions en sont une conséquence.

On ne reconnaît pas non plus dans les gestes de l'administration de volonté politique de décentralisation. Le colloque organisé par le RCM sur le thème : *Démocratie et décentralisation* en juin 1989 a clairement démontré, par les témoignages de citoyens montréalais et d'experts étrangers, qu'une volonté politique est essentielle à toute décentralisation réelle. Le peu d'enthousiasme suscité au sein du RCM par ce colloque est un triste indice de ce que présage l'avenir.

Ce colloque a aussi montré le fossé qui existe entre l'administration et les citoyens des quartiers les plus détériorés, où les organismes communautaires sont très mécontents du RCM. La lune de miel est terminée entre les forces vives progressistes et l'administration du RCM. Le discours n'est pas appuyé par gestes concrets.

Les secteurs les plus démunis de la Ville se détériorent, alors que les politiques de développement économique et communautaire n'ont pas amorcé de véritable concertation locale. Démocratie et décentralisation exigent d'abord que l'on reconnaisse et respecte les organismes voués au développement de leur quartier. Il ne s'agit pas de favoriser le « dangereux noyautage de cliques », mais de reconnaître les acteurs honnêtes dans la prise en charge du milieu. La direction du RCM a désavoué son programme et n'a pas créé cette alliance avec les groupes qui l'ont porté au pouvoir. Par crainte de favoriser un « clientélisme » déjà dénoncé par le Parti civique et certains médias, on a laissé tomber tous ceux et celles qui incarnent les forces vives sur lesquelles Montréal devra compter pour ne pas se détériorer davantage.

### 4. *Des pistes d'avenir*

La démocratisation et la décentralisation exigent une politique d'information, de transparence et d'ouverture à l'égard de tous les secteurs de la population. L'administration a renié ses origines et a voulu faire la cour au milieu des affaires et à la communauté internationale. Certes, le développement de Montréal exige la collaboration de tous les acteurs économiques ainsi que des divers paliers de gouvernement. Mais ce développement doit aussi passer par la confiance à l'égard des citoyens vivant dans les quartiers, et non seulement de ceux vivant dans les condominiums de luxe côtoyant les sièges sociaux des multinationales.

L'administration n'a pas orchestré de concertation efficace avec les groupes communautaires locaux. Elle n'a pas respecté la volonté d'action de ces organismes et n'a pas soutenu leurs initiatives. Certains quartiers se meurent et doivent être soutenus localement afin de revivre. Si la fierté a une ville, il ne faut pas oublier que les citoyens des quartiers délaissés ont encore une fierté à l'égard de leur quartier. La Ville n'a pas su reconnaître et soutenir concrètement cette fierté.

En fait, on doit se demander si la Ville de Montréal n'est pas vouée à demeurer sous un régime monarchique, passant du règne de Jean 1er à celui de Jean II !

# Le RCM vu par les médias :
## *Divergences entre promesses et action*

JEAN-HUGUES ROY
D'après une entrevue avec Mariane Favreau,
chroniqueure municipale à *La Presse*

La grogne s'est fait sentir dès la première année. Combien de conseillers municipaux disaient aux journalistes de la scène municipale : « Une chance que vous êtes là pour nous apprendre ce qui se passe derrière les portes de l'Hôtel de Ville ! » Pas mal pour une administration qui fustigeait l'opacité de l'ère Drapeau !

Le RCM au pouvoir se caractérise par : une prudence exagérée, des énergies mal orientées, une maladresse parfois risible et l'éclatement d'une administration municipale en un gouvernement au fonctionnement lourd et hyper-bureaucratisé.

Malgré son aspect rébarbatif, la scène municipale n'en demeure pas moins le niveau politique le plus proche des Montréalais et l'un des secteurs d'information les plus pertinents pour les médias d'une grande ville comme Montréal.

Les derniers six mois précédant le scrutin du 4 novembre 1990 ont été particulièrement fertiles en annonces soudaines de la Ville de Montréal. Un certain électoralisme a fait aboutir de nombreux dossiers.

Le Rassemblement des citoyens et citoyennes de Montréal (RCM) a été réellement porté au pouvoir par la population : près des deux tiers des Montréalais de toutes tendances ont voté pour lui en novembre 1986. C'était une élection qui disait bien plus « non » au Parti civique que « oui » au RCM.

Un souffle d'enthousiasme rempli d'espoir a donc accueilli son élection. Mais on se rend compte avec déception qu'au bout de quatre années de pouvoir, le

RCM n'a finalement pas concrètement répondu à plusieurs de ces attentes. Après quatre ans, on peut affirmer qu'il est semblable à toutes les administrations qui l'ont précédé à l'Hôtel de Ville.

L'équipe du RCM avait présenté un visage plus humain, plus dynamique, plus enclin à agir pour la population. Mais elle s'est avérée dans les faits plus inaccessible que celle qui l'a précédée, presque déshumanisée. Comment expliquer ce décalage entre les espoirs soulevés par le RCM et la déception qu'on ressent aujourd'hui à son égard ?

### 1. *Cogito ergo sum*

L'administration RCM s'est d'abord avérée très « studieuse ». Il faut faire un tour à la bibliothèque municipale centrale pour voir le présentoir des documents de la municipalité : il couvre tout un pan de mur du plancher au plafond ! On doit y trouver des dizaines d'études de toutes sortes : une politique sur ceci, une politique sur cela. On dirait qu'il n'y a plus de problèmes à Montréal, ni de projets, seulement des politiques.

Comme son nom l'indique, le RCM est un rassemblement, une large organisation qui reflète toute une gamme d'aspirations et d'idéologies évidemment plus à gauche qu'à droite (bien qu'avec son élection imminente, des « éléments de droite » l'ont rejoint durant l'année 1986 et ont par la suite été élus). Pour gérer le plus prudemment possible, donc, parmi cet ensemble disparate de préoccupations, l'équipe Doré s'est dit qu'avant de faire quoi que ce soit, il valait mieux étudier les dossiers sous toutes leurs coutures. C'était là une nette amélioration par rapport à l'approche de dictateur éclairé à laquelle Jean Drapeau nous avait habitués. Mais les contribuables qui paient pour ces montagnes d'études auraient parfois besoin qu'elles débouchent un peu plus rapidement sur des réalisations.

## 2. Les deux pieds dans la même bottine

Une autre caractéristique de l'administration RCM est sa grande maladresse. A-t-on vu un dossier plus maladroitement ficelé par la Ville de Montréal que celui d'Overdale, par exemple ?

Le parc Ahuntsic est un autre cas. Le promoteur du projet controversé effectuait à l'origine des travaux d'excavation près de l'avenue des Pins, avec tous ses permis en règle, dans le but de construire un immeuble sur un terrain lui appartenant. L'Hôtel de Ville s'en est subitement rendu compte un moment donné et lui a ordonné de stopper les travaux, décrétant que le terrain en question allait faire partie du site du mont Royal. En échange, la Ville devait alors dénicher un bout de terrain où il serait possible pour le promoteur de construire un autre projet qui lui rapporterait autant, sinon plus. En scrutant ses plans, elle lui offre un espace quelconque au bout d'un parc quelconque avec en prime la station de métro Henri-Bourassa tout à côté. Le hic, c'est que, selon les citoyens qui ont par la suite pris la défense du parc Ahuntsic, cet espace, même s'il n'était utilisé qu'en stationnement et en voie d'accès pour autobus, était zoné « parc ». Théoriquement, donc, la Ville abandonnait un espace vert à un promoteur immobilier, une bavure inacceptable qui ternit drôlement l'image d'une équipe soi-disant préoccupée par la sauvegarde des espaces verts. Le RCM paraissait pourtant plus astucieux et bien plus maître de ses dossiers avant son élection.

## 3. Les yeux plus grands que la panse

On peut aussi blâmer le RCM pour avoir voulu faire de l'administration d'une ville un véritable « gouvernement municipal », avec un rayonnement international, avec des services organisés à la manière de ministères, et les salaires qui vont avec ! Ce faisant, il s'est considérablement éloigné de son rôle pourtant très terre à terre et des citoyens.

Les conseillers municipaux en sont un bel exemple. Historiquement, ils étaient les représentants de la Ville de Montréal dans leur district et ils y passaient le plus clair de leur temps pour demeurer accessibles à leurs citoyens. Aujourd'hui cependant, ils doivent siéger à une multitude d'instances (commissions, Comités-conseil d'arrondissement), ils doivent participer à une bureaucratie rampante, ce qui en fait de véritables députés de plus en plus coupés du public.

Une municipalité, *stricto sensu*, s'occupe de la réfection et de l'éclairage des trottoirs, rues et ruelles ; des égoûts ; de l'eau potable ; de l'enlèvement de la neige et des ordures... Rien de très valorisant, sans doute, mais il s'agit quand même de services essentiels et primordiaux pour les citoyens. Si la Ville concentre ses efforts à d'autres niveaux, certes plus « élevés », mais que ces services de base sont mal rendus, il est alors normal que les citoyens soient mécontents.

Par exemple, un des mandats de la Corporation d'initiative et de développement culturels (CIDEC) est de donner des subventions à des organismes culturels de la métropole. La Ville empiète ainsi chaque année un peu plus sur les plates-bandes du ministère des Affaires culturelles du Québec. Ce dernier, pas fou, risque cependant de réduire ses subventions à mesure que Montréal prendra sa place.

Avec le RCM, la Ville investit également l'argent des contribuables dans des projets immobiliers. Elle est partenaire à 25 % dans le Centre de commerce mondial. Même chose pour le complexe

Chaussegros-de-Léry, à l'est de l'Hôtel de Ville. Il y a lieu de s'interroger quant aux retombées concrètes de ces projets sur le Montréalais moyen. Le rôle de la Ville consiste à investir dans les parcs, le loisir, la réfection des rues, plutôt que de jouer les facilitateurs des intérêts de promoteurs immobiliers, de financiers, de commerçants et d'industriels.

Un autre exemple : le développement économique de Montréal. La Ville peut donner le coup de pouce qu'il faut pour attirer les investissements en jouant avec son impôt foncier, mais l'ensemble du dossier relève des gouvernements de Québec et d'Ottawa qui eux seuls ont les moyens financiers de faire redémarrer l'économie complexe de la région métropolitaine. Jusqu'à maintenant cependant, le RCM, en donnant des subventions atteignant parfois le million de dollars à des PME et même à certaines entreprises plus importantes comme Coca-Cola, a quasiment réussi à faire croire à la population que le développement économique de Montréal lui incombait. Stratégie risquée qui pourrait fort bien se retourner contre lui si la situation se déteriore davantage.

### 4. *Les partis municipaux : partis contre les Montréalais*

Le corollaire malheureux du parlementarisme municipal qu'a cherché à instaurer le RCM se retrouve dans la ligne de parti. Avant les séances du Conseil, les conseillers réunis en caucus adoptent les positions que prendra leur parti sur la série de questions à l'ordre du jour. Ainsi, il est fort mal vu, pour un conseiller qui juge qu'une décision ira à l'encontre des intérêts de ses citoyens, de faire montre de son désaccord en pleine séance du Conseil. Quelques-uns ont osé. Ils se sont fait regarder de travers par leurs confrères et consœurs et ont finalement dû démissionner du caucus. En bout de ligne, pour de nombreux conseillers RCM, le parti a remplacé les citoyens en tant que base d'allégeance. Si le conseiller jalousait son autonomie, il verrait de plus près aux intérêts de sont district, ou à tout le moins le ferait savoir publiquement.

### 5. La scène municipale : chloroforme journalistique ?

Il est important de rapporter ce qui se passe sur la scène municipale pour essayer de rendre compte aux Montréalais de décisions qui vont toucher le cœur de leur vie de tous les jours, leur rue, leur quartier, leur parc. Quand on y pense, la politique provinciale et fédérale se rapporte à des préoccupations tellement plus lointaines.

De plus, alors qu'il ne peut communiquer avec les paliers de gouvernement plus élevés que par le moyen de commissions parlementaires trop souvent réservées aux groupes de pression, le citoyen montréalais peut s'adresser directement aux élus présent au Conseil municipal ou dans les diverses commissions permanentes. Il peut aussi — bien que ce soit devenu plus difficile — téléphoner à son conseiller. Qu'il veuille qu'on comble les nids-de-poule devant chez lui, qu'on plante des arbres dans sa rue, qu'on éclaire davantage sa ruelle, qu'on aménage une piste cyclable vers le centre-ville, le citoyen peut en parler avec l'administration municipale. Cela ne veut pas nécessairement dire que ses souhaits seront exaucés du jour au lendemain, mais au moins, il peut en discuter. Et d'entendre parler dans les journaux de problèmes à portée un peu plus large, cela nourrit les discussions.

Le bilan : d'une équipe qui arrivait au pouvoir en 1986 avec un programme mûri en douze ans de consultations avec les Montréalais et les Montréa-laises, on se serait attendu à ce que le RCM fasse plus rapidement ses preuves. Malheureusement, comme tous les autres partis politiques, il a concentré ses réalisations durant la dernière année de son mandat, soit l'année électorale. Grâce à ces élections, de nombreux dossiers qui semblaient traîner depuis des lustres sur des tablettes poussiéreuses ont repris vie : l'expansion du projet-pilote de cueillette sélective des déchets ; la politique anti-apartheid ; le plan d'action sur le mont Royal ; la « plage Doré » (parc-plage de l'île Notre-Dame) ; le plan directeur d'aménagement et de développement accompagné des schémas locaux d'aménagement sous le thème séduisant de « Faites votre ville ». Au total, le RCM se révèle un parti politique bien ordinaire.

# Les lettres de démission des conseillers du RCM :
## *Lettres de créance*

PIERRE-YVES MELANÇON
MARVIN ROTRAND
PIERRE GOYER
PIERRE BASTIEN
SAM BOSKEY

Des 55 conseillers élus sous la bannière du RCM en 1986 (sur un total de 58 sièges à l'Hôtel de Ville), il n'en restait plus que 47 à l'aube des élections de 1990. Deux de ces huit conseillers ont dû rompre les rangs parce qu'ils ont brigué les suffrages lors de l'élection fédérale de 1988.

Mais les six autres ont quitté le RCM en claquant bruyamment la porte. Nous présentons ici des extraits des lettres de démission des cinq plus intéressants d'entre eux.

Pierre-Yves Melançon a initié le bal des défections. Ont rapidement suivi : Marvin Rotrand, Pierre Goyer et Sam Boskey. Ceux qu'on a appelé la « Bande des quatre » ont d'abord quitté le caucus des élus et élues du RCM, c'est-à-dire qu'ils demeuraient membres du parti à titre personnel, mais qu'ils siégaient à l'Hôtel de Ville à titre de conseillers indépendants. Ils n'ont cependant pas tardé à rompre définitivement leurs liens avec le RCM en formant, en décembre 1989, un nouveau parti : la Coalition démocratique de Montréal.

Après eux, Pierre Bastien a quitté le RCM avec fracas pour joindre les rangs du Parti municipal de Montréal. Quant à Jacques Mondou, il a largué le RCM pour momentanément se joindre au Parti civique, puis pour siéger ensuite en tant que conseiller indépendant.

# I

Le 28 octobre 1988

M. Jean Doré
Maire de Montréal

Monsieur le Maire,

Je désire vous informer que j'ai pris les dispositions nécessaires auprès du président du Conseil afin de siéger comme conseiller municipal indépendant. Plusieurs raisons motivent mon geste.

En premier lieu, j'ai maintenant acquis la conviction profonde que les divergences politiques nous séparant sont infranchissables. Sans être membre fondateur de ce parti, j'y ai quand même milité pendant plus de treize ans, dont quatre à titre de conseiller de l'opposition. Les deux dernières années, j'ai voulu travailler avec l'équipe au pouvoir. Pendant toutes ces années, j'ai travaillé avec beaucoup d'autres à faire de Montréal une ville démocratique et conçue pour et avec les Montréalais et Montréalaises.

Cependant, le Comité exécutif, au lieu de comprendre la situation politique, s'est enfermé dans sa tour d'ivoire à l'Hôtel de Ville : le « bunker montréalais du deuxième étage ». Il s'est refusé à corriger sa mauvaise habitude de garder l'information et d'éviter de consulter. Le dossier Matrox est éloquent à cet égard : vous accusez certains conseillers de faire de la désinformation quand vous-même n'avez pas informé la population sur ce dossier. Après deux ans au pouvoir, je doute fortement que vous changiez d'attitude.

Les Montréalais et Montréalaises ont longtemps souffert du manque de démocratie dans l'administration de leur ville. La démocratisation des structures politiques est un élément majeur du combat politique du RCM et de celui de milliers de gens à Montréal. Mais la politique-cadre de consultation est un recul par rapport aux espoirs démocratiques que le RCM a laissé miroiter aux Montréalais et Montréalaises. Malgré des objectifs politiques généreux, ceux-ci ne se concrétisent pas dans les mécanismes de la consultation. Vous refusez aux citoyens et citoyennes, ainsi qu'aux organismes de pouvoir, le droit de débattre des sujets qui les préoccupent. Vous les limitez à un pauvre et offensant droit de requête, comme si la population n'était que quémandeuse. Le processus proposé maintient la centralisation politique au Comité exécutif.

Le 9 novembre 1986, les Montréalais et Montréalaises tournaient la page. Une nouvelle aventure s'installait. Montréal pouvait passer de l'ère de l'éclairage à la chandelle à celle de l'électricité. Malheureusement, au lieu de poser une 100-watts, comme on s'y attendait, vous vous êtes contentés d'une 15-watts.

Pierre-Yves Melançon
conseiller du district Mont-Royal

(M. Melançon est par la suite devenu chef de la Coalition démocratique de Montréal.)

# II

Le 21 décembre 1988

M. Jean Doré
Maire de Montréal

Monsieur le Maire,

J'ai informé plus tôt aujourd'hui MM. André Berthelet et Léon Laberge, respectivement président du Conseil et greffier de la Ville de Montréal, de ma décision de quitter le caucus des élus et élues du Rassemblement des citoyens et citoyennes de Montréal et de siéger dorénavant à titre de conseiller indépendant.

Étant donné l'intensité avec laquelle j'ai milité au sein du RCM au cours des onze dernières années, ma décision fut pour le moins douloureuse à prendre. Je crois toutefois, comme le croient également de nombreux autres membres et sympathisants de longue date du RCM, que votre administration ne met pas de l'avant le programme du parti. En fait, vos déclarations semblent plutôt indiquer que vous êtes prêt à laisser tomber le concept de leadership collectif, principe central auquel le RCM s'est toujours identifié.

En tant que movement de base (*grassroots movement*), le RCM au pouvoir devait transformer la façon de faire de la politique au niveau municipal. Cette promesse inhérente au parti ne s'est cependant jamais matérialisée. Les choses se sont certes améliorées depuis l'opaque époque du Maire Drapeau, mais nous sommes encore loin d'un système de participation publique intégré à Montréal.

Dans quelques domaines, votre administration a plus ou moins livré la marchandise, mais de façon générale les réalisations ont été trop minces. Il ne s'agit pas que d'une lenteur de la part de votre administration, mais de mon impression d'assister à la perte de ce qui faisait l'essence et l'originalité du RCM. Nos opposants traditionnels parmi les promoteurs immobiliers sont aujourd'hui plus que ravis de votre administration, alors que déchantent nos alliées de longue date au sein des groupes de préservation du patrimoine urbain ou de défense des droits des locataires. Voilà qui en dit déjà beaucoup.

Ma thèse est que la vision sociale du RCM est beaucoup plus large que le simple fait d'ajouter quelques comptoirs d'accès à l'appareil municipal pour les citoyens. Selon moi, la période de questions des citoyens lors des réunions du Conseil aurait été instituée par à peu près n'importe quel parti au pouvoir, même un parti dont les positions sont considérablement plus conservatrices que celles du RCM. Il appert en effet que même le Parti civique s'est rangé à l'idée qu'une telle période de question ne remet nullement en question l'ordre établi.

Les commissions permanentes du Conseil, une des réformes les plus importantes du RCM, n'ont que bien peu de pouvoirs. Elles sont tenues en laisse et continueront d'être impotentes dans l'avenir, quand bien même les réactions du Comité exécutif aux recommandations de ces commissions étaient sujettes à débat lors des séances du Conseil. Les commissions permanentes donnent l'illusion de s'inscrire dans un processus de consultation et de prises de décisions démocratique. Mais dans les faits, les politiques de votre administration demeurent élaborées par les services municipaux sous mandat du Comité exécutif. Les décisions importantes restent prises en huis clos par le Comité exécutif, comme sous l'administration Drapeau, comme le fait le Conseil des ministres au niveau provincial.

Votre conception de l'administration municipale me paraît claire : les décisions sont prises au sommet par un puissant appareil de coordination faisant ses choix à partir des informations qu'il reçoit des divers mécanismes de consultation que vous avez institués. C'est un processus de décision plus éclairé que ce à quoi l'administration Drapeau nous avait habitué, mais il ne change en rien les structures décisionnelles et dépend quasi exclusivement de la bonne volonté des détenteurs du pouvoir. Une nouvelle administration pourrait sans difficultés nous ramener à l'opacité de l'ère Drapeau. C'est pourquoi je préfère un mécanisme d'équilibre des pouvoirs (*checks and balances*) où le pouvoir serait investi dans le plus grand nombre possible de gens et dans lequel serait enchâssé le droit du public de participer aux prises de décision.

La nouvelle politique-cadre sur la consultation ne donne aucun droit à la population. Le principe de décentralisation du processus décisionnel qu'avance depuis longtemps le RCM n'est inscrit nulle part dans le règlement adopté par le Conseil sur la consultation. Le RCM n'a simplement créé qu'un autre outil de gestion, certes louable, mais qui ne favorise en rien la naissance d'un forum de réelle démocratie participative.

Comme d'autres membres du caucus des élus et élues, j'ai mois aussi senti l'intolérance croître ces derniers mois. Quelques uns des commentaires passés par des membres du Comité exécutif lors de réunions du caucus se sont avérés tout à fait irrespectueux du droit à la dissidence. L'atmosphère qui règne au caucus est devenue intolérable.

Il y a un malaise au sein du parti. Nous avons perdu la plupart de nos militants les plus dévoués. Pour moi, le RCM est un mouvement social. Il a toujours prôné l'exercice du pouvoir par les citoyens. Mais quand le président du parti est obligé de critiquer son maire, comme on l'a vu récemment après votre sortie en faveur de l'Accord de libre-échange entre le Canada et les États-Unis, les membres se demandent si l'équipe qu'ils ont aidé à mettre au pouvoir ne voient en le parti qu'une machine électorale destinée qu'à ne fournir que de la main-d'œuvre bon marché.

Marvin Rotrand
conseiller du district Snowdon

(M. Rotrand s'est par la suite joint à la Coalition démocratique de Montréal.)

## III

Le 14 juin 1989

M. Jacques Desmarais
Président du RCM

Monsieur Desmarais,

Je vous remets aujourd'hui ma démission comme membre de la formation politique que vous présidez. Nombreuses sont les raisons qui m'interdisent maintenant de croire que le RCM soit encore le véhicule le plus approprié pour la défense des principes auxquels je crois.

Les événements précédant cette décision sont maintenant bien connus. Les réactions du conseil exécutif du parti suite aux démissions de quatre conseillers du caucus de votre parti, les nombreux débats et les négociations infructueuses qui se sont ensuivies sont révélatrices : le RCM n'a ni la volonté politique, ni l'autonomie idéologique nécessaire à l'éclosion d'idées divergentes de l'administration municipale.

Vous avez malheureusement contribué à faire de ce mouvement autrefois progressiste une instance parmi d'autres d'une machine administrative dont la préoccupation principale demeure la seule gestion des affaires municipales. Ma conception du militantisme politique est différente : j'avais adhéré, il y a maintenant près de huit ans, à un mouvement politique préoccupé par les inégalités sociales et économiques. J'ai contribué, pendant ces années, à définir un meilleur cadre de vie pour la population montréalaise. J'ai aussi, bien humblement, travaillé à rassembler autour d'une plate-forme politique une majorité de Montréalaises et de Montréalais. Vous comprendrez donc aisément la déception et l'amertume qu'aujourd'hui je ressens.

Les espoirs que nous avions mis dans ce qui était une formation politique progressiste sont déçus. La baisse importante du membership, la faible participation au dernier colloque sur la décentralisation et les deux dernières élections partielles en sont les preuves les plus éloquentes. Le RCM souffre aujourd'hui, comme tant d'autres formations politiques dans le passé, de l'intolérance politique de ses dirigeants. Le pluralisme idéologique, la capacité de mobilisation et la concertation qui faisaient la force de votre parti sont maintenant considérés désuets, voire dommageables pour ceux dont la détention du pouvoir demeure le seul objectif politique.

Pour toutes ces raisons, je suis persuadé que saurez accepter ma lettre de démission.

Pierre Goyer
conseiller du district Jean-Talon

(M. Goyer s'est par la suite joint à la Coalition démocratique de Montréal.)

## IV

Le 20 octobre 1989

M. Jean Doré
Maire de Montréal

Monsieur le Maire,
La présente est pour vous aviser de ma décision de démissionner du RCM pour siéger dorénavant à titre de conseiller indépendant d'Ahuntsic au Conseil municipal.

Cette décision fut très difficile à prendre après une vingtaine d'années de militantisme dans divers groupes, organisations ou partis progressistes au niveau municipal. Je suis loin d'être le premier et je ne serai probablement pas le dernier parmi les militants à quitter le RCM. Tôt après l'élection, j'ai assisté au départ de militants de longue date et de d'autres d'adhésion plus récente qui tous, j'en suis sûr, partageaient encore les mêmes convictions, mais estimaient que notre administration reniait ses principes.

Je me souviens avoir tenté de leur expliquer les contraintes du pouvoir et les compromis nécessaires à son exercice. J'ai échoué à en convaincre plusieurs. Aujourd'hui, je puis affirmer que vous aussi ne parvenez plus à me convaincre.

Pour moi, le pouvoir était le moyen de réaliser le programme du RCM. Pour vous, le RCM a été le moyen d'exercer le pouvoir. Vous rejetez hors de votre chemin tout ce qui peut compromettre ce pouvoir et vous empêche d'avoir raison.

Depuis 1989, et à l'approche de l'échéance électorale de 1990, les conseillers et conseillères du RCM doivent serrer les rangs derrière vous et présenter une image de solidarité s'ils veulent avoir des chances de conserver leur siège. Cela vous permet de mieux asseoir votre autorité. Vous en profitez pour faire le ménage parmi ceux et celles qui ne sont pas prêts non seulement à vous montrer patte blanche, mais à vous être fidèles en toute occasion.

J'ai trop de respect pour mes électeurs et mes électrices pour poursuivre sur cette voie. Monsieur le Maire, lors de l'élection de 1986 vous disiez compter sur l'intelligence de la population pour nous porter au pouvoir. Eh bien, prenez-en bonne note, la population n'a pas cessé d'être intelligente.

Pierre Bastien
conseiller du district Ahuntsic

(M. Bastien s'est par la suite joint au Parti municipal de Montréal.)

**V**

Le 29 novembre 1989

Aux membres de l'association locale RCM de Notre-Dame-de-Grâce

Je quitte aujourd'hui le RCM et, par conséquent, l'association locale RCM du quartier. Depuis longtemps membre du RCM, ayant rempli dans le passé les fonctions de président de l'association locale et de membre de l'exécutif central du parti, je crois aujourd'hui impossible de concilier mon statut de membre et les convictions politiques que je défends depuis toujours et pour lesquelles vous m'avez élu. J'invite aussi ceux et celles qui croient encore aux activités politiques progressistes à quitter le RCM.

De toute évidence, le RCM, comme organisation politique, n'existe plus. Le parti n'a aucune stratégie publique populaire. L'époque des mobilisations de ses membres pour des questions sociales est depuis longtemps révolue. Plus personne ne devient membre du RCM pour des questions politiques. Plus encore, la formation politique des membres est évacuée. Les tentatives récentes de débattre de la véritable raison d'être du RCM, la démocratisation et la décentralisation, se sont avérées des échecs monumentaux. Pendant que chaque jour l'administration Doré affiche ses distances envers les préoccupations traditionnelles de démocratisation, de décentralisation et de justice sociale, le parti brille par son absence.

Je ne peux m'imaginer briguer les prochains suffrages comme membre de l'équipe Doré. Si une approche progressiste des problèmes municipaux doit continuer à être présente au Conseil de Ville, ceci ne peut provenir que de l'extérieur du RCM.

Je vais évidemment continuer à défendre, comme ces dernières années, les options politiques auxquelles je crois : la protection des droits au logement et à la justice sociale (qu'on pense à Overdale), la préservation des espaces verts et un développement économique non-militaire (qu'on pense au dossier Matrox), la nécessité d'une politique multiculturelle non discriminatoire et des pratiques démocratiques, le droit à l'information au Conseil de Ville lié à une véritable décentralisation pour une participation accrue des Montréalaises et des Montréalais au pouvoir décisionnel dans leurs quartiers et à l'échelle de l'ensemble de la Ville.

Pour toutes ces raisons, je souhaite obtenir votre appui pour que nous puissions poursuivre notre collaboration.

Sam Boskey
conseiller du district Décarie

(M. Boskey s'est par la suite joint à la Coalition démocratique de Montréal.)

# Le droit à la dissidence :
## *Pourquoi je suis demeuré conseiller du RCM*

ARNOLD BENNETT
Conseiller du RCM dans Notre-Dame-de-Grâce,
M. Bennett milite depuis longtemps dans des comités de logement et d'autres organismes de défense des droits des locataires

À l'automne de 86,
Avec le RCM au pouvoir,
Et Jean Doré
Comme homme du moment,
Grand sera le cercle,
Vaste sera le spectre,
Et toutes sortes de gens étranges
Profiteront de cette chance.
Bâtirons-nous plus de logements ?
Le prix des transports va-t-il baisser ?
Des conseils de quartiers
Se formeront-ils en nombre croissant ?
Les femmes et les minorités
À l'Hôtel de Ville seront-elles représentées ?
Si tout cela ne se réalise pas,
Nous perdrons notre mandat.
Le principe de la démocratie
A ses bons et ses mauvais côtés.
Est-ce que les candidats choisis
Respecteront notre volonté ?
Nous avons des promesses à tenir
Et beaucoup à accomplir
À nos engagements serons-nous fidèles
Ou prendrons-nous le PQ comme modèle ?
Et si, d'aventure, vous croyez
Que les justes seront épargnés
Rappelez vous que Drapeau
Rêvait aussi de renouveau.
Et si vous voulez un exemple
Certainement bien plus récent
Pourquoi chercher midi à quatorze heures :
Pensez plutôt à Nick Auf der Maur.

J'ai composé cette chanson en 1984. Elle était sur toutes les lèvres à l'occasion des rassemblements sociaux du RCM et des campagnes de financement électoral des deux années suivantes. Malheureusement, le réalisme saisissant de la chanson rendait certains militants mal à l'aise. Lorsque les mouvements de réforme se retrouvent au pouvoir, une certaine désillusion populaire est inévitable. Les réformes prévues ne se produisent pas assez rapidement ou avec assez d'ampleur. Les bureaucrates de l'ancienne garde doivent adopter des nouvelles habitudes et ralentir le rythme du changement. Les politiciens de la nouvelle garde occupent le poste de leurs prédécesseurs et se plaisent un peu trop à tenir les rênes du pouvoir. Les militants de longue date s'offusquent du fait qu'ils doivent exercer une vigilance constante et qu'ils ne peuvent compter sur « leur » administration pour faire un bon travail chaque fois. Rares sont ceux qui ont été assez naïfs pour croire que le Rassemblement des citoyens de Montréal échapperait à cette règle. On n'avait toutefois pas prévu que l'entropie n'apparaîtrait que quelques jours après l'élection plutôt que cinq ou dix ans plus tard.

Les fondateurs et les membres actifs du RCM ont longtemps débattu la question de savoir si le RCM était un « parti » ou un « rassemblement ». De violentes batailles idéologiques ont eu lieu à ce sujet durant les congrès de parti tenus dans les années 1970. D'un côté, on retrouvait les « anti-électoralistes », qui craignaient qu'une victoire électorale du RCM ne sape inévitablement les principes du parti et que le RCM devienne garant du système capitaliste. De l'autre côté, on retrouvait les électoralistes traditionnels, comme Robert Keaton (ex-membre du Front d'action politique, FRAP, aujourd'hui président d'Alliance-Québec) qui souhaitaient l'avènement d'un caucus fort et structuré avec un chef et un whip, un caucus qui pourrait prendre ses propres décisions après avoir perçu les désirs changeants de l'électorat. Au centre, il y avait les pragmatistes dont la pensée était axée sur le rassemblement et qui souhaitaient la venue des réformes que la victoire électorale pouvait leur permettre d'entreprendre, mais qui cherchaient à préserver la vertu du RCM au moyen d'un ensemble de contrôles et de vérifications démocratiques. Ils préconisaient également une action populaire axée sur des questions spécifiques, plutôt qu'un discours idéologique épuré.

Keaton, politicologue aux entécédents néo-démocratiques, se référait constamment au « discours de Burke aux électeurs de Bristol » lorsqu'il défendait le droit d'un représentant élu à faire preuve de jugement. Il s'indignait du pouvoir détenu par le conseil général du parti, assemblée mensuelle composée des délégués des associations de district qui représentaient officiellement le « leadership collectif » du RCM entre les congrès annuels du parti.

### 1. Le droit à la dissidence, signe de la responsabilité d'un élu vis-à-vis ses électeurs

La structure du RCM donnait un pouvoir incomparable aux membres, que ce soit au plan du district ou de l'administration centrale du parti. On répétait aux membres qu'ils étaient responsables à l'électorat entre les élections et que le RCM était un « regroupement » qui prenait le pouvoir populaire très au sérieux. La façon dont le RCM se définissait constituait une pomme de discorde. L'appellation « socialiste » vaguement définie a été rejetée de justesse durant le congrès du RCM tenu en 1975 après que bien des rancœurs ont été étalées dans les médias et le parti a continué à se définir comme un vague « rassemblement » ou une coalition de « forces progressistes ». Le rôle des conseillers Nick Auf der Maur et Ginette Kéroack dans la divulgation aux médias des résolutions proposées et la présentation de ces dernières sous le jour le plus défavorable qui soit ont amené certains membres de la base à exiger que les dissidents soient punis ou que leur attitude soit censurée par le conseil général. Les personnes ayant gardé la tête froide l'ont emporté, et la question d'un nouveau règlement disciplinaire a été adressée à un comité spécial du parti qui l'a débattue à outrance, ce qui a déclenché la colère de certains partisans de la ligne dure, dont les demandes régulières d'un vote de censure étaient tout aussi régulièrement rejetées.

La dissension devint une véritable tradition au sein du RCM. Lorsque le conseiller Michael Fainstat décida, en 1977, qu'il ne pouvait accepter un amendement apporté à la constitution du RCM qui exigeait des candidats qu'ils respectent le programme du parti à 100 %, l'association de son district a évité une scission en se déclarant tout simplement dissidente. Par la suite, le parti s'est plié aux volontés du district de Notre-Dame-de-Grâce et de Fainstat en amendant la constitution du RCM de façon à y inclure le droit pour une association de district d'être dissidente et d'approuver la dissension d'un conseiller. Cela consolidait un principe fondamental du RCM : la primauté du membre du district sur les structures centrales du parti et celle du contrôle populaire sur les décrets provenant des instances supérieures.

Cette disposition n'a été évoquée à nouveau qu'en décembre 1988 lorsque l'éxécutif du RCM a déclaré que Sam Boskey, Marvin Rotrand, Pierre-Yves Melançon et Pierre Goyer, conseillers dissidents, avaient renoncé à leur statut de membres du parti en quittant le caucus pour siéger dorénavant comme « conseillers indépendants du RCM ». Les quatre conseillers maintenaient qu'ils ne pouvaient plus siéger en raison de la manie croissante du caucus à tout garder secret et de l'intolérance face au désaccord public. Leurs sentiments étaient compréhensibles. Même pour les conseillers qui n'avaient pas démissionné, il était démoralisant d'assister à d'interminables débats portant sur les règlements internes et d'écouter des protestations outrées lorsqu'une histoire était éventée dans les médias. Les quatre districts en question ont défié l'exécutif central et déclaré les « expulsions déguisées » illégales. Après être parvenues, après beaucoup de tapage, à une impasse publique sur la question, des négociations infructueuses ont eu lieu entre les conseillers dissidents et les membres de l'exécutif central qui admettaient dorénavant que le problème ne pourrait être résolu que dans le cadre d'un congrès du parti. Les districts dissidents souhaitaient que le conseil général du parti appuie le principe de pluralisme au sein du caucus et prévoie un rôle structuré pour les factions minoritaires. Toutefois, le conseil général s'est refusé à toute concession. La plupart des délégués se sont plus tard fait des ennemis de la base populaire provenant des districts dissidents en huant leurs interventions.

L'association du district de Snowdon, dirigée par Rotrand, a tenu une rencontre. Des départs en masse l'ont suivi. L'exécutif local du district de Jean-Talon, sous Goyer, avait déjà remis sa démission. L'association du district de Mont-Royal (celui de Melançon) prit une voie différente, avisant son conseiller de retourner au sein du caucus ; Melançon décida toutefois de quitter les rangs du parti. Dans le cas de l'association de Notre-Dame-de-Grâce, qui regroupe les districts de quatre conseillers aux vues largement divergentes, la situation était particulièrement compliquée. Les conseillers Michael Fainstat et Sharon Leslie ont fait tout leur possible pour rallier les membres locaux à la position de l'exécutif central. Toutefois, j'ai fortement appuyé le droit de Boskey de demeurer au sein du RCM, tout comme la grande majorité des représentants de l'exécutif local. À l'occasion d'une réunion générale spéciale, les deux tiers des membres ont appuyé le droit à la dissension.

Venait par la suite le congrès du parti de novembre 1989. Les membres de l'exécutif central et leurs partisans ont plaidé en faveur de modifications à apporter à la constitution du RCM qui permettraient à l'exécutif central et au conseil général de suspendre les conseillers qui avaient contrevenu aux règlements du parti, y compris les règlements contentieux du caucus qui avaient été adoptés durant un conseil général et non durant un congrès. Le parti désirait également amender la constitution pour que tout conseiller qui quittait les rangs du caucus perde automatiquement son statut de membre. En dépit de l'absence des délégués de Snowdown et d'autres dissidents qui s'y seraient sûrement opposés, ces deux résolutions ont été rejetées, quoique de justesse, car on n'a pu obtenir les deux tiers des voix des délégués ayant droit de vote.

Ce résultat était inattendu. Boskey avait prévu annoncer sa démission du RCM le lendemain du congrès. Quoique l'association du district de Notre-Dame-de-Grâce ait atteint pratiquement tous ses objectifs, Boskey n'attendit que quelques jours avant de démissionner. Selon Boskey, les résultats du congrès étaient insatisfaisants. Il avait été « sauvé par un détail technique » plutôt que soutenu par une majorité absolue. Ce qu'il ne réalisait pas, c'est qu'un nombre substantiel de délégués avaient changé d'avis après avoir entendu les arguments s'opposant au trop grand pouvoir accordé à l'exécutif central. En dépit du départ d'un trop grand nombre de militants de longue date, de nouvelles têtes capables de se faire leurs propres opinions et qui n'avaient pas peur de dire non à l'*establishment* du parti sortaient de l'ombre.

Au congrès de 1987, Boskey et Rotrand, entre autres, n'étaient pas parvenus à plaider en faveur de la ratification de plates-formes électorales éventuelles par l'ensemble des participants au congrès. Toutefois, durant le congrès de 1989, Jacques Desmarais, président du RCM, proposa qu'on apporte le même changement à la constitution du parti, ce qui fut approuvé à l'unanimité.

## 2. *Doutes, démocratie et décentralisation*

Le congrès adopta également d'autres résolutions importantes avec une majorité substantielle des voix — l'expansion des pouvoirs des Comités-conseil d'arrondissemnt (CCA) et le droit, pour un nombre donné de citoyen, de forcer le conseil municipal à discuter de leurs propositions (droit d'initiative référendaire). Comme ils ne trouvaient guère à redire au contenu des résolutions adoptées, les membres démissionnaires du RCM devaient se contenter de mettre en doute la volonté de l'administration Doré à se conformer au programme du parti.

Ils remettaient également constamment en doute la légitimité des Comités-conseil d'arrondissement en tant qu'instruments d'une véritable démocratisation. Dès le début, ils refusèrent d'admettre que les CCA n'étaient autre chose qu'un trompe-l'œil et une façade, car ils étaient privés de pouvoir décisionnel. Ils avaient cependant tort sur ce point. Quoique les CCA soient loin d'être de véritables conseils de quartier — ils ne pouvaient qu'émettre des recommandations et étaient gênés par d'inacceptables restrictions — il s'agissait d'un outil de conscientisation formidable. Les réunions des CCA permettaient aux citoyens de faire plus que simplement poser des questions ou soumettre des pétitions ; on pouvait y déposer des requêtes dont les conseillers locaux devaient par la suite discuter publiquement. Les groupes communautaires ont rapidement appris à recourir à la procédure de requête pour axer le débat sur des problèmes qui leur étaient propres, comme, par exemple, le besoin accru de logement social dans Côte-des-Neiges. On utilisait également le principe des requêtes pour réduire les délais administratifs inutiles et résoudre rapidement des problèmes qui, autrement, auraient été gardés en veilleuse.

Durant une rencontre du CCA tenue dans l'ouest de la ville, un groupe important de citoyens de NDG s'est entassé dans la salle pour s'opposer à la rumeur d'un projet de logement social d'envergure dans leur quartier. Alors que certaines objections s'apparentaient au syndrome « pas dans ma cour », certaines plaintes légitimes avaient trait à d'éventuels problèmes de circulation et au fait que la Ville avait négligé de créer l'espace vert promis entre deux résidences pour personnes âgées. Le débat aurait pu dégénérer en un conflit, compte tenu des disputes de clocher et des besoins très urgents des familles à faible revenu de NDG. Le CCA a plutôt remis le problème entre les mains du comité de logement du Conseil communautaire de NDG pour que ce dernier organise une table ronde de négociations à laquelle assisteraient tous les groupes intéressés. Les conseillers municipaux ont ensuite demandé à l'Office municipal d'habitation de Montréal (OMHM) de présenter un nouveau plan qui répondrait, dans la mesure du possible, aux attentes de ces groupes. L'opération a réussi au-delà de toute espérance. Il ne fallut que deux tables rondes pour parvenir à un compromis qui éliminait le problème de stationnement et procurait aux personnes âgées leur espace vert tout en allouant encore plus d'unités de logement subventionné que ce qu'on avait prévu à l'origine.

Une autre recommandation importante des CCA a été émise à la suite de la tentative d'un propriétaire de convertir en bureaux des douzaines d'appartements de la rue Saint-Timothée, près du métro Berri-UQAM. Les locataires ont présenté une requête au CCA de l'arrondissement Ville-Marie (centre-ville), qui a recommandé une action immédiate de la part de la municipalité. En l'espace de quelques jours, le Comité exécutif imposa un gel sur l'émission de nouveaux permis commerciaux dans le secteur, en attendant l'adoption d'un nouveau règlement municipal restreignant l'occupation, pour des fins non résidentielles, d'un édifice au-dessus du rez-de-chaussée.

### 3. *La frontière ténue entre responsabilité et trahison*

Il ne fait aucun doute que la question de la responsabilité des élus envers leurs commettants a été cruciale au sein du RCM dès le tout début. En 1975, Keaton et Auf der Maur ont provoqué une crise en défiant une directive du conseil général suivant laquelle tous les conseillers du RCM devaient voter contre l'abolition totale des tarifs de transport en commun pour les personnes âgées, rien de moins ! Le RCM et des groupes représentant les personnes âgées avaient déjà fait signer une pétition exigeant « un transport gratuit pour les plus de 65 ans » (à cette époque, le programme du RCM préconisait la gratuité du transport en commun pour tous les citoyens). Lorsque l'administration Drapeau a offert une réduction de cinq cents du tarif pour les personnes âgées,

Keaton était fort disposé à accepter ce qu'il qualifia de « victoire », tandis que les militants du parti proches du conseil général souhaitaient s'opposer à cette « trahison ».

Ironiquement, douze ans plus tard, les membres de l'administration du RCM devaient se mettre le peuple à dos en écartant une position du conseil général opposée au projet de loi fédérale C-22, sur les brevets en matière de médicaments. Doré et Robert Perreault, membre du Comité exécutif, soutenaient publiquement le projet de loi, tout comme les gens d'affaires de Montréal, du fait qu'il créerait de l'emploi. Mais le parti s'inquiétait des répercussions que ce projet de loi aurait sur les consommateurs. La déclaration de Doré au conseil général suivant laquelle l'administration pouvait avoir des vues qui différaient de celles du parti quant à certaines questions a amené certains militants de longue date à se demander s'ils perdaient ou non leur temps à lutter pour les positions du parti.

Le désaccord entre le parti et certains membres de l'administration sur l'Accord de libre-échange devait causer une scission similaire. Jacques Desmarais, président du parti, a même dû réfuter des déclarations en faveur du libre-échange attribuées au maire et publiées dans la presse.

Keaton et Auf der Maur ont finalement quitté les rangs du RCM en 1977 après n'avoir pu obtenir — de justesse — les deux tiers des voix requis pour être réadmis au sein du parti (ils avaient donné leur démission pour se présenter à l'élection provinciale de 1976 comme candidats de l'Alliance démocratique, parti qui n'a survécu que peu de temps). Cependant, leur départ était prévisible et la perte de leur vote au congrès avait été ourdie délibérément pour justifier une scission, au grand chagrin de leurs anciens alliés de « l'aile modérée » du RCM. Il y avait trop de différences fondamentales et de trop profonds conflits de personnalité pour qu'ils y demeurent. Ils ont formé un nouveau parti, le Groupe d'action municipale (GAM), désavoué nombre des points sur lesquels ils étaient d'accord avec le RCM et divisé le vote de l'opposition à l'élection de 1978, restaurant ainsi le monopole virtuel de Drapeau au Conseil municipal pour les quatre années suivantes.

Au fil des ans, les deux hommes ont glissé de plus en plus vers la droite. Les attaches politiques de Auf der Maur changeant constamment (il s'est joint à au moins 10 partis différents, dont quatre au plan municipal) sont devenues l'objet des quolibets les plus amusants. Cependant, le néoconservatisme d'avant-garde d'Auf der Maur avait des répercussions plus dangereuses : son admiration pour Margaret Thatcher, qui avait privatisé les logements publics au Royaume-Uni, et son opposition aux changements controversés apportés au zonage en vue de restreindre la conversion de logements en espaces pour bureaux — et l'expulsion de locataires à faible revenu — sur le segment nord de la rue Saint-Denis, n'en sont que deux exemples.

Même si le RCM est arrivé au troisième rang aux élections de 1978, il a survécu et a reconstruit ses fondations, alors que son concurrent électoral s'éteignait. En 1986, Keaton, ancien social-démocrate, qui portait les couleurs du Parti civique, fut défait et tenta en vain de rallier la vieille garde et de lui offrir des institutions démocratiques derrère lesquelles se retrancher. Michael Fainstat, unique représentant du RCM au Conseil municipal entre 19778 et 1982, était beaucoup plus crédible et consciencieux qu'Auf der Maur, ce qui ne nuisait pas. La raison clé de la survie du RCM réside dans le fait qu'il s'agissait d'un parti, mais également d'un rassemblement aux racines profondément ancrées dans les quartiers montréalais.

### 4. *Mouvement ou parti ?*

En temps que mouvement de base, le RCM devait non seulement se préparer à des élections, mais également mobiliser ses membres. Il devait mettre en lumière les iniquités sociales et soutenir le syndicalisme, notamment les employés municipaux et leurs syndicats. Le RCM avait une vision presque utopique de l'ère post-Drapeau, où les conseillers, les membres des syndicats et les citoyens ordinaires géreraient conjointement des services municipaux décentralisés et où les conflits de travail seraient chose du passé.

Naturellement, les membres présumaient que les réunions du Comité exécutif municipal, sous l'administration du RCM, seraient ouvertes au public, sauf lorsque des sujets tels que des dossiers confidentiels relatifs au personnel et l'achat de terrains seraient à l'ordre du jour. Ils présumaient même que l'administration du RCM ferait disparaître un jour le Comité exécutif et procéderait à des changements radicaux qui permettraient la décentralisation très rapide du pouvoir.

Les militants du RCM qui ont souvenir d'événements passés et prévoyaient qu'une incapacité d'agir rapidement aurait pour corollaire un enracinement des mauvaises habitudes, pour ne pas mentionner le désillusionnement populaire et la démobilisation. Quand le RCM prit finalement les rênes du pouvoir, les disputes de longue date entre la Ville et les syndicats municipaux furent réglées à l'amiable pour la première fois en de nombreuses années. Le nombre de cadres intermédiaires inutiles a été réduit au cours d'une réforme administrative, davantage de responsabilités ont été déléguées aux échelons inférieurs. La co-gestion innovatrice et la décentralisation à grande échelle contenues dans le programme du parti demeurent toutefois en veilleuse. Et le Comité exécutif continue, pour de multiples « bonnes raisons d'ordre administratif », à se réunir à huis clos.

Le RCM, lorsqu'il faisait partie le l'opposition, préconisait également la réduction de l'écart des salaires dans le secteur public. Il exigeait un gel des salaires de plus de 50 000 $ et un accroissement subtantiel des salaires de moins de 25 000 $. La décision de l'administration du RCM d'engager Pierre LeFrançois, super-administrateur, pour combler le nouveau poste de secrétaire général, avec un salaire de 125 000 $, a par conséquent provoqué les premiers remous de colère à la base. Doré prétendit que ce « grand patron » devait recevoir un salaire supérieur à celui de ses chefs de service, dont les salaires avaient été établis par Drapeau. Cependant, les militants du parti exigèrent de savoir, et le feraient souvent par la suite, pourquoi la nouvelle administration se sentait obligée d'accepter les règles de l'ancien régime au lieu d'adopter un ton nouveau et innovateur.

### 5. *Un parti pris pour les locataires ou pour les promoteurs ?*

Le RCM, lorsqu'il était dans les rangs de l'opposition, a également incité les locataires à défendre leurs droits. Il a par conséquent intensifié ses campagnes d'information de façon à rejoindre des centaines de milliers de citoyens. La prise de position du RCM en matière d'habitation plongeait ses racines dans la lutte menée au début des années 1970 dans l'affaire Milton-Parc, l'« Overdale » de l'époque. Tout comme les résidents d'Overdale, ceux de Milton-Parc se sont opposés à un projet qui offrait de les reloger en échange de la destruction de leur communauté. Tout comme les locataires d'Overdale, ils ont acquis un sens de la solidarité mutuelle, un véritable sens de la communauté et ont reçu un soutien remarquable de l'extérieur. Tout comme les évincés d'Overdale, ils ont fait montre de désobéissance civile (en occupant les bureaux du promoteur plutôt que les résidences menacées).

On notait toutefois certaines différences entre ces deux cas. Dans le cas d'Overdale, quelques douzaines de locataires étaient en cause, tandis que plus de 600 foyers ont finalement pu former la coopérative Milton-Parc, la plus importante coop d'habitation au Canada. Les résidents de Milton-Parc étaient assez puissants au plan politique pour imposer d'importants changements aux règlements fédéraux en matière de subventions offertes aux coopératives, ce qui permettait que les loyers demeurent raisonnables à la suite des rénovations. Finalement, dans le cas de Milton-Parc, le promoteur a éprouvé des difficultés financières alors que la communauté était encore à moitié intacte. Il fut par conséquent possible pour Phyllis Lambert de trouver un intermédiaire qui pouvait acheter et préserver les logements jusqu'à ce qu'une entente survienne avec le gouvernement fédéral.

Ironie du sort, les supporteurs clés des locataires expulsés d'Overdale étaient des vétérans de l'affaire Milton-Parc, et un de leurs principaux adversaires était John Gardiner, membre du Comité exécutif et lui aussi vétéran de l'affaire Milton-Parc. À ce jour, Gardiner maintient que le fait d'obtenir des promoteurs la construction d'« Underdale », logements de substitution appartenant à la municipalité et situés sur les rues Lucien-L'Allier et Versailles, en échange du droit de construire sur une ruelle appartenant à la Ville, constituait un exploit et qu'il n'existait aucune autre façon de protéger les locataires. Il prétend que sans une telle entente, le promoteur aurait pu éviter de transiger avec la Ville, recourant au service de la Régie du logement pour expulser les locataires « temporairement » en raison de réparations majeures et élever le prix des loyers bien au delà des capacités de paiement des locataires. Il insiste également sur le fait que la Ville a tenté à plusieurs reprises d'acheter les édifices d'Overdale des promoteurs, mais que ces derniers ne voulaient pas vendre, du moins pas à un prix qui aurait permis aux locataires de payer un loyer décent en vertu des règlements fédéraux existants en matière de subventions offertes aux coopératives.

L'autre côté de la médaille était que les promoteurs souhaitaient réellement mener à terme leur projet, dont la plus importante partie donnait sur le boulevard René-Lévesque, et non pas sur Overdale. Même si les promoteurs ont souvent parlé d'abandonner le projet si on ne les laissait pas faire comme ils l'entendaient, la Ville avait toujours prise sur eux ou sur tout propriétaire éventuel tant et aussi longtemps qu'elle possédait le terrain. En outre, bien que la Ville ait admis vouloir protéger les intérêts des locataires, nombre de ces derniers considéraient « Underdale » comme un deuxième choix médiocre ou une absence de choix.

Leur opposition face à l'option « Underdale » s'est trouvé exacerbée par le fait que nombre d'entre eux étaient des célibataires de moins de trente ans et que, ainsi, ils n'étaient pas admissibles aux divers programmes gouvernementaux de subvention de loyer. Un programme de subvention de loyer transitoire d'une durée de sept ans, subventionné par le promoteur, a été négocié par la Ville. Mais nombre des locataires trouvaient que même ces loyers étaient excessivement élevés. Après avoir tenu des audiences publiques, la commission de l'habitation et de l'aménagement urbain a recommandé à l'unanimité que les locataires d'Overdale soient intégrés au projet et gardent leur logement existant. Toutefois, à l'automne de 1987, la majorité des membres du Conseil municipal s'est rendue à l'argument de Gardiner selon lequel on n'avait pu convaincre les promoteurs d'accepter une solution qui garderait les locataires à Overdale. En acceptant de céder au promoteur la rue et la ruelle, la Ville perdait son emprise. L'opinion est fortement divisée quant à savoir si le Conseil aurait obtenu un meilleur résultat en prenant un risque calculé et en faisant avorter le projet à ce moment-là. À partir de cet instant, la Ville ne pouvait qu'appuyer la décision d'entreprendre des travaux de rénovation provisoires afin qu'on puisse garder les locataires en place jusqu'à ce qu'« Underdale » soit prêt, retarder la démolition des lieux et obliger les promoteurs à respecter les baux existants et la loi. Les autres conséquences, quoique déplaisantes et embarrassantes au plan politique, étaient inévitables.

Quelques jours après l'élection de novembre 1986, quand les locataires d'Overdale ont tenu une manifestation contre la tentative déjouée d'un ancien propriétaire de les expulser afin de pouvoir démolir les lieux, j'ai été cité à la une de *The Gazette* prétendant qu'il s'agissait là « du premier test » auquel on soumettait la nouvelle administration. Ce commentaire ne s'est révélé que trop prophétique. Pour certains membres de longue date du RCM, le fiasco de l'affaire Overdale était la goutte d'eau qui a fait déborder le vase, ou le commencement de la fin. Il s'agissait certainement de la fin de l'innocence pour ceux qui ont décidé de demeurer au sein du parti afin de s'assurer qu'il n'y aurait plus jamais d'Overdale. En effet, il n'y a pas eu d'autres cas « Overdale », quoique, à quelques reprises, on y ait échappé de justesse.

Alors que la controverse Overdale atteignait son paroxysme, un autre promoteur, Firsurban, demandait aux agents du service de l'urbanisme comment éviter ce genre d'embarras dans le cas du cinéma York situé sur Mackay. Le promoteur a accepté de louer 24 appartements pendant 75 ans à la SHDM, corporation municipale sans but lucratif. Les 19 locataires de l'époque devaient être logés dans des appartements complètement rénovés dont le coût était approximativement le même que celui qu'ils payaient alors (196 $ par mois en moyenne), et le promoteur paierait la différence, soit 204 $ ou plus. Les locataires, pour la plupart des personnes âgées, n'ont opposé aucune objection à une évacuation temporaire, particulièrment en raison du fait que le promoteur assumait toutes les dépenses encourues par le déménagement, qu'il leur offrait un logement de qualité équivalente ou supérieure et qu'il assumait la différence des loyers.

Toutefois, Firsurban, éprouvant des problèmes financiers au début de 1990, a demandé à la Ville la permission de vendre à un autre promoteur. Même si le nouveau promoteur était lié par les mêmes conditions relativement aux 24 unités de logement social et aux subventions offertes aux locataires, l'administration du RCM a dû affronter une pluie de critiques. Le fait indéniable était qu'il était désormais peu probable que les locataires puissent réintégrer leur ancien logement sur Mackay. Pendant près de dix ans, le centre-ville de Montréal serait doté d'un autre « trou » à l'angle des rues Guy et Sainte-Catherine. L'administration n'avait toutefois pas vraiment le choix. Si elle refusait la vente et menait Firsurban à la faillite, le logement social et les programmes de subventions aux locataires allaient être en danger. La Ville aurait pu refuser le projet de Firsurban en premier lieu, mais cette mesure n'aurait pas davantage assuré la protection des locataires. Tant et aussi longtemps que leur édifice appartenait au secteur privé, il pouvait toujours être vendu.

L'unique façon de protéger en permanence les locataires consiste à faire en sorte que les édifices soient achetés par des organismes municipaux qui géreront ces derniers comme le ferait un organisme sans but lucratif et les remettront finalement entre les mains d'une coopérative ou d'un organisme communautaire sans but lucratif. La Société d'habitation et de développement de Montréal (SHDM) a précisément reçu ce mandat : acquérir 12 000 habitations du secteur privé au cours des dix prochaines années, dont 2 400 d'ici la fin de 1990. Quatorze de ces unités font partie du pâté de maisons « Anderson » dans le Chinatown. Des locataires de ce quartier ont livré une bataille constante et intenté des poursuites contre le propriétaire, Maxidev, en plus de s'engager dans des négociations prolongées avec la SHDM en vue de la préservation de toutes les unités de logement. Afin de sauvegarder ces dernières et de protéger les locataires, la SHDM a dû conclure une entente de mise en valeur en coentreprise, utilisant comme moyen d'incitation l'emplacement stratégique de terrains appartenant à la Ville dans le pâté de maisons. Bien qu'on ne soit parvenu à aucun accord absolu, Anderson pourrait devenir ce qu'Overdale aurait dû être et n'a jamais été : un projet qui vise à conserver le caractère social et architectural d'une des dernières enclaves du centre-ville de logements à prix modique et de particularités architecturales.

Un règlement municipal inapproprié interdisant toute démolition à Montréal constituait un autre problème de l'affaire « Overdale ». Sous l'administration Drapeau, des décisions de facilité au plan politique prises par le Comité exécutif et s'opposant à tout projet de démolition avaient été systématiquement rejetées par la Commission d'arbitrage sur le patrimoine résidentiel. Cela tenait au fait que, durant l'ère Drapeau, le règlement municipal ne tenait compte que des critères liés à l'urbanisme et à l'architecture, contrairement aux règlements en vigueur dans d'autres municipalités du Québec qui tenaient également compte du « préjudice subi par les locataires » et de la « disponibilité d'un logement comparable dans le voisinage ». Québec a apporté des modifications à la Charte de la Ville de Montréal en juin 1988. Le nouveau règlement municipal résultant de ces modifications comprenait des clauses sur la protection tant attendue des locataires, qui mettaient un terme au statut de citoyens de deuxième classe des locataires Montréalais.

Avec le règlement municipal 5241 révisé, la Ville sera également en mesure de prendre des mesures draconiennes contre les propriétaires qui laissent les édifices résidentiels et commerciaux se détériorer. Les amendes varieront entre 1000 $ et 20 000 $ pour la première infraction, et entre 2000 $ et 40 000 $ pour toute infraction subséquente. Si la Ville avait possédé un tel pouvoir plus tôt, il aurait pu être possible de sauver l'hôtel Queen avant que les choses n'aillent trop loin. Des mesures énergiques visant à contrer la détérioration seront également profitables dans les vieux quartiers qui devaient composer avec le danger que représentent des édifices abandonnés et condamnés. Un autre règlement municipal étendra ces mesures énergiques aux édifices résidentiels occupés, et réservera un traitement spécial aux propriétaires qui se moquent de la loi, obligeant ces derniers à respecter certaines normes ou à se retirer des affaires.

Les violations ordinaires du Code du logement supposent habituellement une amende d'environ 100 $ pour la première infraction, quoiqu'en cas de récidive, les propriétaires font habituellement l'objet d'accusation multiples à raison de 300 $ par jour. L'amende maximale par infraction (pour une troisième infraction) s'établit à 1000 $. Les inspecteurs municipaux ont le pouvoir depuis 1983 d'ordonner que des réparations d'urgence soient effectuées ou de rebrancher les services publics aux frais du propriétaire, mais ils n'avaient pas les fonds nécessaires pour se prévaloir largement de ce pouvoir ni pour engager des entrepreneurs. Toutefois, au début des années 1990, les inspecteurs chargés de faire respecter le Code du logement ont finalement reçu une subvention de 400 000 $ automatiquement renouvelable qui leur permettait d'intervenir plus rapidement et désormais sans autorisation spéciale du Comité exécutif.

Des modifications administratives ont également fait pencher la balance en faveur des locataires lorsque des permis de rénovation sont émis pour des édifices habités. Les inspecteurs ont maintenant la coopération, du moins en théorie, du module des permis, qui avait l'habitude d'émettre des permis libellés en des termes vagues et permettant aux propriétaires de changer les fenêtres et de modifier la plomberie et les systèmes de chauffage en plein milieu de l'hiver. Grâce aux nouveaux règlements, aucun permis ne sera émis pour des travaux de rénovation dans un édifice habité, avant que le propriétaire ait soumis un plan et que ce dernier ait été approuvé. Les travaux se limiteront aux unités vacantes et aux zones communes et devront respecter le Code du logement en ce qui concerne l'hygiène, la sécurité et le bien-être des autres occupants.

Un autre changement majeur concerne les rénovations qui sont en partie subventionnées par la Ville. Le programme provincial de rénovation n'accorde qu'une maigre somme (100 $ par pièce) pour rembourser les dépenses encourues par le locataire délogé temporairement. Les locataires qui ont contesté une rénovation à la Régie de logement ont systématiquement obtenu beaucoup plus, alors que toute personne qui était assez naïve pour signer une convention de rénovation avec le propriétaire ne pouvait demander aucun autre remboursement des dépenses. Sur la recommandation d'un comité composé de fonctionnaires, de représentants des locataires, du conseiller Marcel Sévigny et de moi-même, la Ville a adopté un programme grâce auquel un supplément était ajouté à la subvention de réinstallation temporaire allouée par le gouvernement québécois et qui permettait de s'assurer que les locataires recevaient jusqu'à 1 500 $ chacun.

En janvier 1990, le Comité exécutif a imposé un gel sur l'émission de permis de démolition et de conversion en espace commercial, en attendant l'adoption d'un nouveau règlement municipal qui assurerait aux locataires de Montréal la protection, plus sûre, de la province. Le gel des permis s'appliquait à toute conversion en espace commercial qui réduirait le nombre de logements dans un édifice ou l'espace habité par un locataire. Le nouveau règlement municipal permet à la Ville de refuser l'octroi de permis de conversion en espace commercial. Chaque projet de conversion de ce genre devra être soumis au Comité-conseil d'arrondissement pour des fins d'étude publique. Le Comité exécutif prendra alors une décision dont on peut en appeler devant une commission d'arbitrage.

D'autres municipalités ne possèdent pas les pouvoirs qui sont conférés à Montréal et ne peuvent restreindre la conversion en espace commercial que par des règlements municipaux en matière de zonage. La conversion en espace commercial demeure par conséquent un problème crucial dans Westmount, par exemple. La protection assurée contre la conversion en espace commercial en vertu des lois québécoises régissant les relations propriétaires-locataires présente des faiblesses. Avant que Montréal n'impose un gel, un propriétaire pouvait évincer un locataire d'un logement situé dans une zone tant commerciale que résidentielle en lui donnant un avis de six mois pour quitter les lieux avant la fin du bail et en lui versant trois mois de loyer ainsi qu'une somme couvrant les dépenses occasionnées par le déménagement. Environ 2 000 logements, qui n'étaient pas tous habités, ont ainsi été convertis chaque année à Montréal seulement. En 1989, les locataires d'au moins quatre grands immeubles d'habitation du centre-ville ont dû se battre pour contrer les tentatives de convertir les édifices en des « apart-hôtels ». C'est là la dernière brèche que peuvent encore emprunter les propriétaires s'ils veulent convertir leurs immeubles locatifs en autre chose.

### 6. *La conversion en condominiums : une option alléchante*

Lorsque le RCM a élaboré sa plate-forme électorale en 1986, le gouvernement du Québec faisait tout en son pouvoir pour favoriser la conversion en condominiums. La politique du parti était par conséquent de s'opposer à ce genre de conversion, à moins qu'une protection complète ne soit assurée aux locataires. L'élaboration de cette politique a donné lieu à une bataille épique entre les technocrates au pouvoir du RCM et les traditionnalistes. Cette dispute a finalement pris fin en septembre 1986 dans le bureau même de Jean Doré, quand John Gardiner menaçait de démissionner de son poste de critique de l'opposition en matière de logement à moins que le parti n'adopte ce qui, à cette époque, constituait une ligne de conduite dure concernant la protection des locataires.

Essentiellement, le gouvernement québécois avait levé le gel imposé à l'échelle provinciale en 1975 sur la conversion des immeubles locatifs en condominiums, sauf pour l'île de Montréal, où il laissait aux municipalités le soin d'adopter leurs propres règlements municipaux en matière de conversion.

En plus d'être régie par un règlement municipal général, chaque conversion devait être régie par un règlement municipal spécifique. La Régie du logement pouvait également refuser une conversion si des propriétaires contrevenaient aux règlements provinciaux concernant le harcèlement et les rénovations illégales. Le ministre André Bourbeau, responsable des questions liées à l'habitation, avait soudainement fait volte-face, et on notait l'opposition farouche des résidents de Montréal et de Côte-Saint-Luc face aux projets de conversion.

Les locataires ont par conséquent été surpris lorsque l'administration du RCM a proposé une politique d'habitation qui permettrait de convertir des immeubles en condominiums uniquement si 60 % des locataires de l'édifice désiraient acheter leur propre logement. En vertu du projet, qui fut finalement rejeté, les locataires habitant des logements peu coûteux auraient reçu jusqu'à 5 000 $ en subventions gouvernementales pour acheter leur logement et le nombre total de logements convertis par année n'aurait représenté que 1 % du nombre total de logements dans chaque district.

Cependant, des organismes communautaires, particulièrement ceux représentant les personnes âgées, ont émis des mises en garde, déclarant que les pauvres et les personnes âgées deviendraient les premières victimes de ce genre de conversion. Ils prévoyaient qu'il en résulterait du harcèlement et une détérioration délibérée de leurs conditions de vie, malgré les garanties que personne ne serait expulsé et les amendes imposées en cas de harcèlement en vertu des lois québécoises qui sont, soit dit en passant, parmi les plus strictes en Amérique du Nord. Qu'adviendrait-il des locataires qui ne désiraient pas acheter leur logement ou qui ne pouvaient s'offrir un tel luxe ? Comment empêcher que des pressions ne soient exercées sur ces personnes, non seulement par le propriétaire, mais également par les voisins qui pouvaient avoir le sentiment de « subventionner » leur présence ?

« Il ne peut y avoir de conversion sans rénovation », prétendit Dida Berku, avocat qui représentait les locataires, « et il ne peut y avoir de rénovation sans expulsion. Je n'ai jamais vu un locataire être expulsé en raison de rénovations puis revenir acheter son appartement. » Lorsqu'on permet aux propriétaires de convertir leurs édifices, ces derniers font tout en leur pouvoir pour vider les lieux : on offre moins de services ; les appareils de chauffage font tout à coup défaut et ne sont pas réparés ; les concierges de longue date sont congédiés et remplacés si tant est que le propriétaire se donne seulement la peine de les remplacer, par des alcooliques déplaisants, incompétents et psychotiques. Quelquefois, les appartements vacants sont loués à des personnes de passage, anti-sociales. Après de telles mesures d'intimidation, qui font déguerpir tout le monde sauf les locataires les plus entêtés et ou les plus désespérés, l'avis de rénovation arrive. Souvent, le propriétaire n'attend pas l'autorisation de la Régie du logement pour entreprendre des travaux de construction qui génèrent du bruit et de la poussière dans les corridors et le vestibule. Finalement, on offre aux quelques derniers entêtés des sommes substantielles pour qu'ils acceptent de déménager et de ne plus revenir.

Finalement, en décembre 1989, l'exécutif du RCM a approuvé le rejet, par la commission de l'habitation et de l'aménagement urbain, du projet de conversion en condominiums assujettie à certaines conditions présenté par des particuliers. Après avoir entendu près de 100 organismes et personnes durant les audiences publiques tenues plus tôt la même année, la commission a invoqué, pour justifier son rejet, « le nombre inadéquat d'appartements à prix raisonnable, l'absence d'un cadre juridique approprié et l'impossibilité de fournir une aide financière adéquate aux locataires à faible revenu » qui pourraient souhaiter acheter leur appartement. La commission a fait remarquer que près de 74 % des ménages montréalais gagnaient moins de 35 000 $ par année. Très peu de ces ménages pouvaient ainsi se permettre d'acheter leur appartement, même en supposant qu'ils reçoivent le maximum des subventions gouvernementales (5 000 $). Pourquoi alors créer des problèmes à la grande majorité pour servir les intérêts d'une faible minorité ?

Certains des mémoires présentés durant les audiences tenues à Montréal laissaient croire qu'un certain genre de conversion peut être réalisable si les propriétaires, qui sont des particuliers, sont tenus à l'écart. Un organisme municipal pourrait acheter des édifices et vendre certains des appartements à leurs occupants sous forme de condominiums tout en conservant les autres sous forme d'habitations à loyer modique. La commission a suggéré que la Ville étudie cette possibilité, sous réserve qu'elle soumette toute nouvelle proposition à une autre consultation publique.

Le problème de la conversion d'appartements en condominiums peut être comparée à un vampire. Il faut l'enterrer à la croisée des chemins, avec un pieu dans le cœur, sans quoi il reviendra saigner à blanc les vivants. Heureusement, un ensemble de citoyens avertis ont donné aux locataires de Montréal la protection la plus sûre en Amérique du Nord. Partout ailleurs, les gels imposés à la conversion d'appartements en condominiums n'ont duré qu'un ou deux ans et les règlements finalement adoptés étaient beaucoup moins restrictifs. Le meilleur de ces règlements permettait d'entreprendre des travaux de conversion si une majorité notable de locataires donnaient leur accord, ou exigeait que les propriétaires conservent certaines unités pour les louer à des prix modiques.

Lorsqu'il était au pouvoir, le Parti civique favorisait la conversion sans restriction d'appartements en condominiums et permettait l'envoi d'un avis d'expulsion aux locataires non désireux d'acheter leur appartement. Durant l'élection de 1986, Claude Dupras, leader du Parti civique, a soudainement fait volte-face après avoir été vertement critiqué durant une entrevue radiophonique et s'est opposé, comme tant d'autres, à la conversion d'appartements en condominiums. Cependant, après le départ de l'aile réformatrice du Parti civique en 1989, la vielle garde de l'ère Drapeau renaquit de ses cendres et exigea que les logements publics de Montréal soient privatisés.

S'il existe une question sur laquelle le RCM a vraiment rempli ses engagements, c'est bien celle de la prévention de la conversion d'appartements en condominiums. En fait, les moyens de contrôle actuels sont plus complets que ceux qu'avait promis le parti durant la campagne électorale de 1986. Évidemment, une vigilance constante s'impose pour prévenir toute récidive des politiciens et des bureaucrates toujours épris du mythe de « l'accès à la propriété ».

### 7. *Pourquoi je suis demeuré au sein du RCM*

Au plus fort des tensions au sein du caucus, j'aurais facilement pu me joindre à la « bande des quatre » qui aujourd'hui forment la Coalition démocratique de Montréal. Vers la fin de 1988, Overdale constituait toujours un affront irréparable pour les membres du parti issus du milieu populaire. Cependant, certains conseillers ne voulaient plus en entendre parler et formulaient des plaisanteries insipides, parlant d'« Overdose », chaque fois que le sujet était soulevé. J'avais publiquement critiqué l'administration et j'avais bien fait comprendre que les intérêts des locataires avaient préséance sur le caractère confidentiel du caucus. Gardiner s'était bruyamment plaint de mon refus de concéder quoi que ce soit sur cette question ou de quitter les réunions du caucus lorsqu'on abordait le problème Overdale. Lorsque les membres du parti ont inscrit Overdale en première place sur leur liste des erreurs de l'administration, Gardiner ne s'est aucunement repenti : il persiste à croire encore aujourd'hui que les locataires s'étaient vus offrir la meilleure transaction possible, et que toute erreur n'était attribuable qu'à un problème de relations publiques.

Par contre, je savais qu'il aurait été beaucoup plus difficile de forcer le gouvernement québécois à changer d'avis sur la conversion d'appartements en condominiums sans l'intervention de la Ville de Montréal, qui s'est posée en championne des plus démunis en matière de logement. Je désapprouvais par ailleurs la décision de Sam Boskey de démissionner du caucus sans consulter en premier lieu les membres du RCM de Notre-Dame-de-Grâce durant une réunion générale. Toutefois, la bévue commise par l'exécutif central du parti qui, pour des raisons de convenances au plan politique, a appliqué son interprétation constitutionnelle aux démissions, exigeait une réaction beaucoup plus immédiate. Je me suis par conséquent opposé avec véhémence à la position de l'exécutif central et j'ai défendu le droit des conseillers dissidents à demeurer au sein du parti, droit qu'ils ont finalement décidé d'abandonner après qu'on leur eut concédé. Il importait de s'assurer que le parti demeure fidèle à ses principes de décentralisation, même si on notait chez certains des écarts de conduite.

En 1989, j'avais trois objectifs principaux. Le premier consistait à m'assurer que les désirs du public relativement à la conversion d'appartements en condominiums soient respectés et que l'administration du RCM n'adopte aucune politique qui serait préjudiciable au droit des locataires. Lorsque les audiences ont pris fin et que le Comité exécutif a accepté les recommandations de la Commission que je dirigeais, j'ai jugé que cette mission avait été accomplie. Si j'avais échoué, je n'aurais pu demeurer au sein du RCM en toute bonne foi.

Mon deuxième objectif consistait à obtenir une « victoire » au congrès du RCM de novembre 1989 en adoptant un programme de parti progressiste et en maintenant une politique de décentralisation. Même si on a assisté à une « victoire » constitutionnelle extrêmement ténue, assimilable à une victoire par défaut, cette dernière a stimulé les gens à continuer de travailler au sein du RCM pour garder le parti sur une voie progressiste.

Mon troisième objectif consistait à m'assurer de l'adoption de règlements municipaux et d'autres réformes en matière d'habitation sur lesquels j'avais travaillé pendant trois ans en collaboration avec d'autres intervenants. Je voulais que les choses bougent plutôt que de me plaindre, à partir du banc de l'opposition, que le RCM n'accomplissait rien.

Il ne fait aucun doute que le RCM n'a pas toujours évoluée dans le bon sens. Certaines personnes haut placées, maintenant qu'elles détiennent les rênes du pouvoir, se considèrent comme une « administration » et croient qu'il n'est plus convenable pour le RCM d'être un « rassemblement ». Elles gardent le nez en l'air plutôt que de prêter l'oreille aux besoins de la population. Les médias s'attendent évidemment à ce que les politiciens se « graissent la patte ». Quelquefois, des histoires sont donc inventées pour perpétuer ces préjugés. Par exemple, on a prétendu en 1987, sur les ondes d'une station de télévision, que la Ville était en voie d'acheter neuf nouvelles limousines pour les membres du Comité exécutif. La nouvelle n'a jamais été démentie. En fait, la Ville a acheté deux voitures pour en remplacer deux autres qui n'étaient plus en état de marche.

Pour nombre de ses programmes, l'administration dépend de subventions fédérales et provinciales. De plus, la ville de Montréal possède une Charte qui sert au gouvernement québécois à baliser les compétences de l'administration municipale. Elle ne peut s'accorder de nouveaux pouvoirs, mais doit en faire la requête auprès de politiciens dont la faculté de concentration est assez limitée. On se demande souvent si on peut obtenir ce dont on a besoin en négociant poliment ou si on doit mobiliser l'opinion publique pour obtenir des changements fondamentaux. L'administration a mené des négociations avec le gouvernement québécois pour que les prestataires d'aide sociale sans-abri obtiennent la permission de donner comme adresse de correspondance celle d'organismes communautaires.

Toutefois, les travaux ont tellement traîné en longueur que la Ville a été accusée d'être la cause du problème, même si le gouvernement québécois avait établi les règles. L'administration maintenait qu'elle n'avait aucun droit d'agir unilatéralement. Les groupes communautaires, le Projet Genèse, situé dans le quartier Côte-des-Neiges, et le Centre d'amitié autochtone, entre autres, étaient convaincus du contraire. L'administration prétendait que le mandat qui lui conférait le droit d'administrer les programmes d'aide sociale pouvait être révoqué par le gouvernement québécois et que les prestataires d'aide sociale seraient alors à la merci de ce dernier. Les groupes communautaires doutaient que Québec veuille assumer la charge administrative alors qu'elle possédait un bouc émissaire si pratique.

Lorsque les paliers supérieurs de gouvernement ne peuvent ou ne veulent résoudre un problème, la Ville devrait-elle utiliser les fonds générés par son imposition régressive ou devrait-elle se contenter de rester les bras croisés en attendant d'obtenir des fonds des gouvernements fédéral et provincial ? Ou peut-être devrait-elle s'activer secrètement sans rendre la chose publique de crainte qu'Ottawa et Québec considèrent qu'ils sont par le fait même libérés de leurs obligations. Si la négociation et les moyens de pression permettent d'obtenir le résultat escompté, l'administration devrait-elle être critiquée de ne pas avoir mobilisé l'opinion publique ?

Dans le cas de l'impôt foncier, l'administration est parvenue à ses fins en jouant le jeu de la bureaucratie. Elle s'est entendue avec la Communauté urbaine de Montréal et l'Union des municipalités du Québec et s'est servie de ces positions communes pour obtenir du gouvernement Bourassa des aménagements majeurs. Lorsque le RCM a été élu en 1986, le processus d'évaluation foncière était effectué annuellement et n'était soumis à aucun contrôle, sinon ceux du marché. Il n'existait aucun plafond quant à l'accroissement de la taxe annuelle imposée aux propriétés résidentielles et le gouvernement provincial avait déjà décidé de supprimer la surtaxe sur les édifices industriels et commerciaux, unique mesure qui a forcé ce secteur à assumer également la charge.

Moins d'un mois après l'élection, l'administration du RCM a obtenu de Québec l'autorisation d'abolir la taxe d'eau imposée aux propriétaires fonciers et aux locataires d'immeubles résidentiels, mesure que les groupes communautaires réclamaient à grands cris depuis 1971. Même si l'abolition devait être temporaire, Québec n'a pas osé réinstaurer cette taxe tant détestée. À la fin de 1987, après une année qui a laissé les propriétaires meurtris par des accroissements énormes de l'évaluation foncière, la Ville de Montréal et ses alliés ont convaincu Québec de permettre un plafonnement annuel de l'accroissement taxable de l'évaluation foncière. La surtaxe commerciale et industrielle a été maintenue. À la fin de 1988, Québec s'était de nouveau dérobé à ses engagements. Le système de l'évaluation annuelle était aboli et remplacé par une évaluation aux trois ans, ce qui devait permettre de réduire les erreurs et de stabiliser la situation de l'impôt foncier.

Ces mesures, ainsi qu'une réduction constante du taux d'imposition et une restructuration de la dette municipale pour que la dépendance face aux emprunts étrangers soit atténuée, ont permis que quatre propriétés montréalaises sur cinq connaissent une réduction de leurs taxes municipales ou un accroissement inférieur au taux d'inflation. Les personnes ayant le plus bénéficié de ces réformes ont été les locataires à qui le propriétaire refilait tout simplement l'accroissement de l'impôt foncier et les propriétaires âgés à revenu fixe. Pour la première fois depuis le début des années 1970, époque où la formule d'imposition avait été bouleversée, le fardeau ne devait plus être assumé par les personnes qui pouvaient le moins se permettre de payer.

Malgré toutes les frustrations que j'ai endurées, lorsque je vois les réformes fondamentales qui ont vu le jour, je sais aujourd'hui que le jeu en valait la chandelle et que je n'ai pas entièrement perdu mon temps en demeurant au sein du RCM.

*Traduit par Denis G. Gauvin*

# Pointe-Saint-Charles :
## *Analyse d'une expérience politique locale*

Conseiller municipal pour le district Pointe-Saint-Charles, avec JEAN-GUY CASAUBON, LORRAINE GUAY, ARTHUR SANDBORN et NOËLLE SAMSON, membres de l'association locale du RCM

Pour le milieu communautaire de Pointe-Saint-Charles, le RCM (alors qu'il était dans l'opposition) a d'abord été un véhicule pour mettre l'Hôtel de Ville au courant des enjeux qui se vivaient dans le quartier.

Avant les élections de 1986, Marcel Sévigny, issu du réseau communautaire de Pointe-Saint-Charles, doit briguer l'investiture contre un candidat plus proche du milieu des affaires... déjà le RCM diluait ses positions qui faisaient pourtant son attrait.

Dès les élections de 1986, le projet politique du RCM (la raison pour laquelle le milieu communautaire y a investi tant de temps) commence à s'effriter, puis à carrément s'effondrer.

Toutefois, l'association locale Pointe-Saint-Charles demeure au sein du RCM parce que, sans renier ses moyens d'action extra-parlementaire (la rue), elle estime qu'elle est une présence essentielle, un contre-pouvoir au sein du pouvoir à l'Hôtel de Ville.

## 1. *Une implantation difficile*

Les premières brèches dans cette armature bétonnée qu'était la présence du Parti civique dans le quartier, ce clan impénétrable de petites élites locales, sont apparues dès le milieu des années 1960. À cette époque, des groupes de citoyens ont commencé à s'organiser à la fois pour établir un certain nombre de revendications sociales (au niveau du logement, des assistés sociaux, de l'éducation, de la santé), mais aussi pour prendre en main certaines institutions nouvelles : la maison de quartier, la clinique communautaire, le Carrefour d'éducation populaire.

L'époque des pionniers du « pouvoir aux citoyens » a donc rendu possible l'émergence d'un autre type d'action politique axée davantage sur un projet de société plus égalitaire et sur des méthodes d'action basées sur la participation collective, la conscientisation et la mobilisation de la population. Cette nouvelle force, à travers de nombreux tâtonnements, a pu s'exprimer, au plan social et politique, par des luttes souvent épiques. De plus, au plan partisan, au début des années 1970, le PQ fait son apparition dans le quartier, rompant le monopole traditionnel des libéraux. Et enfin, durant près de cinq ans (1976-1981), des groupes marxistes-léninistes impriment une politisation extrêmement poussée à toute la dynamique communautaire... ce qui ne va pas sans pleurs, ni grincements de dents, ni sans éclatement.

C'est dans ce contexte, extrêmement fragmenté, que des militants issus des milieux communautaires, francophone et anglophone, tentent d'implanter une organisation RCM dans Pointe-Saint-Charles. Ces tentatives se font essentiellement autour des élections municipales de 1974, 1978 et de 1982. Les organisateurs réussissent à mobiliser certains secteurs du mouvement communautaire, mais sans susciter une vague d'enthousiasme suffisamment forte pour canaliser toutes les énergies du milieu. Bien que les trois candidats du RCM aient été successivement défaits, ils ont quand même fait en sorte que l'action municipale se fasse à travers un parti politique organisé, c'est-à-dire le RCM.

## 2. Investir le pouvoir municipal

À partir des années 1982-1983, les revendications du mouvement communautaire dans les domaines du logement, du développement économique local et de l'aménagement urbain en général s'intensifient. Les confrontations avec l'administration Drapeau-Lamarre deviennent monnaie courante. Cette administration, en plus d'avoir une politique de laisser-faire systématique, qui profite aux spéculateurs de tout genre, fait la vie dure à toutes les intiatives issues du mouvement communautaire.

Mais, surtout, la population du quartier commence à comprendre qu'une mutation est en train de s'opérer. Pointe-Saint-Charles se transforme, petit à petit, imperceptiblement (puisque rien ne transparaît des intentions municipales) en un quartier fait sur mesure pour jeunes professionnels sans enfants : aménagement du canal de Lachine, développement de projets immobiliers de condos de luxe le long de cette voie d'eau. Le quartier vit un moment charnière de son développement : gentrification accélérée avec le départ inévitable de la population locale vs. lutte pour la prise en main du quartier et de son avenir avec et pour la population locale.

Le mouvement communautaire décide d'investir massivement dans cette lutte et de proposer des alternatives très concrètes : le projet Saint-Charles et ses 500 logements sociaux, un projet d'aménagement global pour la population du quartier, une corporation de développement économique local. Dans ce contexte, il ressort clairement qu'il ne suffit plus de prendre la rue, mais qu'il faut également investir le pouvoir à l'Hôtel de Ville.

À l'automne 1985, un peu plus d'un an avant les élections municipales de novembre 1986, une vingtaine de personnes impliquées directement dans le réseau communautaire se réunissent afin d'envisager notre implication éventuelle dans l'action politique municipale. Plusieurs questions et plusieurs débats sont mis sur la table :

— devons-nous faire de l'action politique « partisane » ? Est-ce réellement indispensable pour gagner nos revendications ?
— devons-nous tenter de faire élire une personne qui défendrait nos positions à l'Hôtel de Ville ?
— ne vaut-il pas mieux de garder nos distances et préserver notre autonomie ? Car l'histoire politique des vingt dernières années au Québec nous montre clairement que les partis politiques, aussi bien intentionnés soient-ils, sont loin de tenir leurs « promesses » et vont même jusqu'à nier leur programme une fois élus.

Nous scrutons à la loupe le programme du RCM. Nous voulons vérifier que ce programme peut effectivement rencontrer de façon assez satisfaisante les grandes revendications du quartier, en particulier les dossiers chauds : habitation, aménagement, développement économique, transport. Le RCM apparaît alors comme une alternative valable pour opérer ce changement de cap indispensable à la survie de notre communauté. Les discussions nombreuses menées avec les responsables communautaires et avec certains citoyens « vieux routiers » des luttes locales nous confirment qu'il y a du « changement dans l'air » et que les gens souhaitent une victoire du RCM à l'Hôtel de Ville.

Nous poursuivons notre réflexion et nous tentons de définir quels devraient être nos rapports avec un parti politique :

- être dans un parti et en respecter les règles de fonctionnement, mais ne jamais mettre de côté l'indispensable travail de mobilisation à la base ;
- établir des priorités selon les dossiers importants de notre quartier et les dossiers plus globaux qui touchent la situation des autres quartiers pauvres dans Montréal ;
- préserver l'autonomie du mouvement communautaire face au RCM : ce sont des individus qui adhèrent au RCM et non des groupes (de toute façon, tous les militants ne veulent pas nécessairement devenir membres du parti) ;
- faire du RCM un véhicule, un autre lieu d'expression de nos revendications dans l'objectif d'augmenter les chances de faire avancer notre vision du développement communautaire[1] et de réaliser plus facilement nos projets.

Il ne s'agit donc pas d'un mariage d'amour avec le RCM mais strictement d'un mariage d'intérêts.

En décembre 1985, la décision est prise : nous embarquons dans la bataille avec le RCM. Et, avec Marcel Sévigny, notre candidat, nous l'emportons ! Pour les milieux communautaires du quartier, il s'agit de la première victoire électorale d'un candidat d'une formation « progressiste » sur la scène locale en vingt ans.

### 3. Le pouvoir à l'Hôtel de Ville

Dès les premiers jours au pouvoir, avec le choix des sept membres du Comité exécutif (choix imposé par le maire au reste de l'équipe), nous avons une idée du style et de la dynamique qui allait s'imposer à l'Hôtel de Ville. Nous assistons à une concentration du pouvoir décisionnel au sein du Comité exécutif[2]. Mais ce n'est qu'à l'automne 1987, un an après l'entrée du RCM à l'Hôtel de Ville, que les premières critiques publiques fusent de l'intérieur du RCM. Provenant d'un petit groupe de conseillers, dont Marcel Sévigny, elles remettent en question deux éléments principaux : la concentration du pouvoir de décision au sein du Comité exécutif et les orientations politiques de l'administration sur certains dossiers (l'affaire Overdale, dossier Matrox).

Plus localement, les militants du RCM sont refoidis par le refus de l'administration d'arrêter un projet de conversion d'un immeuble industriel en condominiums près du canal de Lachine (Lofts Corticelli) et par sa tergiversation au sujet du plan d'urbanisme local. On s'aperçoit que le contrôle du développement de notre quartier, essentiel à la réussite des projets communautaires de notre quartier, tarde à venir.

Ainsi, dès la fin de 1987, c'est-à-dire un an après les élections, les alliances, les tendances, les rivalités et les tension se dessinent clairement à l'intérieur du caucus des élus. Elles découlent de trois éléments principaux :

— grande variété de courants politiques et disparité des intérêts ;
— absence d'opposition extérieure ;
— organisation centralisée du pouvoir autour du Comité exécutif.

Aucun élu n'y échappait. Tous et toutes devaient se « positionner », bon gré mal gré, selon ses intérêts, son plan de carrière, son orientation politique, une éventuelle promotion. C'est le début de l'effondrement et par la suite l'abandon, carrément, du projet politique du RCM.

Au printemps 1988 des militants du parti commencent à être interpelés non pas seulement par les critiques des conseillers, mais aussi par les bavures de l'administration RCM sur certains dossiers. En fait, le réflexe de ces militants est de réagir et de ne pas se faire jouer par ce qui leur apparaît comme un dangereux glissement de l'administration vers des objectifs moins nobles que ceux du programme.

Alimentés de dissentions publiques de quelques conseillers RCM (dont Marcel Sévigny), ces mouvements déclencheront de nombreux jeux de pouvoir qui marqueront l'effritement définitif de la cohésion initiale au sein de l'équipe de Jean Doré avec les conséquences suivantes :

1.  Affermissement de la concentration du pouvoir de décision politique entre les mains du Comité exécutif, avec pour corollaire le renforcement de l'appareil bureaucratique municipal doublé d'une pléthore d'experts et de spécialistes de tout acabit dans l'ensemble du processus d'influence et de décision politique.

2.  Perte définitive du contrôle de la base militante du RCM sur sa puissante aile parlementaire (il faut dire qu'après la victoire électorale, plusieurs éléments ont trouvé des *jobs* dans l'administration). Le parti ne fait plus de politique et ne peut plus jouer son rôle de chien de garde du programme et du gouvernement municipal. Le caucus des élus RCM est pratiquement devenu le parti.

3.  Brisure et départ du RCM d'une partie du courant démocratique de base *(grass roots)*[3] qui avait cru voir, avec le RCM, une décentralisation politique décisionnelle au sein des communautés locales. Par contre d'autres militants hésitent et restent membres de la formation.

### 4. Notre perspective au sein du RCM Pointe-Saint-Charles

Lorsque les militants du RCM Pointe-Saint-Charles font le bilan de l'administration municipale RCM en 1988, et une deuxième fois en 1989, ils sont à chaque fois déçus, mais pas étonnés. La déception vient surtout des lenteurs et du manque de volonté politique sur des dossiers importants (Overdale et toute la question du maintien des locataires dans les lieux, augmentation des tarifs du transport en commun, accueil par Jean Doré du consul du Chili).

On note bien entendu quelques points positifs : une ouverture plus grande à l'Hôtel de Ville et un meilleur contact avec les acteurs locaux communautaires dans les quartiers, par exemple. Mais pour nous, cette ouverture représente seulement la première étape d'une véritable politique de soutien au développement des communautés locales dans une perspective communautaire[4].

Ainsi, dans la réalité on n'en reste qu'à l'ouverture et au soutien à la pièce de projets de développement communautaire. L'administration, embourbée par une structure municipale bureaucratique et centralisée, refuse d'aller plus loin que le contact et l'ouverture. Le pouvoir municipal est incapable de s'adapter à un bon nombre de réalités locales. Le milieu communautaire de Pointe-Saint-Charles doit se battre presque systématiquement pour arracher des gains et faire aboutir ses projets surtout lorsqu'on doit sortir, un tant soit peu, du cadre de fonctionnement « normal » de l'appareil municipal.

Nous émettons l'hypothèse qu'il manque à l'administration une vision d'ensemble et des priorités d'action envers les quartiers populaires. Nous sentons un abandon de l'intérêt pour les réalités des quartiers populaires, alors qu'on semble faire beaucoup plus de tapage pour les classes moyennes.

Ainsi nous arrivons au constat suivant : notre approche locale et notre façon de voir le développement de notre communauté semble difficilement intégrable aux orientations du développement de Montréal et du « Montréal international »[5]. Pourtant nous croyons qu'il est possible de concilier ces deux approches, encore faut-il le vouloir et avoir un projet dans ce sens.

## 5. *Le pouvoir aux citoyens*

Nous avons donc choisi notre camp au sein de l'administration. Nous défendons d'abord notre perception collective locale, celle très fortement appuyée par le RCM Pointe-Saint-Charles et de l'ensemble du milieu communautaire. Ainsi, tout en restant membre du caucus des élus du RCM, le conseiller de Pointe-Saint-Charles propose une participation critique face à ce pouvoir politique organisé autour du Comité exécutif. Il s'agit ainsi de défendre, quand la situation l'exige, au sein du caucus du RCM et dans les autres institutions municipales (commissions, Comités-conseil d'arrondissement, Conseil de Ville) ce que lui-même perçoit et ce que nous percevons comme étant les intérêts les plus importants pour le développement de la communauté locale. Notre port d'attache idéologique et stratégique, autant pour les militants que pour le conseiller, reste essentiellement les intérêts défendus par le mouvement populaire et communautaire de Pointe-Saint-Charles.

Après plus de trois ans d'association avec le RCM, nous pouvons confirmer que notre approche initiale face au pouvoir s'est avérée la bonne. Si nous avions une première recommandation à faire à l'ensemble du mouvement populaire, communautaire et écologiste elle serait celle-ci :

> Il est essentiel que les groupes et associations continuent à exercer leurs activités politiques de façon autonome, à se donner les moyens de négocier avec le pouvoir politique et à utiliser les actions extra-parlementaires (la rue) lorsque nécessaire, en somme à garder constamment une attitude critique, l'œil ouvert par rapport au pouvoir.

Tout cela ne veut pas dire que la représentation politique parlementaire à l'Hôtel de Ville et dans les institutions municipales est inutile, au contraire. Elle est un élément essentiel de la politique, mais un élément parmi d'autres. L'élu a un rôle à jouer certes, mais il n'a pas tous les rôles à jouer. L'ensemble du processus de décision politique qui affecte la communauté ne doit pas reposer entièrement sur les épaules de l'élu.

Bref, d'une main nous exerçons le pouvoir, de l'autre nous bâtissons un contre-pouvoir.

Le RCM n'étant plus le relais efficace entre les aspirations populaires dans les quartiers (surtout celles des moins nantis et des plus faibles) et le pouvoir politique, les citoyens doivent continuer à s'organiser pour interpeler le pouvoir municipal.

Si l'administration RCM tend à se scléroser, si les associations locales RCM les plus dynamiques se trouvent aujourd'hui incapables de questionner la mise en place du projet politique RCM ; qui, à part les mouvements populaires, communautaires et écologistes, peut relancer un projet de société capable de faire face aux problèmes que nous vivons aujourd'hui et à ceux qui ne manquerons pas d'émerger durant la décennie qui débute ?

Dans un article intitulé « Le citoyen à la conquête des pouvoirs », Claude Julien, rédacteur en chef du *Monde diplomatique*, parle en ces termes de l'incapacité grandissante des partis politiques et des parlementaires à défendre les aspirations publiques :

> Dans le quartier ou la commune, il leur appartient [les citoyens] d'instaurer des contre-pouvoirs pour peser sur les élus, contrôler le respect de leurs engagements, multiplier les actions qui ne laisseront pas le champ libre aux puissants qui se croient tout permis. Les contre-pouvoirs mis en place par les citoyens ont toujours constitué le meilleur tremplin vers la conquête du pouvoir[6].

## Notes

1. Le développement communautaire englobe ici tous les aspects de la vie de quartier. C'est une *perspective* qui implique le contrôle local, par le milieu, de l'ensemble de son développement et exige que le développement économique soit intégré aux (ou au service des) autres aspects du développement (social, culturel, politique) et non perçu comme le seul moteur des autres formes de développement.

2. Le Comité exécutif s'est organisé comme une sorte de Conseil des ministres. Ses sept membres sont à la fois stratèges, décideurs des choix prioritaires et contrôleurs de la stratégie mise en place, qu'il s'agisse de lampadaires ou de relations internationales. Bien sûr, le Comité exécutif soumet des projets à la discussion au caucus des élus (jamais aux autres instances du parti). Mais ces discussions n'abordent qu'exceptionnellement les aspects stratégiques et/ou politiques. Et en bout de ligne, c'est toujours lui qui décide.

3. Par *grass roots*, nous entendons un courant de gauche, minoritaire au RCM, qui a contribué fortement à l'image originelle que le parti s'est donnée et qui est basée sur la différence, sur un enracinement local et un engagement dans des actions politiques locales. Le tout, dans une perspective du développement de Montréal à partir de ses quartiers.

4. Selon nous, ces perspectives communautaires, bien que peu développées, apparaissent dans le programme du RCM. Elles sont cependant quasi-absentes de l'approche du gouvernement municipal à l'Hôtel de Ville.

5. Dans ce contexte, on peut mieux saisir le sens de l'opinion émise par M. Claude Garcia, ancien président de la Chambre de commerce de Montréal, qui déclarait : « Malgré l'auréole idéaliste qui entourait le RCM, Jean Doré s'est entouré de gens qui prennent de bonnes décisions pour Montréal. » Nous ne pensons pas que M. Garcia voulait parler de l'avenir des petites patries.

6. Claude Julien, *Le Monde diplomatique*, octobre 1989, page 15.

# LES ALTERNATIVES
# POLITIQUES

# La Coalition démocratique de Montréal et Montréal écologique : *Vert demain ?*

Peter Wheeland

Ex-président de l'association locale RCM dans le district Snowdon et ancien coordonnateur du groupe Action communautaire. Aujourd'hui rédacteur-en-chef du *Magazine de l'Île-des-Soeurs*

L'administration Doré avait promis une politique de transparence après sa victoire électorale écrasante de 1986, mais elle prend les décisions importantes au Comité exécutif dans le plus grand secret.

En 1988, les conseillers dissidents du RCM et les sympathisants à leur cause ont finalement formé un groupe et partagé leurs frustrations en privé.

En 1989, quatre conseillers du RCM ont quitté les rangs du parti en déclarant qu'il avait corrompu ses origines progressistes.

En 1990, les frustrés du RCM se sont clairement scindés en deux groupes, l'un s'inspirant du mouvement « vert », l'autre, d'une la démocratie sociale plus traditionnelle.

Deux partis « de gauche » courtiseront les faveurs de l'électorat montréalais en novembre 1990 : Montréal écologique et la Coalition démocratique de Montréal.

Ces deux partis souhaitent mettre plus de pouvoir entre les mains des citoyens, mais l'un critique la société d'un point de vue écologique radical, tandis que l'autre a des vues modérées et populistes.

Juste avant l'élection municipale de 1986, lorsqu'il semblait certain que le RCM se hisserait finalement au pouvoir après de nombreuses années de lutte, une poignée de membres de l'exécutif du RCM du district de Snowdon parlaient politique dans une brasserie locale. Je n'avais joint les rangs du RCM que récemment, persuadé d'acheter ma carte de membre par l'exubérant conseiller de Snowdon, Marvin Rotrand. En dépit de mes réserves face au tournant conservateur pris par le RCM et du fait que davantage de progressistes semblaient quitter les rangs du parti que s'y joindre, Marvin m'a amené à croire que lui-même et d'autres traditionnalistes du RCM verraient à ce que le parti ne devienne pas simplement une version yuppie du Partie civique.

J'ai donc été surpris d'entendre Marilyn Guttman, militante loyale au RCM depuis des années, exprimer les mêmes craintes que moi tandis que nous étions attablés devant quelques bières : « Je me demande combien de temps cela prendra avant qu'un nouveau parti qui s'oppose au RCM soit créé », disait-elle.

Nous avons aujourd'hui la réponse : il n'a suffi que de deux ans. Les signes précurseurs de la déchéance du RCM étaient manifestes avant même la victoire électorale. La plate-forme sur laquelle s'était appuyé le débat électoral de novembre 1986 n'était pas été le résultat de discussions franches et approfondies au sein de la population. Elle avait été concoctée par Jean Doré et une équipe de pragmatistes triés sur le volet, plus soucieux de la forme que du fond. C'est ce groupe qui, par exemple, a décidé que le concept de conseils de quartiers serait laissé de côté jusqu'aux élections de 1990 au moins.

En dépit d'une victoire écrasante où il avait obtenu 55 des 58 sièges au conseil municipal, le RCM a agi comme un gouvernement minoritaire. L'administration Doré-Fainstat faisait montre d'une prudence à la limite de la paranoïa face à toute situation qui risquait de soulever une controverse.

Au sein du RCM, il y avait toujours un groupe important de militants et de personnes qui croyait fermement aux principes qui avaient donné naissance au Rassemblement des citoyens de Montréal en 1974. On ne pouvait compter que sur une poignée de conseillers élus pour s'opposer à l'administration de temps à autre : Pierre Bastien (Ahuntsic), Arnold Bennett (Notre-Dame-de-Grâce), Sam Boskey (Décarie), Pierre Goyer (Jean-Talon), Pierre-Yves Melançon (Mont-Royal), Marvin Rotrand (Snowdon) et Marcel Sévigny (Pointe-Saint-Charles).

Durant la première année au pouvoir du RCM, les critiques de l'aile gauche du parti, si elles n'étaient pas étouffées, étaient à tout le moins réprimées au sein même de l'organisation. Toutefois, quatre questions clés ont finalement amené de nombreux membres mécontents à discuter de la restructuration de l'aile gauche du parti, qui donnerait lieu à une version RCM du *Waffle* du Nouveau parti démocratique. Ces questions étaient l'affaire Overdale, l'affaire Matrox, la politique de consultation publique et le droit à la dissidence au sein de caucus du RCM.

C'est Overdale qui a amené en premier lieu un groupe important de militants du RCM à s'opposer activement et bruyamment à l'administration. Le délogement de locataires pour permettre la destruction de leurs appartements pour construire à leur place des condominiums luxueux était l'antithèse de ce pourquoi nombre de militants s'étaient battus pendant des années au sein du RCM.

L'affaire Matrox était une autre trahison manifeste des principes que prônait le RCM aux yeux des écologistes et des pacifistes. Les conseillers RCM siégeant à la Commission d'urbanisme de la CUM ont permis à la société Matrox de déboiser 20 hectares du parc régional du Bois-de-Liesse de façon à pouvoir agrandir son aire de stationnement après avoir signé un lucratif contrat militaire avec le Pentagone.

Pour de nombreuses personnes, la politique de consultation publique inefficace adoptée par le RCM en octobre 1989 était la goutte d'eau qui a fait déborder le vase. Des audiences publiques portant sur la politique de consultation, tenues à la fin de l'été, sont passées presque inaperçues et des centaines de recommandations visant à renforcer la politique ont été ignorées par le Comité exécutif dans la proposition finale. Après avoir allégué pendant douze ans que les citoyens de Montréal souhaitaient un Hôtel de Ville voué à une gestion ouverte et démocratique des affaires municipales, le RCM affirmait dorénavant que les Montréalais n'étaient pas prêts pour une réelle décentralisation du pouvoir.

La quatrième trahison, c'est-à-dire l'intolérance vis-à-vis l'expression de la dissidence au sein du caucus, représentait probablement le problème le plus fondamental. Après avoir exprimé leur désaccord relativement aux cas Matrox et Overdale, les conseillers dissidents ont été frappés d'ostracisme par leurs collègues du RCM.

La question de la confidentialité au sein du caucus a également été utilisée de façon stratégique pour empêcher les dissidents de rallier la population ou les membres du RCM pour les pousser à s'opposer à certaines politiques. La dissension publique n'était permise qu'après que le caucus était parvenu à une décision, et le caucus ne prenait habituellement ses décisions que quelques heures avant le début des séances du Conseil municipal, tous les premiers lundis soirs de chaque mois. Ainsi, le droit à la dissension, comme le disait Sam Boskey, n'existerait qu'entre 17 h 00 et 19 h 00. MM. Boskey, Goyer, Melançon et Rotrand étaient fréquemment la cible de motions de censure. Chaque révélation des médias entraînait un climat de paranoïa et était automatiquement attribuée aux dissidents. À l'instigation de la présidente du caucus, Sharon Leslie, on a même accusé un « conseiller ayant gardé l'anonymat » d'avoir divulgué aux médias une discussion du caucus. Les conseillers consciencieux ont donc dû respecter les règles du caucus et se soumettre à des débats à huis clos jusqu'à ce que les décisions constituent pratiquement un fait accompli.

### 1. Le club Jodoin

À la fin de l'été 1988, les frustrations engendrées par les quatre questions précitées ont donné naissance à ce qu'on a tout d'abord appelé le « club Jodoin », irrévencieusement nommé d'après un conseiller municipal fictif du tournant du siècle qui défendait les droits des travailleurs. Les réunions initiales ont été organisées par les conseillers municipaux du RCM qu'on appellerait plus tard les « dissidents », la « bande des quatre », le « Groupe parlementaire indépendant » et, finalement, la « Coalition démocratique de Montréal », c'est-à-dire MM. Boskey, Goyer, Melançon et Rotrand. Les conseillers Bastien, Bennett et Sévigny ont également participé à quelques réunions du club Jodoin, mais seul Sévigny y assistait régulièrement.

Les réunions du club Jodoin attiraient, règle générale, entre dix et trente personnes, dont de nombreux militants de longue date du RCM. Au début, le club se composait de personnes désireuses d'apporter des changements au sein du RCM, mail il est vite devenu manifeste que cette stratégie restrictive n'allait pas fonctionner. Certains membres du club Jodoin étaient toujours actifs au sein du RCM en tant que conseillers municipaux ou membres d'exécutifs locaux. De nombreuses personnes de ce groupe se souciaient principalement de résoudre des problèmes à l'intérieur des structures décisionnelles du RCM. Parmi les autres membres du club Jodoin, on comptait des militants communautaires qui avaient quitté le RCM ou qui ne croyaient pas que l'aile gauche puisse ramener le RCM à ses racines idéologiques. La situation paralysante résultant de cette association a donné lieu à des débats fractionnels d'une réunion à l'autre. L'énergie consacrée à la question « interne-externe » (vaut-il mieux travailler de l'intérieur du RCM ou en sortir afin de mieux le confronter publiquement) laissait peu de temps ou d'énergie à consacrer à des questions organisationnelles à d'autres paliers. Pour plusieurs, donc, l'expérience du club Jodoin s'est avérée frustrante et infructueuse. Tandis que les débats y tournaient en rond, il se produisait, au sein du RCM, une suite d'événements qui enlèveraient à la question « interne-externe » toute son pertinence.

En novembre 1988, Pierre-Yves Melançon quittait les rangs caucus du RCM pour protester contre l'administration Doré. Le catalyseur de cette démission surprise était l'adoption d'une politique-cadre de consultation publique à maint égards vide de sens. Plusieurs autres conseillers partageaient ce sentiment de frustration, mais rares sont ceux qui osèrent quitter les rangs du parti. Quelques semaines plus tard, soit le 21 décembre, Boskey, Goyer et Rotrand se joignaient à Melançon. Tous ont quitté les rangs du caucus en signe de protestation contre l'administration, mais ils gardaient leur statut de membre du RCM.

Alors que l'administration du RCM et l'exécutif du parti n'avaient pas semblé perturbés par la démission de Melançon, la démission collective de trois autres conseillers représentait toutefois une menace politique manifeste. Quelques heures après l'annonce des démissions dans le cadre d'une conférence de presse, l'exécutif du RCM a tenu une réunion à huis clos durant laquelle on a décidé que les conseillers démissionnaires perdraient leur statut de membre. Ce geste, fondé sur une interprétation technique douteuse des règlements et statuts du RCM, était le premier indice du fait que l'exécutif du parti, tout comme le caucus, étaient autant de pions de l'administration. Jacques Desmarais, nouvellement élu président de parti, avait déclaré la guerre à l'aile gauche et s'était juré de débarasser le RCM des conseillers municipaux et des associations locales les plus actives, donc les plus dérangeantes.

Desmarais a toutefois sous-estimé la réaction populaire engendrée par la décision de l'exécutif. Même s'il prétendait que les conseillers avaient provoqué eux-mêmes leur départ, son geste était interprété conne une tentative d'étouffer la voix des dissidents au sein du RCM. Les médias, tout comme de nombreuses associations locales du RCM, n'ont toutefois pas accepté son explication selon laquelle les conseillers avaient techniquement renoncé à leur statut de membre en quittant le caucus. Devant la perspective d'une rébellion des associations de Snowdon, de Notre-Dame-de-Grâce, de Mont-Royal et de Jean-Talon, l'exécutif du RCM s'est rapidement rétracté au sujet des expulsions et a accepté de discuter avec des représentant des conseillers et des districts rebelles.

Mais les discussions qui ont suivi n'ont pas permis de résoudre les problèmes mis en lumière par les conseillers. En fait, l'exécutif du parti, plutôt que d'enchâsser dans le règlement le droit à la dissension, a émis une série de recommandations visant à permettre au parti et au caucus de pouvoir procéder à des suspensions et à des expulsions. Dès le début, ces discussions étaient une farce de boulevard : la tactique visait à retarder la création d'un nouveau parti municipal et à garder les militants désabusés du RCM au sein du parti jusqu'à la toute dernière minute. Aussi longtemps que ces discussions se sont poursuivies, de nombreux militants désillusionnés se sont pendu en vain aux lèvres de l'exécutif et du parti. Pour certains, cela a signifié une attente qui s'est prolongée jusqu'à une réunion du conseil général du parti tenue en juin. Mais d'autres ont tenu le coup jusqu'au congrès bisannuel de novembre 1989.

### 2. Finalement, les « quatre » démissionnent

Entre-temps, cet interminable attentisme a ralenti les activités du club Jodoin. De nombreux membres du club, dont les conseillers, n'entretenaient aucune illusion quant à ce que le RCM gardait en réserve pour ses brebis égarées. Certains étaient prêts à attendre jusqu'au conseil général de juin, mais d'autres continuaient à croire qu'une réponse catégorique ne serait donnée qu'au congrès de novembre 1989, et ils n'étaient pas prêt à abandonner avant d'avoir joué leur dernière carte.

Deux des conseillers dissidents n'en pouvaient toutefois plus d'attendre. À la réunion du parti, en juin, où les districts ont adopté de nouveaux règlements plus stricts, Goyer et Rotrand ont à leur tour quitté les rangs du parti.

Entre-temps, les membres du club Jodoin s'étaient préparés à sortir leur critiques de l'ombre et à les porter à l'attention du public au moyen d'un bulletin dans lequel on analyserait et critiquerait un certain nombre de politiques administratives du RCM. Ce bulletin, intitulé *Urbanités*, devait être distribué durant le conseil général de juin, à la suite du débat portant sur le rapport de l'exécutif du RCM qui traitait des discussions avec les districts « dissidents ». Les partisans de la ligne dure du RCM avaient tout juste eu le temps de se féliciter que Boskey et Sévigny commençaient à distribuer des exemplaires d'*Urbanités*. L'article à la une, une analyse satirique des vingt principales gaffes de l'administration du RCM, fut assez mal reçu par de nombreux fidèles du parti. C'en était trop : certains ne pouvaient composer avec une mutinerie de ce genre. La conseillère Manon Forget a même déchiré en mille morceaux un exemplaire qu'elle a par la suite lancé au visage de Boskey. Le fossé creusé entre les dissidents et le parti était devenu un gouffre infranchissable.

La publication d'*Urbanités* avant également créé une scission grave au sein du club Jodoin. Deux membres du club, soit Melançon et Guy Audot, ancien vice-président du RCM, qui avaient tous deux participé à la rédaction de l'éditorial, se sont objectés au ton sarcastique de l'article de la une. Ils ont demandé au comité d'information du club Jodoin d'envisager de remanier la une et d'imprimer à nouveau le bulletin. Melançon a alors confisqué les derniers exemplaires du *Urbanités* (seulement 200 des 2 000 exemplaires avaient été distribués), geste approuvé par le comité.

Le jour suivant, le comité a découvert qu'Audot et Melançon avaient déjà rédigé un communiqué public à l'intention de Desmarais dans lequel ils disaient ne plus partager les opinions émises dans le bulletin — geste dont ni Melançon ni Audot n'avaient prévenu les autres. À la rencontre subséquente du club, Melançon s'est retrouvé pratiquement seul pour formuler des objections relativement à l'article publié à la une (Audot n'assistait pas à la rencontre). Néanmoins, il refusa de rendre les copies confisquées. Cette censure effective du bulletin a par conséquent rendu méfiants certains des membres du club Jodoin. Jusqu'alors, nombre d'entre eux percevaient Melançon comme un chef possible ; cet épisode amena de nombreux membres à se demander s'il n'était pas en train de devenir aussi autocratique que Doré ou Drapeau.

Ces incidents ont confirmé la conclusion à laquelle était parvenu le comité de coordination du club durant l'été 1989 : le club Jodoin n'allait nulle part. Il était temps de s'atteler sérieusement à la tâche et de former un nouveau parti pour l'élection municipale de 1990. Tout le conseil exécutif local du RCM pour le district de Snowdon a démissionné durant sa réunion tenue en août, et tous les membres présents ont fait de même. La rencontre a plutôt donné naissance à une nouvelle association, Action communautaire, qui travaillerait à la création d'un nouveau parti municipal. Le RCM du district de Snowdon était mort, comme le confirmait un mois plus tard l'éxécutif central du RCM, après avoir tenu un « mini-congrès » auquel personne n'a assisté sauf Desmarais, président du parti, et deux membres de l'exécutif.

### 3. *Action communautaire et Montréal vert*

Action communautaire a été créée pour fournir à Rotrand un soutien local ainsi que pour assurer la liaison avec d'autes groupes intéressés à la formation d'un nouveau parti politique. À l'époque, seul Montréal vert, né des cendres du club Jodoin, semblait intéressé par cette possibilité.

Montréal vert avait été créé par Dimitri Roussopoulos, militant municipal de longue date et éditeur de Black Rose Books. Rossopoulos et plusieurs anciens membres du club Jodoin croyaient que tout nouveau parti municipal devait s'inspirer du mouvement écologiste qui a balayé l'Europe. Les écologistes avaient remporté un succès électoral surprenant à presque tous les paliers de gouvernement au cours des dernières années, du Conseil de plus petites communes jusqu'au Parlement de la Commu-

nauté économique européenne. Les principes organi-
sationnels des écologistes diffèrent radicalement de
ceux des partis politiques traditionnels. On préfère les
militants qui relèvent directement des organismes
locaux aux politiciens « professionnels ». Ces organismes peuvent révoquer le mandat d'un conseiller
qui ne peut être renouvelé, tout au plus, qu'une fois.

Les fortes tendances écologiques d'un parti vert
exerçaient un grand attrait auprès des jeunes montréalais, sensibles aux questions environnementales,
et constituaient une solution de rechange susceptibles
de convaincre nombre de personnes qui craignaient
qu'un nouveau parti ne suive simplement la même
voie que RCM. En outre, les personnes qui avaient vu
leurs espoirs pratiquement se concrétiser puis s'éva-
nouir n'étaient pas désireuses de répéter l'expérience.
Avec la création d'un parti écologique, il semblait
possible d'apaiser ce genre de craintes, car on mettait
l'accent sur les organismes communautaires et sur la
responsabilité directe des représentants élus.

Les quatre conseillers démissionnaires ont toutefois immédiatement fait montre d'une certaine hostili-
té face à la formation d'un parti écologique. Durant la
deuxième réunion du comité chargé de l'organisation
de Montréal vert, le principal débat opposait les
partisans écologistes aux conseillers. En surface, il ne
s'agissait que de questions relevant de la pure séman-
tique. Les conseillers prétendaient que l'appellation
écologique était mal comprise par les Montréalais et
qu'il s'agissait d'une appellation restrictive qui éloi-
gnerait des groupes tels que les féministes, les pacifistes. Bien qu'ils aient admis que la politique écologique actuelle embrassait beaucoup plus que les
questions d'ordre environnemental, les conseillers
prétendaient que le nom et les principes directeurs du

nouveau parti devaient refléter une approche fondée sur une coalition des multiples intervenants.

Bien que le débat ait semblé se focaliser uniquement sur l'appellation du parti, le véritable problème résidait plus probablement dans l'impossibilité, pour les quatre conseillers, de travailler avec M. Roussopoulos. À un certain moment de la rencontre, Rotrand et Roussopoulos se sont mutuellement mis au défi de mobiliser plus de militants à leur meetings politiques respectifs. Cette rancune entre militants comportait un message précis qui a été confirmé à la fin de la rencontre : les conseillers garderaient leurs distances par rapport à l'option écologique et tenteraient probablement de créer leur propre parti.

À l'occasion d'une réunion d'Action communautaire tenue quelques jours plus tard, le débat anciennement tenu en privé a été porté à l'attention du public. Devant un groupe de 80 citoyens intéressés, Rotrand et Melançon ont critiqué le concept d'un parti écologique, tandis qu'Eric Shragge, professeur en travail social à l'Université McGill, défendait le point de vue écologique. Quoique le débat ait principalement porté sur l'option écologique, les participants n'ont pas été appelés à voter sur la question. La proposition suivante a plutôt été adoptée à l'unanimité : on mandatait Action communautaire de veiller à la création d'un nouveau parti municipal progressiste et de coopérer avec d'autres groupes poursuivant le même objectif.

### 4. Coalition ou parti ?

Action communautaire a décidé que certains de ses membres devraient participer à une conférence qu'allait organiser le groupe Montréal vert. Toutefois, avant la tenue de celle-ci, le 23 décembre 1989, un article publié dans *La Presse* révélait que les démissionnaires travaillaient à la création d'un parti qui porterait le nom de Coalition démocratique de Montréal. Il s'agissait d'une appellation ironique, cal les quatre fondateurs de la Coalition démocratique n'avaient même pas consulté leurs partisans avant de créer ce parti. Cette décision unilatérale a donné lieu à une confrontation durant la rencontre subséquente du comité directeur d'Action communautaire. En tant que président d'Action communautaire, j'ai été troublé par l'absence de consultation et ce que je considérais être une violation de la proposition adoptée au moment de la dernière assemblée générale. Toutefois, Rotrand ne voyait rien de mal dans l'article. Il nia qu'un nom avait en fait été choisi pour le parti et parla de coïncidence.

La Coalition, aile gauche « améliorée » formée par d'anciens conseillers du RCM, est de loin l'opposition la plus visible, la plus active et la plus crédible à l'Hôtel de Ville. Il s'agit par conséquent du véritable parti d'opposition, même s'il ne forme pas l'opposition officielle au Conseil. Il demeure que « Coalition démocratique » constitue toutefois un nom mal approprié. Contrairement aux candidats du RCM, ceux de la Coalition démocratique ont été recrutés par les conseillers, quoique leur candidature ait été plus tard ratifiée par les membres de chaque association de district. Il n'y a pas de membres d'un groupe communautaire, mais uniquement des particuliers, comme l'exige la loi électorale du Québec. Désormais, la seule coalition digne de mention au moment de rédiger le présent texte est formée des quatre anciens conseillers du RCM et de leurs plus ardents partisans.

### 5. Mouvement ou parti écologique ?

Afin d'évaluer l'intérêt public face à la création d'un parti écologique, Montréal vert a organisé deux débats sur le sujet, l'un tenu en français au Centre Saint-Pierre le 22 novembre 1989, et l'autre tenu en anglais à l'Université Concordia le soir suivant. Le premier débat a réuni environ soixante participants, dont la plupart étaient des militants communautaires ou d'anciens membres du RCM. Tous les participants invités, à l'exception de Pierre Goyer, appuyaient avec force la création d'un parti vert. Les membres de l'assistance convenaient à l'unanimité que le RCM n'était pas parvenu à remplir ses nombreuses promesses, mais ne sont parvenus à aucun consensus quant à la formation du parti écologique. Nombre d'anciens militants du RCM ont exprimé des réserves quant à la viabilité d'un tel parti, et plusieurs militants communautaires étaient sceptiques.

Le débat tenu à l'Université Concordia différait remarquablement de celui du Centre Saint-Pierre. La classe de 80 sièges était pleine à craquer, à un point tel qu'une bonne partie de l'assistance possible s'est vue refuser l'accès à la salle. L'assistance se composait principalement d'étudiants. Au fur et à mesure que le débat avançait, on notait que les deux conseillers participants, soit Sam Boskey et Marvin Rotrand, faisaient partie d'une minorité. Nombre des étudiants appuyaient avec enthousiasme un parti écologique, et les tentatives de Rotrand de décrire ce dernier comme une option peu réaliste sont tombées dans l'oreille de sourds. Le débat a convaincu les organisateurs du parti écologique que l'intérêt accordé à un parti de ce genre était tel — particulièrement chez les jeunes militants — que la participation et le soutien seraient importants. Ainsi, Montréal vert a tenu une conférence en décembre afin d'instaurer la création d'un nouveau parti.

À la conférence de décembre, les participants ont déclaré unanimement que des mesures politiques au plan écologique se faisaient sentir à l'échelle municipale, mais une proposition de création d'un parti politique écologique a suscité une discussion passionnée. Certains participants, principalement d'anciens ou d'actuels militants communautaires, croyaient que le fait de se hâter à créer un parti à temps pour l'élection municipale de novembre 1990 était incompatible avec l'idéologie écologique qui insistait sur la création d'une coalition plongeant ses racines dans le peuple proprement dit. La coalition de groupes communautaires ne pouvait être parachevée en une nuit et ne pouvait que résulter d'une entente entre les groupes communautaires existants.

Les personnes s'opposant à la création d'un parti écologique croyaient que l'initiative, motivée par l'imminence de l'élection de 1990, constituait un affront pour les électeurs que le parti écologique tentait d'attirer. D'autres évoquaient le fait que tout autre approche garderait les écologistes en marge au plan politique jusqu'en 1994. Sans plate-forme électorale et, probablement, sans voix au Conseil municipal, les écologistes perdraient une chance privilégiée de politiser et de sensibiliser la population.

La proposition controversée ne fut jamais soumise à un vote, mais la création de tout association écologique subséquente procédait de l'hypothèse qu'un parti écologique verrait le jour. Durant une réunion du mouvement écologique, renommé Montréal écologique, tenue en février, on a réaffirmé cette hypothèse et invité quatre personnes à parler de leur expérience en tant que candidats ou organisateurs de campagnes électorales. En mai, le parti était officiellement reconnu et avait défini ses principes directeurs, soit la décentralisation, la justice sociale, l'écologie et l'écoféminisme. De plus, il entreprenait l'élaboration d'un programme détaillé. On décidait également qu'aucun candidat ne se présenterait au poste de maire et qu'il n'y aurait pas de chef. De plus, toutes les décisions internes seraient en grande partie le fruit d'un consensus.

***

Après avoir passé quatre années plongé dans les débats et les machinations de la politique municipale, il m'est difficile de me maintenir à flot. L'ère Drapeau aurait dû apprendre à tous les Montréalais qu'une opposition informée et bruyante est essentielle pour faire en sorte que les débats à l'Hôtel de Ville soient aussi ouverts et honnêtes que possible. Est-ce qu'un parti politique peut nous garantir que la démocratie et la décentralisation sont plus que de beaux discours de campagne électorale ? D'après mon expérience au sein du RCM et ce que m'a appris la naissance de partis qui s'engageaient à mieux respecter ces objectifs, j'ai de sérieux doutes à ce sujet.

Le seul principe qui, je crois, peut fondamentalement changer la nature de l'Hôtel de Ville est la prise, par les citoyens, d'un plus grand contrôle sur les décisions qui touchent leur quartier et leur mode de vie. Pour y parvenir, il faut s'organiser à l'échelle locale. Les consultations sont dénuées de sens si elles ne permettent pas vraiment de modifier la prise de décisions. Les beaux discours sont également vides de sens s'il est impossible de forcer les politiciens à passer à l'action. Ceux-ci peuvent alors jouer à la chaise musicale à l'Hôtel de Ville aux frais des citoyens. Pendant ce temps, rien ne change de façon notable à moins que les citoyens sachent qu'ils ont un rôle à jouer chaque jour et non pas une fois tous les quatre ans.

Les partis aspirant à la mairie promettront tous un pouvoir décisionnel à la population. Toutefois, cela ne se produira que lorsque les citoyens eux-mêmes s'organiseront pour saisir les pleins pouvoirs qui leur reviennent de droit.

*Traduit par Denis G. Gauvin*

# Le Parti civique et
# le Parti municipal de Montréal :
## *La droite à l'étroit*

BRENDAN WESTON
Journaliste et membre du comité de rédaction du
*Montreal Mirror*

Sans l'ex-maire Jean Drapeau pour veiller au grain, le Parti civique de Montréal (PCM) n'est parvenu qu'à faire élire un seul conseiller lors des élections de 1986.

Des luttes intestines ont miné, durant quatre ans, les efforts de certains pour moderniser le Parti civique.

C'est dans ce contexte que fut fondé le Parti municipal de Montréal (PMM). Celui-ci attira dans ses rangs quatre conseillers de diverses provenances et réussit à en faire élire un cinquième lors d'une élection partielle.

Les deux partis tentèrent de joindre leurs forces, mais les négociations à cet effet se terminèrent en queue de poisson au printemps de 1990.

Le PCM et le PMM courtisent tous deux le même électorat, c'est-à-dire le vote conservateur, la droite du RCM. Ils risquent ainsi de se nuire mutuellement lors du scrutin du 4 novembre 1990.

Le Parti civique sans Drapeau, c'est un peu comme un cornet de crème glacée sans crème glacée. Il a conservé une certaine cohésion durant la campagne électorale de 1986. Mais après sa cuisante défaite (il n'a pu conserver qu'un seul siège avec près de 30 % des voix), le PCM s'est littéralement effondré. Bien que riche en liquidités, le Parti civique était pauvre comme jamais en termes de crédibilité. Les deux années suivantes de son histoire allaient être ponctuées de constantes querelles.

Le seul survivant de la vague RCM a été Germain Prégent, propriétaire d'une mercerie sur la rue Notre-

Dame dans le district Saint-Henri et conseiller municipal effacé. Il n'était remarqué que lors de ses prises de bec avec le leader non élu de son parti, Claude Dupras, ingénieur et organisateur du Parti conservateur, enclin à la grandiloquence.

Tout en se réclamant digne serviteur de Drapeau, M. Dupras a néanmoins tenté, durant son passage à la barre du Parti civique, d'en faire une organisation politique moderne avec des statuts, des débats et des représentants élus par les membres. Il s'est cependant heurté à l'obscurantisme de Yvon Lamarre et de Pierre Lorange, deux ex-piliers du Comité exécutif de l'administration Drapeau qui ne se sont pas gênés pour poignarder M. Dupras en coulisses. Germain Prégent, fidèle à la vieille garde, a réitéré ses critiques du leadership de M. Dupras et a même menacé de quitter le parti si ce dernier ne le faisait pas avant lui, mettant ainsi en péril le statut du PCM en tant qu'opposition officielle. M. Dupras n'a toutefois pas bronché d'un centimètre, persuadé que M. Prégent bluffait.

Mais M. Prégent ne bluffait pas : il a démissionné du parti et siège depuis comme conseiller municipal indépendant. Claude Dupras a dû faire des pieds et des mains pour lui trouver un remplaçant. Le seul autre conseiller indépendant à l'époque était Nick Auf der Maur, ancien gauchiste devenu plus conservateur avec les années. M. Dupras l'a approché, puis l'a convaincu de passer au PCM.

Alors que cette nouvelle alliance permettait au parti de survivre encore quelques mois, M. Dupras le transformait d'un petit club privé de 200 personnes en une organisation politique comptant près de 2 000 membres.

Mais la vieille garde était toujours là. Des divisions internes faisaient en sorte que la direction du parti a continuellement reporté la date de son congrès à la chefferie, initialement prévu pour le mois de novembre 1987. Finalement, découragé, M. Dupras a démissionné en janvier 1988, laissant le PCM à la dérive jusqu'à ce qu'il se choisisse un nouveau chef en avril 1990. Entretemps, la vieille garde reprenait le contrôle du parti en plaçant à sa présidence Jean Lapostolle, court-circuitant par le fait même les efforts que Nick Auf der Maur déployait pour le rajeunir quelque peu.

Une victoire à l'élection partielle dans le district du Sault-au-Récollet, à l'automne 1988, allait toutefois redonner espoir, pour un instant, aux troupes démoralisées du Parti civique. En effet, Serge Sauvageau, un ami de M. Auf der Maur, réussissait à faire revivre le parti. Les réjouissances ont cependant été de courte durée. Une nouvelle crise des conseillers a éclaté quand, à l'automne 1989, MM. Auf der Maur et Sauvageau ont quitté le PCM pour se joindre au Parti municipal.

Mais encore une fois, le Parti civique a réussi à s'en sortir par la peau des dents et défroquant un nouveau conseiller, Pierre Mondou, conseiller RCM du district Saint-Édouard. Celui-ci s'est par contre avéré bien plus embarassant qu'utile pour le parti. Candidat à la chefferie au congrès d'avril 1990, il s'est surtout fait remarquer par ses propos sexistes à l'endroit de son adversaire, Nicole Gagnon-Laroque, et par ses propositions farfelues, telles la privatisation des services municipaux d'habitation. Après sa défaite, cependant, M. Mondou a démissionné, préférant laisser les coudées franches à Mme Gagnon-Larocque, la nouvelle cheffe d'un parti qui, sans programme concret ni conseiller pour le représenter à l'Hôtel de Ville, perdait chaque jour un peu plus de sa crédibilité.

*\*\**

L'étoile montante de l'opposition, le Parti municipal, allait rapidement combler le vide politique laissé par le Parti civique. Création d'Alain André (avocat et ancien bras droit de Jean Drapeau), le PMM fut d'abord organisé selon des principes semblables à ceux du Parti civique des années 1950, c'est-à-dire qu'il n'était composé que d'un groupe de proches de M<sup>e</sup> André.

Mais le PMM a pris tout le monde par surprise en mai 1988 quand son candidat, Stavros Zagakos, a remporté l'élection partielle dans le district de Parc-Extension (avec seulement 16 voix de majorité par contre) ! Ce parti, à peu près inconnu quelques semaines auparavant, faisait un pied de nez de taille au PCM et au RCM. En quelques mois, le PMM réussissait à attirer assez de conseillers d'autres formations pour finalement constituer l'opposition officielle à l'Hôtel de Ville. Après la venue de MM. Auf der Maur et Sauvageau, Frank Venneri, un conseiller élu sous la bannière du RCM ayant dû démissionner après avoir brigué (et perdu) les suffrages lors de l'élection fédérale de 1988, s'est joint à lui. Puis, Pierre Bastien, conseiller municipal d'Ahuntsic, amer de son expérience au sein du RCM, intégrait lui aussi les rangs du PMM. Avec M. Sauvageau, M. Bastien donnait une couleur un peu moins conservatrice à ce parti très à la droite du RCM, mais un peu plus conséquent que le Parti civique dans ses critiques de l'administration Doré-Fainstat.

Il était donc logique, en prévision des élections de 1990, que les deux partis joignent leurs forces. En effet, le RCM étant fermement arrimé au centre du spectre politique, Montréal n'était pas assez grande pour que deux partis se partagent le vote conservateur. Le Parti civique avait un nom, une histoire, une caisse bien remplie et un important bassin de membres. Le PMM, quant à lui, disposait d'un momentum et d'une certaine virginité politique. Mais la fusion n'eut jamais lieu, chacun s'obstinant à vouloir absorber l'autre. Les négociations furent définitivement rompues quand Nicole Gagnon-Larocque fut élue cheffe du Parti civique, bien décidée à ne faire aucune concession au PMM.

L'échec de cette fusion jouera certainement un rôle important lors des élections du 4 novembre 1990. Tous deux avaient promis d'opposer à Jean Doré des candidats vedette. Mais Mme Gagnon-Larocque (PCM) et Alain André (PMM) restent encore de purs inconnus pour de nombreux Montréalais (à noter que l'on pourrait en dire tout autant des chefs des deux formations plus à gauche que le RCM). Les deux partis se partageant le même électorat, il se peut fort bien qu'ils perdent tous deux certains districts aux mains du RCM et ce, même dans le nord et l'est de Montréal, les régions où ils ont le plus de potentiel.

Admettant un désastre électoral, il est peu probable que le PCM ou le PMM survivent au-delà de novembre 1990. Aucun d'eux ne possède l'organisation à la base qui a permis, par exemple, au RCM de survivre au cuisant échec de 1978. Au mieux, un des deux partis fera peut-être élire entre cinq et dix conseillers à l'opposition. Mais chose certaine, il ne peut y avoir à Montréal qu'un seul parti à la droite du RCM. Que ce soit le Parti civique ou le Parti municipal, un des deux devra disparaître.

*Traduit par Jean-Hugues Roy*

# Écologie urbaine :
## *La cité verte*

DIMITRIOS ROUSSOPOULOS
Dimitrios Roussopoulos est éditeur, économiste et
membre fondateur de *Montréal écologique*

> *Les matériaux de l'urbanisme sont le soleil, les arbres, le ciel, l'acier, le ciment, dans cet ordre hiérarchique et indissolublement.*
>
> Le Corbusier

> *Le fait d'être seul, de ne connaître personne dans une ville, transforme en prison ce lieu sans échanges.*
>
> Paul Valéry

> *Résistance et obéissance, voilà les deux vertus du citoyen. Par l'obéissance il assure l'ordre ; par la résistance, il assure la liberté.*
>
> Alain

Certains voient en la ville la terre promise, un endroit où les rues sont couvertes d'or. D'autres sont d'accord avec Shelley : « L'enfer est une ville... » En regard des attractions, des occasions, de l'abondance, il y a toujours eu le contraste de la misère, de la dégradation, de l'entassement. Et les maux de la société ne sont que ceux, amplifiés, de la ville.

Il serait bien trop simple de romancer les cités d'antan, de ne voir que leurs monuments et leur gloire. Il faut plus d'imagination pour les voir peuplées de dizaines de milliers d'hommes et femmes qui ne connaissent que trop bien la rançon d'une existence dans une telle masse. L'être humain s'adapte mieux que les autres créatures terrestres. Néanmoins, il est remarquable que nous ayons pu nous acclimater à un milieu artificiel aux lacunes si nombreuses, où le désir d'appartenance est toujours contré par un désir de liberté.

On ne peut nier que les problèmes urbains présentent une dimension propre. Une conférence internationale tenue récemment au sujet des grandes villes du monde avait pour titre *La pathologie des villes*, la pathologie étant « l'étude des états mentaux ou psychiques morbides ou anormaux », ou encore « l'étude des maladies ». Les termes sont forts, mais l'analogie entre la ville et l'organisme vivant est bien connue. Beaucoup de personnes croient que les villes ont un cycle de vie : croissance, maturité, dépérissement et enfi mort. Elles seraient même, selon l'idée horrifiante de Mumford, des nécropoles. Non seulement le temps à lui seul garantit-il désuétude et dépérissement à tout ce qui est créé, mais en plus, la crise écologique a ajouté à l'amalgame de maux qui menace l'existence même de la ville.

Il serait erroné de dissocier ces maux de l'ensemble de la société et de percevoir le monde rural comme l'antithèse de la misère urbaine. La crise écologique ne fait pas de distinction entre ville et campagne. Notre façon de vivre dans les villes aujourd'hui représente probablement le plus grand danger pour notre survie. Les villes consomment inconsciemment les ressources et crachent des déchets horribles. Il nous faut reconnaître que non seulement la plupart d'entre nous vivons en ville, mais encore que nous continuerons à le faire. Le fait que les villes soient essentiellement contre nature et que l'on doive les « écologiser » suppose la mise en oeuvre d'un programme radical de changement politique et social.

« Intervention locale, perspective mondiale », voilà la clé de voûte de la pensée écologique. L'intervention locale, c'est se doter de pouvoirs. C'est le citoyen qui a la confiance et le droit d'influer, par les institutions démocratiques locales, sur toutes les décisions qui touchent sa vie quotidienne et celle de sa collectivité. La prespective mondiale, c'est l'antidote essentiel contre l'étroitesse d'esprit qui, née de l'esprit de clocher, met en danger l'expression locale de la démocratie. C'est un rappel constant : le plan d'action a une portée incommensurable. Il a trait à une crise touchant tout les habitants de la planète Terre.

Les problèmes exceptionnels qui constituent la crise urbaine (itinérance, insalubrité des logements, pauvreté, chômage et insatisfaction face aux conditions de travail, perte des liens entre les gens, violence et aliénation, mais surtout apathie sur le plan politique) se fondent dans le creuset et de la crise écologique : pollution, destruction des espaces verts, déficience du transport en commun, domination de la voiture privée, utilisation abusive de l'énergie, prolifération d'ordures ménagères et de déchets industriels. D'où jaillit un torrent de questions qui nous mettent en état d'entropie.

Le fardeau économique de ces problèmes est tel que les structures politiques et économiques actuelles ne peuvent le supporter. Plutôt, on dépense de plus en plus d'argent pour arbitrer des conflits et lutter contrer le crime, si bien que les coûts sont devenus sociaux, générés par les conséquences de la production pour la production, de la consommation pour la consommation. Ces coûts alimentent à leur tour des bureaucraties énormes et onéreuses qui ne bougent ni assez ni assez vite pour freiner la crise. Le citoyen a été ramené au rang de simple contribuable, des quartiers sont devenus l'expression résidentielle de rêves privés dans une société où l'appareil officiel de la démocratie nous invite à hocher de la tête de temps en temps, mais à ne jamais participer au processus ni à décider de ce qui importe dans notre vie de tous les jours.

Le changement doit venir de la base. La ville est un ensemble de citoyens. Elle détient un certain pouvoir politique parce que ses citoyens lui ont conféré une autorité temporaire à propos de l'aménagement et de l'épanouissement de leur communauté. Toutefois, autorité politique ne devrait pas être confondue avec gestion municipale. On devrait s'attacher moins aux personnes qui gèrent qu'à la façon de gérer. On devrait privilégier l'exercice du pouvoir au détriment des attributs de la direction. La capacité de la communauté d'élaborer des projets exhaustifs devrait primer sur les intérêts du secteur public.

Une ville est située en un lieu désigné où l'accès aux ressources est limité. Étant donné que, comme nous le savons maintenant, les ressources terrestres sont limitées, la ville constitue un excellent laboratoire dans lequel nous pouvons mettre à l'épreuve les capacités et les qualités de direction morale qui nous permettront de survivre, sinon de prospérer, dans une ère nouvelle. La façon dont les villes découvrent comment gérer leurs ressources, apprennent à le faire et règlent les problèmes auxquels elles font face sont des points centraux du nouvel ordre du jour de toute municipalité qui veut promouvoir le changement.

Nous faisons face à une crise qui remet en question les objectifs et les institutions, tant politiques qu'économiques. Les problèmes importants avec lesquels notre société est aux prises ne peuvent être réglés sans que ne survienne un changement fondamental. Les citoyens ordinaires doivent s'engager dans le processus de changement et, pour ce faire, la question du pouvoir doit être considérée franchement. Le pouvoir tend à se concentrer, à moins qu'il n'existe des principes et des programmes volontaires et évolués qui combattent sa centralisation par la décentralisation et qui appliquent cette dernière aux institutions du quartier. Cela signifie que toutes les décisions relatives à la gestion devraient être prises au palier le plus proche possible du citoyen, et qu'aucune décision ne devrait être prise, à quelque palier que ce soit, par une personne ou un organisme qui ne relève pas directement des citoyens. Dans la mesure du possible, la prise de décisions devrait être locale, ouverte et faire appel à la participation. Le pouvoir ne sera exercé à un palier « élevé » que si les problèmes ne peuvent pas être résolus au palier « peu élevé » du quartier. La démocratie et la décentralisation sont des facettes cruciales de la justice économique et sociale.

La politique écologique a élaboré un nouvel ordre de priorité municipal axé sur la décentralisation. En effet, ce qu'on apprécie de cette approche est le vaste potentiel attribué aux autorités et aux initiatives locales. Le mouvement écologiste veut faire croître un nouveau sens de la communauté. On peut certainement tirer beaucoup de l'expérience des pays où on pratique déjà un certain type de décentralisation.

À l'encontre de ce qui se produit dans de nombreux pays, la gestion locale est très restreinte au Canada. Les autorités municipales ont les mains liées lorsqu'elles désirent apporter les modifications nécessaires à la qualité de la vie de leurs citoyens. Par conséquent, il est édifiant de jeter un coup d'oeil à ce que les autorités locales accomplissent dans les pays où la liberté est plus grande. Si le mouvement écologiste pouvait faire naître un sens plus aigu d'autonomie locale, on aurait fait un premier pas vers une autonomie juridique plus importante.

En général, on peut dire que, dans les pays du tiers monde, les autorités locales dépensent moins du quart de tous les fonds gouvernementaux. Dans le sud de l'Europe, on en dépense environ le tiers. Dans les pays pourvus d'une vraie constitution fédérale, le gouvernement central peut dépenser moins d'un tiers ou même seulement le cinquième des fonds gouvernementaux totaux. Le Canada est l'un des pays les plus centralisés et les plus industrialisés. Si on considère également le pouvoir des gouvernements provinciaux, le tableau est encore plus sombre.

Par ailleurs, dans des pays comme l'Allemagne, le Danemark et certaines parties des États-Unis, beaucoup de municipalités génèrent leur propre électricité, fournissent le gaz, le chauffage, l'eau et gèrent le réseau de transport en commun. Elles sont également responsables de l'enseignement, de l'aide sociale et des services de santé. En Italie, autant dans les petites que dans les grandes municipalités, les lois sont permissives ; ainsi, les autorités locales peuvent à loisir assumer une vaste gamme de fonctions, y compris la gestion des industries et des services commerciaux. Dans certains cas, les municipalités italiennes se regroupent en fédérations pour gérer certaines fonctions plus efficacement.

Ce qu'on doit retenir au sujet de la décentralisation des services et de l'intervention économique est que les habitants de la région doivent songer aux services dont ils veulent profiter et assumer la responsabilité des conséquences. Au Danemark, où les autorités locales sont au coeur de la plupart des activités, les habitants ont généralement une bonne connaissance des services qui sont offerts dans leur région et en savent beaucoup sur la façon dont ces services sont dispensés. Il en a résulté un sens des responsabilités et un engagement face à l'environnement qui ont donné lieu à des politiques relatives à la conservation de l'énergie, au recyclage et au transport qui, vues de Montréal, nous semblent utopiques.

À l'heure actuelle, on parle partout de décentralisation. Mais les gouvernements centraux s'y opposent (même au Danemark où l'État central cherche à asseoir son contrôle sur la façon dont les autorités locales dépensent les fonds gouvernementaux). Notre société se berce de terribles illusions concernant la portée de la démocratie qui caractérise les formes particulières de notre gouvernement. Les paliers provincial et fédéral détiennent un grand pouvoir. Par conséquent, notre attention porte plutôt sur ces corps législatifs, et nous avons tendance à présumer, ou du moins à espérer, que ces organismes adopteront des politiques qui mèneront à la satisfaction de nos besoins. Mais le fait de voter, aux paliers tant provincial que fédéral, n'a au mieux qu'un effet de modification. Les grandes sociétés et les bureaucrates de l'État sont toujours prêtes à conseiller les parlementaires sur les politiques à formuler. À titre de particuliers, nous ne pouvons participer au processus et les groupes de pression bien connus que beaucoup appuient n'ont qu'un très petit rôle à jouer dans le jeu politique de nos démocraties représentatives.

Au palier local, l'accès régulier aux conseillers municipaux, à la fois pour les particuliers et pour les représentants de communautés locales, est une éventualité qu'il nous est permis d'envisager. Par conséquent, si les autorités locales étaient investies de plus de pouvoirs, les citoyens pourraient participer à l'élaboration des politiques et déterminer la façon d'utiliser les ressources.

Dans notre société, la participation aux élections est plus faible que dans n'importe quel pays d'Europe de l'Ouest. On s'intéresse peu aux autorités municipales car on sent qu'elles ne détiennent aucun pouvoir réel.

On semble croire qu'elles ont pour seule fonction d'administrer les programmes de peu d'importance créés par les paliers supérieurs. Conclusion inévitable : les autorités locales ne détiennent aucun pouvoir réel parce que nous croyons peu en l'autonomie locale et que nous ne nous engageons pas suffisamment face à cette dernière. Parmi les nouvelles préoccupations municipales, on compte la délégations de pouvoirs aux quartiers, qui pourront agir en leur nom, et l'exigence d'une autonomie plus grande pour la ville dans son ensemble vis-à-vis de l'État, la province et le fédéral.

Entre-temps, les collectivités peuvent se débrouiller sans la sanction municipale. Si, par exemple, on ne nous permet pas de mettre sur pied des banques communautaires avec l'engagement de l'Hôtel de Ville, nous pouvons encourager les personnes intéressées à le faire elles-mêmes. Si les pouvoirs de l'Hôtel de Ville en ce qui concerne l'habitation, la gestion des déchets et les transports ne sont pas suffisants, nous devrions alors encourager les quartiers à organiser ces services de leur propre chef. Ces nouvelles responsabilités peuvent être assumées par des corporations de développement économique communautaire (CDEC). Les systèmes combinés de chauffage et d'électricité des municipalités danoises, par exemple, ont vu le jour lorsque des groupes de propriétaires ont commencé à mettre sur pied des coopératives de façon à pouvoir partager les frais de chauffage. Le recours à des sociétés locales pour la collecte des matières recyclables, ou même pour la construction et la gestion de systèmes combinés de chauffage et d'électricité, est fort réalisable.

Le but ultime de toutes ces entreprises est de faire naître un nouveau sentiment de communauté. Une ville verte est une ville écologique. Il s'agit d'un programme prévu pour réagir à la crise qui sévit dans nos institutions et d'une tentative d'en créer de nouvelles à partir de la base. La tâche qui consiste à transformer l'actuelle structure du pouvoir en une démocratie participative suppose la création de conseils de quartier élus. Ces corps administratifs locaux apporteraient le sentiment de communauté, la cohérence et l'autonomie aux citoyens : un authentique pouvoir local, non pas simplement la prestation localisée de services. Les conseillers municipaux et les fonctionnaires n'ont pas le monopole de la sagesse et ne devraient donc, avoir le monopole du pouvoir. Les citoyens devraient détenir un pouvoir direct et permanent. Des groupes de citoyens devraient être habilités à promulguer des lois, des politiques et des pratiques. Concrètement, cela commande, entre autres, trois mesures immédiates :

*Un pouvoir d'initiative des citoyens.* Un groupe de citoyens qui veut promouvoir certaines politiques doit obtenir le nombre requis de signatures d'électeurs inscrits de la ville (on suggère d'en recueillir 20 % de la population de la communauté touchée par la proposition) au bas d'une pétition officielle énonçant la proposition en question. Une fois cet objectif atteint, la proposition est mise au vote au cours de l'élection suivante pour être approuvée ou rejetée par la population. Si elle est approuvée, elle doit être promulguée par l'Hôtel de Ville.

*Des référendums des citoyens.* Les électeurs pourraient mettre fin à une politique d'une façon similaire, seulement inversée, à celle qui est proposée pour les initiatives des citoyens : si le nombre requis d'électeurs inscrits signent une pétition référendaire concernant une politique donnée, la question doit être soumise au vote populaire, et c'est la volonté du peuple qui l'emporte.

*Un pouvoir de rappel des citoyens.* Les citoyens électeurs peuvent faire circuler une pétition en vue d'une élection spéciale visant à démettre de ses fonctions un conseiller élu, au milieu de son mandat. Si on obtient le nombre requis de signatures pour la pétition de rappel, on passe au vote. La question se lit comme suit : « Le conseiller X devrait-il être démis de ses fonctions ? » Les personnes qui ont exigé le rappel ainsi que le conseiller en cause sont autorisés à envoyer à chaque citoyen électeur une brève description de leur cas, payés à même les fonds publics. D'autres types de campagne peuvent également avoir lieu, mais ne sauraient être financés à même les derniers publics. L'avantage du rappel, et en fait de chacun de ces nouveaux pouvoirs lorsqu'ils sont considérés dans leur ensemble, n'est pas tant qu'on peut y faire largement appel, mais que son existence même confère un certain pouvoir aux citoyens. Entre-temps, les conseillers municipaux écologistes se soumettraient volontairement au rappel et inviteraient les autres conseillers à faire de même.

Indubitablement, notre régime électoral a grandement inhibé la création d'une nouvelle politique. Il demeure extraordinairement difficile de persuader même les sympathisants du mouvement écologiste de s'engager et il est fort peu probable que cette situation ne change dans un proche avenir, à moins qu'on ne mette de l'avant une forme de représentation proportionnelle. Le système électoral actuel, où le gagnant rafle tout, parvient mal à démontrer localement la pertinence et la viabilité immédiates de politiques réellement différentes, ce qui a des effets désastreux. La politique doit s'intéresser à une conjoncture donnée, elle ne doit pas seulement être un échange de principes et d'idées. Actuellement, la politique se définit surtout comme le fait de répéter inlassablement ce que l'on ferait plutôt que de vraiment l'accomplir, ce qui amène les cyniques à croire que toutes les nouvelles idées sont « irréalistes ».

En confiant, par notre consentement tacite, des fonctions politiques et des prérogatives à des « visionnaires politiques », nous dégradons le concept de politique, lequel supposait naguère la participation à la vie sociale et aux activités d'une collectivité entière. Nous avons perdu le sens du mot citoyen, et nous l'acceptons comme synonyme d'électeur, de commettant ou de contribuable, soit un bénéficiaire passif de biens et services.

La décentralisation du pouvoir, comme le suppose une nouvelle forme de politique, peut mener, à son tour, à une nouvelle forme de citoyenneté démocratique. la décentralisation, terme dont les politiciens se gargarisent souvent pour parvenir à leurs fins cyniques, est non seulement riche de valeurs géographiques, territoriales ou politiques, mais il s'agit en fait d'un concept éminemment spirituel et culturel qui marie reprise du pouvoir par la collectivité et reprise du pouvoir par l'individu. La liberté municipale est le fondement même de la liberté individuelle : le retour à une politique axée sur la participation et maniée par des citoyens libres, investis de pouvoirs et actifs.

La politique est un phénomène organique. En effet, il s'agit de l'activité d'un organisme public (une communauté) enraciné et nourri tout comme une plante est enracinée dans le sol qui la nourrit. Le retour et l'amélioration de la politique doivent avoir pour point de départ les citoyens et l'environnement immédiat au delà des cellules familiales et privées. Il ne peut y avoir de politique sans communauté. Par communauté, on entend une association de personnes, tant locale que municipale, renforcée par son propre pouvoir économique, par ses propres institutions populaires, comme les conseils de quartier, et par un réseau d'entraide regroupant les communautés avoisinantes.

Au plan organisationnel, le quartier et la municipalité représentent les fondements d'une société libre, seule terre féconde où s'épanouira l'individualité. Plus la démocratie fait appel à la participation, plus le pouvoir de la communauté sur tous les problèmes qui touchent la vie quotidienne des citoyens est grand, et plus la liberté et la justice règnent. La signification collective des termes quartier et municipalité n'en est que plus grande, car ces derniers représentent la tribune où les gens peuvent se réconforter aux plans intellectuel et émotionnel et, en fait, mieux se connaître grâce au dialogue, au langage corporel, à l'intimité personnelle et aux modes d'expression directs tout en prenant ensemble des décisions. Voilà qui serait une politique fortement imaginative et une notion de citoyenneté à la fois éducative, participative et axée sur la communauté.

À elle seule, cette conception municipaliste de la citoyenneté donne un sens à la vie politique. Tout citoyen est considéré comme un participant éventuel à la vie publique. Par tous les moyens esthétiques ou institutionnels, on favorise la pleine participation, que l'on considère comme un processus éducatif et éthique qui mute les compétences latentes du citoyen en réalités. La vie sociale et politique crée une sensibilité profonde, un sens réel de préoccupation pour la régulation des différences, sans toutefois nier le besoin de disputes vigoureuses lorsqu'elles s'imposent. La coopération et la responsabilité civique s'expriment par le souci, la préoccupation et la sociabilité, non pas par des lois auxquelles le citoyen est tenu de se soumettre. Dans ce sens, ce qu'on doit offrir aux citoyens doit être fondamentalement différent du *statu quo.* Des événements récents ont montré que les limites de la passivité s'estompent lorsque les gens sentent que quelque chose de fondamentalement différent est possible, voire imminent. Voilà le défi que la politique écologique municipaliste entend relever.

La « ville verte » est une ville écologique qui, par définition, abrite des administrations de quartier et travaille avec elles dans une démocratie directe caractérisée par l'esprit de partage et de préoccupation. Elle est ancrée dans le besoin d'un changement fondamental de la qualité et du but de notre vie individuelle et sociale. En d'autres termes, il s'agit de la forme primaire de l'habitat humain structuré suivant des principes écologiques. La restructuration requise exige que nous choisissions délibérément un type de vie urbaine qui diverge de ce qu'on a considéré par le passé comme le développement urbain. Selon cette restructuration, la société a une mainmise suffisante sur les modes d'urbanisation et de comportement individuel pour faire respecter son échelle de valeurs.

La perspective d'une ville verte fait partie d'un mouvement international qui a non seulement tenu plusieurs conférences importantes, mais aussi produit une quantité impressionante de documents critiques. Des programmes municipaux d'écologie ont déjà été mis de l'avant à Berkeley et à San Francisco, et ensuite à Chicago, New York et Winnipeg. Ces programmes embrassent tous les aspects du drame urbain contemporain, de l'autonomie en matière d'énergie à la gestion locale des déchets, en passant par la primauté du transport en commun sur les véhicules privés, l'habitation, l'alimentation et le développement économique de la communauté.

Dans les villes d'aujourd'hui, on constate que la santé humaine s'est améliorée, mais que celle de l'environnement s'est détériorée progressivement. Par exemple, les progrès de l'hygiène publique ont été fondés sur l'avènement de l'eau canalisée et des égouts, mais il en résulte une société qui jette tout, qui exploite mal ses ressources et qui se soucie peu de ses déchets dès qu'elle ne les a plus sous les yeux. La crise de santé environnementale a maintenant des répercussions sur la santé humaine, spécialement sur celle des pauvres.

L'avènement des villes vertes est urgent. Nous devons reconnaître que nous sommes en pleine crise et que nous nous devons d'agir à l'échelle locale. Une ville verte doit donc : orienter la municipalité entière vers une économie indépendante autonome ; se soucier du recyclage et faire des déchets une véritable matière première ; être un endroit où les matières organiques et inorganiques sont bien équilibrées et intégrées de telle façon que tout développement économique doit d'abord être soumis à une vérification écologique ; établir des liens entre tous les éléments qui offrent leur appui et leur coopération, sans être axés sur l'exploitation ; devenir une ville qui favorise les grands espaces — jardins, parc, fermes, ruisseaux, grèves et étendues sauvages — et qui abrite toutes les formes de vie plantes, animaux et êtres humains ; être axée sur la conservation en se fondant sur le principe des besoins minimaux de façon à éliminer ou à réduire le gaspillage ; être un endroit qui soit propre et sain, où la pollution est minimale, voire inexistante ; enfin, comme les maladies entraînent l'entropie, on doit insister sur un mode de vie naturel, les loisirs, la culture et la consommation d'aliments organiques, non traités.

La ville devrait être prévue pour que tous les éléments, pour l'être humain, la nature sauvage, les produits dérivés, les technologies, tous s'harmonisent sur le plan esthétique. La maison, l'école, la rue, le parc, les arbres, le centre-ville et les grandes places urbaines peuvent être des habitats invitants, dynamiques. Conception, couleur, forme, taille et disposition doivent se fonder sur l'imagination, sur l'innovation et le naturel.

Une ville verte, c'est tout ça, mais plus encore. C'est le contraire de la ville-industrie, où prévaut une exploitation calculée, d'envergure internationale, de la nature humaine et sauvage.

Aujourd'hui, l'appareil politique à Montréal se trouve dans un état périlleux. Il a toutes les apparences d'un manège illusoire mû par des promesses recyclées, du bonbon économique à court terme et une précieuse matière brute extirpée du sol à un rythme insoutenable par une métropole insatiable. Malgré ses apparences de vie, Montréal grouille à peine sous le couvert d'un système pratiquement mort.

Comme la preuve de la destruction de l'écologie faite de par le monde le montre amplement, nous sommes à court de temps et de richesses. Selon le célèbre scientifique David Suzuki, nous disposons de dix ans pour renverser la vapeur et réparer les torts causés. Que doit alors être notre contribution, comme citoyens de Montréal, à ce renversement du désordre écologique ? Il n'est pas facile de présenter la vérité, le roc qui soutient une analyse socio-écologique, sans tomber dans le panneau classique : le désespoir de l'apocalypse, ce qui ne fait que démunir ceux que l'on vise à revivifier. Il n'est facile non plus de remettre en question les suppositions qui prévalent quant au progrès et à ce que l'avenir nous réserve sans avoir l'air de la réincarnation de Jérémie.

Néanmoins, il faut interpréter le progrès de différentes façons et avec le plus de rigueur possible, car il s'agit d'une notion douteuse si elle ne trouve son dessein qu'en portant irrémédiablement atteinte aux frontières fragiles de notre environnement.

L'aliénation si largement répandue de nos jours s'est peut-être étendue au delà de la politique simpliste du « j'en veux plus encore », ce qui nous force à envisager d'un œil neuf les questions négligées de l'harmonie, du partage avec autrui, de la qualité de la vie et de la libération de l'esprit de l'être humain. Les limites intestines qui empêchent tant de Montréalais de donner leur pleine mesure minent l'avancement de la société tout autant que notre volonté collective d'ignorer les limites extérieures des richesses naturelles et des fonctions vitales de la Terre.

La politique écologique stimule le citoyen aujourd'hui parce qu'elle plonge ses racines dans un champ de convictions où est jugée possible l'existence d'un ensemble de principes politiques à la fois équitables et réalistes.

*Traduit par Denis G. Gauvin*

# Conclusion :
## *Pour une démocratie participative à Montréal*

JEAN-HUGUES ROY
BRENDAN WESTON

L'inconvénient numéro un des démocraties représentatives à l'occidentale réside dans le fait que certains groupes de citoyens privilégiés, tels que les avocats talentueux ou les gens d'affaires dynamiques, tendent à être sur-représentés au sein de nos gouvernements, ne laissant que peu de chances aux citoyens ordinaires de participer aux décisions. Un autre inconvénient vient de la rigidité propre aux bureaucraties engendrées par la démocratie représentative, rigidité qui éloigne davantage les moins nantis du processus décisionnel. Ces deux inconvénients se retrouvent à tous les paliers de gouvernement, y compris le niveau municipal, en dépit du fait que ce dernier est censé être le plus rapproché des citoyens.

Pour contrer ces effets pervers de notre système politique, les citoyens doivent bien sûr s'organiser. Mais comment ? Que doit-on changer dans l'appareil décisionnel municipal pour qu'un espace politique efficace puisse être aménagé pour les Montréalais ?

Durant son premier mandat, le RCM a fait quelques efforts pour amener le plus grand nombre possible de citoyens à participer aux affaires municipales. La décentralisation reste d'ailleurs le chapitre 1 de son programme électoral pour 1990 ; et Thérèse Daviau, sa présidente, dira que le thème de prédilection de son parti demeure encore aujourd'hui « vouloir intéresser les Montréalais à la politique municipale ».

Toutefois, force est d'admettre que durant son premier mandat, le RCM est loin d'avoir pris le taureau par les cornes.

Les diverses consultations menées auprès de la population par l'équipe de Jean Doré montrent que les Montréalais s'intéressent autant aux profondes réorientations politiques de leur Ville qu'au type de lampadaire qui éclairera leur rue. Mais les instances participatives décentralisées que le RCM a créées (les Comités-conseils d'arrondissement, CCA) en ont rapidement désillusionné plusieurs. Alors que les premiers CCA ont attiré des centaines de personnes, certains aujourd'hui comptent plus de fonctionnaires et de conseillers municipaux sur l'estrade qu'il n'y a de citoyens dans la salle. Certains CCA rappellent l'univers de Kafka : des bureaucrates empesés décrivant à un public sans énergie les balcons de propriétaires voulant « occuper le domaine public », le tout avec diapositives et baguette télescopique. Le seul droit des citoyens, à ces CCA dépourvus de pouvoirs, est de poser des questions. Mais la patience du public a ses limites et on s'est vite rendu compte de l'inutilité des CCA. Les citoyens préfèrent désormais poser leurs questions directement aux responsables lors des séances du Conseil municipal ! Comme les arrondissements regroupent entre 100 000 et 150 000 habitants, on peut calculer un taux de participation aux CCA avoisinant les 0,01 % à 0,04 %. Cela signifie que pour chaque citoyen qui décide de faire un effort pour sa communauté, il y en 2 000, 5 000 ou 8 000 autres qui préfèrent rester chez eux !

Le type de consultation utilisé par le RCM soulève une autre question : ces exercices favorisent-ils les débats publics ou les étouffent-ils ? Est-ce qu'ils catalysent efficacement les énergies des citoyens et des groupes populaires ou les font-ils s'essouffler ? Jean

Doré dans son livre *Pour Montréal* , publié chez VLB peu de temps avant l'élection de 1986, trace un amusant portrait de la sur-bureaucratisation de l'administration précédente :

> Noyée dans un océan de paperasse, l'administration du Parti civique a su s'adapter : depuis qu'un employé municipal se serait infligé un tour de rein en transportant une pile de résolutions à une réunion du Comité [exécutif], on utilise maintenant des... chariots de supermarché ! C'est désormais au nombre de chariots que l'on évalue l'ampleur du travail du comité : trois chariots ou moins, c'est une petite réunion, blague-t-on dans les couloirs de l'Hôtel de Ville (p.17).

L'administration du RCM a peut-être rangé les chariots de supermarché, mais la paperasse, elle, demeure. Elle engorge le processus consultatif et noie les préoccupations des citoyens dans un tas de considérations administratives et techniques. Toujours dans *Pour Montréal*, Jean Doré écrivait pourtant :

> Dans certaines villes nord-américaines et européennes, le degré d'implication des citoyens et citoyennes dans les affaires municipales a atteint une ampleur exceptionnelle. Lors d'un séjour en France, à l'automne 1983, j'ai assisté à Grenoble à une réunion de citoyens vraiment étonnante pour un Montréalais. Les autorités municipales avaient fixé le montant du budget d'immobilisation de leur quartier et les citoyens devaient discuter de sa répartition. (...) On en arriva à un compromis (...), ce qui permit de dégager 150 000 $ pour la construction d'une garderie...
>
> Le principe est simple : les citoyens sont les plus aptes à définir leurs propres besoins. Si, après deux ou trois réunions, aucun consensus ou compromis n'est trouvé, on ne s'éternise pas. Les élus prennent

alors leurs responsabilités, mais en meilleure connaissance de cause (p.32).

Le principe est simple... mais voilà : d'après les très nombreuses plaintes formulées par plusieurs citoyens, les recommandations issues des consultations du RCM souvent ne reflètent pas la majorité des présentations des citoyens ou elles les diluent considérablement. Deux exemples : la conversion du vélodrome en biodôme et la rénovation du terrain de soccer du parc Jeanne-Mance en un mini-stade. Dans les deux cas, après consultation, d'importants groupes de citoyens ont été forcés d'utiliser des injonctions pour que leur point de vue soit considéré par la Ville. Est-ce que, comme le préconisait Jean Doré, les élus du RCM prennent vraiment des décisions qui correspondent à l'éclairage que leur apporte la consultation ? Quatre années de mauvaises expériences nous permettent de raisonnablement en douter.

La question fondamentale demeure donc celle-ci : Que faire alors pour que les citoyens participent pleinement aux affaires municipales ? Dans son livre, Jean Doré amorce une solution quand il décrit le principe suivant : « les citoyens sont les plus aptes à définir leurs propres besoins. » Principe excellent. Mais encore faut-il leur en donner les moyens. Doré ne va pas au bout de son argument, il n'entre pas dans le cercle « vicieux » du pouvoir (ou du manque de pouvoir) qui veut que plus l'action des gens a une portée réelle, plus ils seront intéressés à agir davantage. Le principe simple de Jean Doré est alors remplacé par celui-ci : donnons des pouvoirs aux citoyens et ils s'intéresseront aux affaires municipales.

Toutefois, aucune administration municipale n'a eu le courage de confier quelques-uns de ses pouvoirs à un palier inférieur. Dans le programme du RCM, pourtant, on se réclame d'un tel courage. Il ne s'est cependant pas matérialisé au cours de son premier mandat. L'équipe Doré-Fainstat a bien entendu créé les arrondissements, neuf cellules administratives vers lesquelles ont été déconcentrés un certain nombre de *services*. Mais pour ce qui est des *pouvoirs*, et les CCA l'illustrent à merveille, les Montréalais devront attendre encore bien longtemps. La façon avec laquelle ces arrondissements ont été découpés, sans consultation aucune avec la population, montre à quel point le RCM au pouvoir n'est plus branché sur les quartiers, sur les communautés de base qui l'ont construit. Le programme 1990 du parti énonce qu'une quinzaine de petites unités de décentralisation devront être créées, mais le RCM a délimité neuf gros arrondissements. Ce découpage grossier, crucial pour la dynamique d'une future décentralisation des pouvoirs municipaux, a été traité sans consulter les Montréalais, comme s'il s'agissait d'une vulgaire décision administrative.

S'ils veulent pouvoir agir dans leur communauté, les Montréalais sont, en 1990, au même point qu'ils l'étaient avant d'élire le RCM en 1986. Mais des solutions existent. En effet, bien des gens, quand ils entendent parler de l'existence de mouvements « verts », se demandent comment il est possible de construire des programmes entiers sur la seule question de l'environnement. C'est qu'ils ne perçoivent malheureusement qu'une infime partie des préoccupations de ces partis ou mouvements.

Les Verts sont constitués depuis une vingtaine d'années déjà en Europe, depuis une dizaine d'années en Amérique du Nord. Leur principal cheval de bataille, la clef de voûte de leurs programmes est bien entendu l'environnement. Mais la philosophie verte a une portée beaucoup plus large que le simple souci des fleurs et des petits oiseaux. Elle prend en considération tous les aspects de la vie. C'est un cadre global tenant compte des facteurs sociaux, économiques, politiques complexes qui composent la vie moderne.

En milieu urbain, donc, le cadre vert transcende les divers paliers de gouvernement et vise à la prise en charge complète et entière de leur milieu par les citoyens. Déjà, ceux-ci disposent de multiples canaux d'implication dans leur communauté. Des clubs Optimistes aux comités de logement, en passant par le bénévolat dans un centre de loisirs, les citoyens peuvent participer à la dynamique de leur quartier et avoir un impact sur son fonctionnement. Cependant, ces actions ne touchent surtout que les rouages sociaux et économiques de la machine urbaine. Le politique reste encore, malgré les espoirs qu'a fait miroiter le RCM, largement hors de portée des Montréalais. Des mécanismes de démocratie participative modernes, tels la possibilité pour les citoyens de mettre en branle des référendums, ou encore un mode de scrutin proportionnel, sont des promesses que le RCM n'a pas remplies. De plus, si leurs commettants avaient le pouvoir de les révoquer, les conseillers municipaux respecteraient sans doute davantage leurs engagements.

Au moment où nous écrivons ces lignes, nous ignorons encore qui remportera les élections du 4 novembre 1990. Peu de gens doutent que les Montréalais confieront un second mandat au RCM. Mais étant donné le nombre de partis qui se font la lutte (sept au total, du jamais vu), il s'agira en grande partie d'une victoire par défaut.

Quand il était dans l'opposition, le RCM était une organisation dynamique, une bouffée d'air pur sur les débat du Conseil municipal. En 1990, l'Hôtel de Ville — et par extension, les Montréalais — ont à nouveau besoin d'air frais. Voilà pourquoi il est important que des partis qui ont repris à leur compte les positions progressistes laissées de côté par le RCM, tels la Coalition démocratique ou Montréal Écologie, entrent à l'Hôtel de Ville. Les Montréalais auront encore besoin, pour quatre années encore, de leurs critiques pertinentes de l'administration Doré-Fainstat.

# Table des matières

## LES ROUAGES DE L'ÉCONOMIE MONTRÉLAISE

## LES DÉPLACEMENTS EN VILLE

## POUR UNE JUSTICE URBAINE